Wolfgang Anders / Sabine Weddemar

Häute scho(e)n berührt?

**Körperkontakt in Entwicklung und
Erziehung**

Dieses Buch widmen wir unseren lieben Ehepartnern.

Foto 1: Wolfgang Anders und Sabine Weddemar

Wolfgang Anders / Sabine Weddemar

Häute scho(e)n berührt?

Körperkontakt in Entwicklung und Erziehung

borgmann

Bildnachweis (Foto Nr.)

Wolfgang Anders 2, 3, 8, 9, 12, 15, 19,
20, 31, 35, 37, 38, 40, 41, 42,
50, 54, 55, 55a, 56, 57, 58
Jonas Anders 36
Wolfgang Beudels 10a-d
Canon 59a-c
Simone Bremm 13, 16, 44
Daniel J. Cox 47
Hubertus Deimel 53
Firo-Sportfoto 4
Tim Fischer 1
Bernd Keller 33, 34, 49
Ernst J. Kiphard 18a, 18b
Elvira Lammers 14, 17, 21, 24

Sonja Langkammer 51
Massimo Malvetti 25, 32
Main-Echo 48
Markus Matzel 43
Ignaz Roob 26
Kira Piepho 29, 38
Dirk Pfotenhauer 5
Antje Schinlauer 7, 27
Ursula Wallböhmer 6, 28, 30
Stephanie Schmitte 45
Sigrid Stoltenberg 52
Heike Kay 11, 46
John Cancalos 23
TV – Hanni Vanhaiden 22

© 2001 | BORGMANN MEDIA | **borgmann publishing KG**
Hohe Straße 39 • D-44139 Dortmund

2. Aufl. 2002
Gesamtherstellung: Löer Druck GmbH, Dortmund

Bestell-Nr. 8134

ISBN 3-86145-212-X
(ISBN 978-3-86145-212-6)

Inhalt

Geleitwort

„Häute scho(e)n berührt?"

Während ich dieses Geleitwort schreibe, enden gerade die Olympischen Spiele in Sydney: 'Citius, altius, fortius' lautet seit über hundert Jahren die Devise für diese Veranstaltung, gleichsam als Programm für das menschliche Streben nach Schnellerem, Höherem, Weiterem, Schönerem, Besserem usw...

Überträgt man dieses Programm auf die heutige Ausprägung der Leitbegriffe dieses Buches, auf den Körper, die Haut, den Kontakt, dann finden sich erstaunliche, z.T. auch erschreckende Parallelen: wo wurden in der Vergangenheit – zumindest in unseren Breiten – jemals soviel 'Haut zu Markte getragen', soviel Kommunikationsmittel zur Anbahnung von Kontakt eingesetzt, soviel Körper deodoriert und gestylt??

Es scheint paradox zu sein, aber mit diesem Mehr an Beschleunigung, an besserem Geruch und schönerer äußerer Form geht offensichtlich ein Weniger an Intensität, an tatsächlicher Begegnung, an innerer Formung und Berührung einher.

Viele der modernen Körpertherapien setzen dieser Entwicklung die Idee der 'awareness' entgegen. Der aus dem Althochdeutschen stammende Begriff bezeichnet einen bewußt spürenden und respektvollen Umgang mit dem eigenen Körper und sich selbst, der häufig durch Experimente und Erfahrungen und weniger durch Übungen vermittelt wird.

Hiervon ist in dem Buch vieles erkennbar: Spürender Kontakt bietet Sicherheit und Obhut ('Gewahrsam'), eigene Regungen werden 'wahr'genommen und die Bedürfnisse von anderen werden 'gewahrt'. Die Vorstellung einer Leibeserziehung zu einem spürenden, respektvollen Umgang, bei dem Berührung und Kontakt erlaubt ist, hat etwas 'Altdeutsches': 'neudeutsch' ist z.Z. in der Pädagogik Leistungssicherung, Qualitätskontrolle und Computerisierung, und es ist ein großes Verdienst der Autoren, sich dem vermeintlich Antiquierten, dem Sich-Anrühren von Menschen, zu widmen:

Aus der Perspektive von Leibeserziehern und Heilpädagogen, die aus Erfahrung und Intuition 'wissen', wie heilsam Berührungen wirken können, und die sich der Mühe unterzogen haben, ihr Erfahrungswissen durch die Vielzahl sog. 'objektiver' wissenschaftlicher Befunde zu untermauern. Erahnte theoretische Bezüge können hierdurch verdeutlicht und systematisiert werden und dadurch praktisches Handeln bereichern.

Ich wünsche dem Buch eine weite Verbreitung

– als Anreiz für diejenigen, die einen dem Menschen zugewandten Beruf ergreifen wollen und

– als Stärkung für diejenigen, die schon lange in solchen Berufen arbeiten.

Prof. Dr. G. Hölter, Universität Dortmund,
Fach Bewegungserziehung und Bewegungstherapie
in Rehabilitation und Pädagogik bei Behinderung,
Fakultät Rehabilitationswissenschaften

Statt eines Vorwortes

Körperkontakt aus Sicht eines Geburtshelfers

Vor zwei Jahren lernte ich das Projekt des Autors zum Körperkontakt in Entwicklung und Erziehung kennen, als er mich zu einem Vortrag zu diesem Thema aus Sicht eines Geburtshelfers einlud. In kaum einem anderen Bereich ist Körperkontakt und Berührung so wichtig wie bei der Geburt und während der Neugeborenenperiode. Die Symbiose von Mutter und Kind ist Sinnbild der Geborgenheit, des intensiven Hautkontaktes und des Berührt-Werdens. So nimmt es kaum Wunder, daß der Bereich der Schwangerschaft, der Geburt und der ersten Lebenswochen und -monate eine zentrale Bedeutung in dem jetzt vorliegenden Buch einnimmt. Die Entwicklung des Kindes und damit auch unser späteres Erleben ist geprägt von der intensiven Mutter-Kind-Beziehung, beginnend im Mutterleib, bei der Geburt und auch in der Stillzeit. Stillen ist dabei nicht der Vorgang der Nahrungsaufnahme, sondern insbesondere auch der intensivste Mutter-Kind-Kontakt (bonding), der unsere spätere Entwicklung prägt. Der Autor hat die Bedeutung dieser Prägung nicht nur emotional, sondern in ihrer wissenschaftlichen Bedeutung dargestellt. Interessant sind dabei auch die historischen Entwicklungen und Fehlentwicklungen über eine Entfremdung der Mutter-Kind-Beziehung, die zu entsprechenden Fehlentwicklungen der Persönlichkeit und psychischen Störungen führt. Dies ist auch in der wissenschaftlichen Geburtshilfe heute unbestritten, und es ist für uns unvorstellbar, unter welchen Bedingungen noch vor 30 Jahren die Geburtshilfe erfolgte. Der unmittelbare Hautkontakt des Neugeborenen nach der Geburt auf dem Bauch der Mutter, das Stillen nach Bedarf, rooming-in und Wassergeburt waren damals unvorstellbar, ja undenkbar. Am deutlichsten wird dies auch bei der Behandlung von Frühgeborenen. Während zunächst bis Anfang der 70er Jahre Kinder unter 1.500 g kaum eine Überlebenschance hatten, entstanden dann die ersten Intensivstationen, und es überlebten Kinder auch mit einem Geburtsgewicht von unter 1.000 g. Der Preis war jedoch zunächst eine hochtechnisierte Medizin, bei der Mutter-Kind-Kontakt als gefährlich galt, da man Infektionen fürchtete und um die Gesundheit der Kinder Angst hatte. Erst durch Marcovich in Wien wurde auch für diese kleinen Frühgeborenen die sanfte Pflege zum Begriff, und es zeigte sich, daß die Frühgeborenen sogar besser überlebten, wenn sehr früh ein intensiver Mutter-Kind-Kontakt stattfand. Die Frühgeborenen wurden auf die Brust der Mutter gelegt und die Methode des Känguruhens für Europa entdeckt. Sicher ist auch heute das Überleben dieser kleinen Frühgeborenen ohne die moderne Medizin kaum denkbar, doch haben sich die Rahmenbedingungen völlig geändert. Das „Nest" im Inkubator, der Verzicht auf unnötige Blutabnahmen und Bestimmungsmethoden, die mit geringsten Blutmengen auskamen sowie moderne Methoden der Beatmung, die früh ein eigenständiges Atmen erlauben, waren Voraussetzung für die sanfte Pflege und das Känguruhen. Diese Entwicklung nimmt eine zentrale Bedeutung im Buch der Autoren ein, und es ist ihr Verdienst, die Zusammenhänge einem breiten Interessentenkreis zu öffnen. Die Haut als zentrales Organ des Menschen, über die er Kontakte zur Umwelt aufnimmt, als Sinnesorgan, das Reize aufnimmt, ist eine faszinierende Betrachtungsweise, für die uns die Augen geöffnet werden. Es wird klar, daß diese Hautempfindung ebenso wichtig ist wie das Hören und Sehen und für unser emotionales Empfinden eine zentrale Bedeutung hat. 'Häute schon berührt?' wird daher vom Slogan zu einer neuen Betrachtungsweise unserer menschlichen Entwicklung, der gerade heute unter dem Eindruck von Computern und Kommunikation über Internet und Reduzierung persönlicher Kontakte besondere Bedeutung zukommt.

Prof. Dr. F. Wolff, Chefarzt der Frauenklinik und des Perinatalzentrums, Krankenhaus Köln-Holweide

Körperkontakt aus der Sicht eines Psychomotorikers

Wenn man heute vom menschlichen Köper spricht, dann denkt man an Bodybuilding, Fitness, Wellness, an Diät als „Kosmetik von innen", vielleicht auch an Lifting, Piercing und Tätowierung. Von Körperberührung ist allenfalls bei der Massage die Rede. Dabei äußern sich gerade Körperberührungen im täglichen Leben auf vielfältigste Weise. Wir geben uns die Hand. Dabei kann der Griff fest oder schlaff sein. Auch Berührungen des Körpers können oberflächlich sein, feindlich, verletzend oder einfühlsam und zärtlich.

Über jede Art von Berührung nimmt der Mensch sozialen Kontakt zu seinem Mitmenschen auf. Kon-takten heißt wörtlich, mit jemandem über die Haut Berührung haben. In unserer modernen Gesellschaft werden Berührung und Körperkontakt weitgehend vermieden. Man beschränkt sich auf Augenkontakt und sprachliche Kontakte. Mit Hilfe der Sprache kann man bewußt die Unwahrheit sagen. Die „Körpersprache" dagegen läuft unbewußt ab und ist deshalb ehrlich. Sie kann im Hinblick auf den Wahrheitsgehalt der gesprochenen Worte etwas anderes und sogar Gegenteiliges aussagen und damit den Sprechenden entlarven.

Beim Körperkontakt tritt der Mensch über die Haut mit anderen in Verbindung. Besonders kleine Kinder erleben die Haut als Begrenzung ihres Körpers zur Außenwelt, z. B. wenn sie sich an Dingen der Umwelt stoßen oder wenn sie sich beim Baden in einem anderen Element befinden und den Wasserdruck und -widerstand auf ihrer Haut spüren. Über diese Erlebnisse der Abgrenzung des Körpers zur Außenwelt bildet sich im Laufe der frühkindlichen Entwicklung ein körperliches Ichbewußtsein aus. Das Kind lernt auf diese Weise zwischen dem eigenen Ich und der Umwelt zu unterscheiden. Insofern ist die Haut die Eingangspforte zur materialen und sozialen Umwelt.

Der enge Haut- und Körperkontakt zwischen Mutter und Baby zeigt eindrucksvoll, wie beide wechselseitig aufeinander reagieren. So antwortet die Mutter auf mimische und stimmliche Äußerungen ihres Säuglings, aber auch auf Zeichen seines körperlichen Muskeltonus, indem sie unbewußt ihre eigenen Muskeln anspannt oder entspannt. Entsprechend sind wiederum die Reaktionen ihres Babys. Man spricht hier vom muskulären bzw. tonischen Dialog. Dabei ist es einleuchtend, daß Lächeln und Streicheln positive Empfindungen beim Gegenüber auslösen. Und es ist wiederum die Körpersprache, mit der das Baby seine inneren Gefühle, Stimmungen und Affekte; kurz, seine seelische Befindlichkeit der Mutter mitteilt.

Derartige soziale Interaktionen stärken das Ichbewußtsein und Selbstbewußtsein des Kindes und sind bahnbrechend für alle anderen Entwicklungsbereiche.

Auf der Grundlage von Körpernähe und körperlicher „Streicheleinheiten" macht das Kleinkind zunehmend positive Bewegungserfahrungen in seiner näheren Umwelt. Sie vermitteln neben Hautreizen sog. vestibuläre Stimulationen. Diese werden durch Körperdrehungen im Raum hervorgerufen. Sie sind für Entwicklung des Lage- und Gleichgewichtssinnes von großer Bedeutung. Sie fördern auch – zusammen mit Körperberührungen und visuellen Eindrücken beim Betrachten eigener und anderer Körper – das sog. Körperschema als geistig verinnerlichtes räumliches Strukturbild des menschlichen Körpers. Es ist eine grundlegende Voraussetzung zur Entwicklung der praktischen Intelligenz. Körperberührung und Körperkontakt haben daran großen Anteil.

So ist zu wünschen, daß dieses Buch aus der Feder eines von mir hochgeschätzten, erfahrenen Bewegungs- und Sportpädagogen die Leserschaft von der Wichtigkeit körperlicher Kontakte überzeugt.

Ernst Jonny Kiphard, Prof. em. Dr. phil.
(Universität Frankfurt am Main)

Körperkontakt aus der Sicht eines Kinderarztes und Psychotherapeuten

Die Vorstellung, daß Säuglinge nichts anderes tun, als ihre „biologischen Rhythmen" und sonstigen physiologischen Bedürfnisse zu regulieren, ist heute noch weit verbreitet. Konsequenterweise müßte dann begründet werden, wer wann und wie in diesen biochemisch-physikalisch definierten Körper psychische Phänomene wie Emotionen, Beziehungsbedürfnisse und Denkstrukturen einschleust. In der Regel werden solche Begründungen ausgespart und undiskutiert dem fortschreitenden Entwicklungsprozeß zugeschrieben. Niemand bestreitet beim jungen Säugling und dem Kind vor der Geburt ausdrücklich die Existenz psychischer Dimensionen, nur bleibt dies ohne Relevanz, da diese unter die Rubrik „unreife Strukturen" eingeordnet und damit zumindest für die aktuelle Situation bedeutungslos werden. Wenn sich der Säugling nach Füttern, Trockenlegen und Herumtragen immer noch nicht beruhigt, beginnt die große Ratlosigkeit, der mancher Kinderarzt dann noch ein Rezept über Blähungstropfen hinzufügt.

Die Möglichkeit, psychische Strukturen im frühen Lebensalter unter der Rubrik „Unreife" („Vorformen") einzuordnen, erspart Nachdenken und Entscheiden darüber, wie solche Strukturen aussehen und welche Bedeutung ihnen für die Kommunikation zukommen könnte. Dies führt nicht nur zur eben beschriebenen Hilflosigkeit im Umgang mit Säuglingen, sondern auch zu einer – unabhängig vom Lebensalter – fortbestehenden Vorstellung von körperlichen Ausdrucksformen, nach der diese zeitlebens als primitiv, „regressiv" und zur differenzierten menschlichen Kommunikation letztlich ungeeignet erscheinen.

Die Wiederentdeckung des Körperlichen – insbesondere des Körperkontakts – in seiner Bedeutung für therapeutische Prozesse führte zu dem Dilemma, daß dieses Körperliche nun seinerseits zu einer eigenen Kategorie erklärt und anderen Kommunikationsformen, insbesondere den verbalen, in konkurrierender Weise entgegengestellt wird. Bei anderen Therapieformen – etwa übenden Verfahren in Prophylaxe und Rehabilitation – wird das Körperbild wieder auf das physikalisch-chemische Maschinenmodell reduziert. Seinen entschiedensten Ausdruck findet es in jenen Fitneß-Manövern, die sich letztlich nicht mehr an körperlich vermittelter Wahrnehmung, sondern an Daten des Pulsmessers orientieren.

Woher kommt jene hartnäckig aufrechterhaltene Unklarheit im Umgang mit einer ganzheitlichen, psychische und kommunikative Prozesse einbeziehenden Vorstellung von Körperlichkeit? Welche Angst treibt zur Fixierung auf das Verbale, dem ein „Körperliches" apodiktisch entgegengesetzt wird?

Forschungen über vorgeburtliche und frühkindliche Kommunikation haben ergeben, daß die präverbale über Körpersignale vermittelte Kommunikation der rein verbalen an Differenziertheit um ein Vielfaches überlegen ist. Nur mit einem Dilemma ist sie behaftet: mißlingt die Verständigung, so gibt es wenig Möglichkeit der Korrektur, des Aushandelns. Hier kann der Stellenwert der Sprache angesiedelt werden: sie präzisiert, legt Verbindlichkeiten fest, definiert und schafft damit Voraussetzungen zur Diskussion, zur Verständigung als Ergebnis eines Prozesses und zur Hoffnung auf Sicherheit. Diese Klarheit geht allerdings auf Kosten der „Zwischentöne", die zu einer niedrigeren Kategorie abgestuft werden. Stern spricht daher von der Sprache als seinem „zweischneidigen Schwert". Darüber hinaus stellt sich die Frage, ob die Klarheit der sprachlich vermittelten Kommunikation nicht selten eine Illusion ist – ob Kommunikation auch später noch über eine Vielfalt von nicht definierbaren Signalen erfolgt und die Sprache – wie ein Schiff – unkontrollierbaren Strömungen ausgeliefert ist, an denen sie mit ihren tieferen körperbezogenen Schichten selbst einen Anteil hat.

Jeder Versuch, Kommunikation auf definierte Medien einzugrenzen und zu kontrollieren, führt dazu, ihre wirksamsten Anteile aus den Augen zu verlieren. Strikte Beschränkung auf das vermeintlich Verbale kann dazu ebenso führen wie eine Fetischierung des Körperlichen. Orientierung entsteht im ganzheitlichen Zusammenspiel zwischen dem vollen Spektrum eigener Identität und dem der Partner. Daran hat das Körperliche, insbesondere die Berührung, einen unverzichtbaren Anteil. Nicht immer muß dies auch real geschehen: vorausgegangene Erfahrungen können transmodal über andere Sinneskanäle wirksam werden. So verwandelt das Neugeborene seine vorgeburtlichen Berührungserfahrungen mit der Mutter unmittelbar nach der Geburt in Blicke, die sich „treffen" – als Ausdruck der Berührung zweier getrennter Individuen. Dieses Getrennt-Sein – von dem die heutige Säuglingsforschung im Gegensatz zu früheren Vorstellungen über eine symbiotische Verschmelzung ausgeht – ist die Voraussetzung für Begegnung, Berührung und damit Kommunikation. Gehörtes kann „einschmeicheln", Stimmen „berühren", Hände „sprechen". Dies Buch könnte einen Beitrag dazu liefern, für solche Zusammenhänge zu sensibilisieren.

Dr. Hans von Lüpke

Wenn Kinder bekommen,
was sie sich aus tiefem Herzen wünschen,
erhalten sie,
was für eine gesunde Entwicklung nötig ist.

Wolfgang Anders

Einleitung

Wenn es unser psychischer und körperlicher Zustand zuläßt, berühren wir uns selbst täglich ungezählte Male. Wir jucken, kratzen, knibbeln, reiben, streicheln, drücken unsere verschiedensten Körperstellen mit den eigenen Händen, wir nutzen unsere Zunge, den Mund, aber auch unsere Füße, um uns bei unterschiedlichen Anlässen in bestimmter Absicht bewußt und unbewußt zu berühren.
Haben wir uns heute schon berührt? Schön berührt: uns verwöhnt mit einem Bad, uns Zeit genommen für die Hautpflege? Haben wir auch andere Menschen schön berührt? Unsere Partner oder unsere Kinder beim morgendlichen Wecken, beim Verabschieden, auf dem Weg zum Kindergarten oder der Schule und bei deren Rückkehr? Haben wir sie in den Arm genommen, geherzt, zärtlich gedrückt, diese Berührung mit freundlichen, liebevollen Worten begleitet?
Berühren wir auch die uns nicht so nahestehenden Menschen? In welcher Form und mit welchen Gefühlen erfolgen diese Berührungen? Wie wichtig ist Berührung für unsere Entwicklung in unserem Alltag, in pädagogischen Situationen und sind wir uns ihrer Tragweite bewußt?

Nur wenige deutschsprachige Autoren haben sich bisher mit der Bedeutung des Berührens und Berührtwerdens für die Entwicklung des Menschen wissenschaftlich auseinandergesetzt. Auch in der Erziehung und Therapie von Kindern und Jugendlichen wird der pädagogische Wert zwischenmenschlicher Berührung unseres Erachtens zu wenig berücksichtigt. Entwicklung und Erziehung ohne angenehme körperliche Berührung aber sind undenkbar, denn positiv erlebte Berührung bedeutet Nicht-allein-Sein, Sich-mit-jemandem-in-Kontakt-Befinden, Geborgen-Sein, Vertrauen-Können, Sich-fallen-lassen-Können sowie die Förderung körperlicher Stärkung und geistiger Entfaltung.

Als vorrangiges Ziel des Buches betrachten wir das Wecken von Neugier und Interesse an einem in unserer Gesellschaft tabuisierten Thema, welches in der menschlichen Entwicklung und in der Erziehung von fundamentaler Bedeutung ist. Deswegen werden fachwissenschaftliche

15

Erkenntnisse aus nationaler und internationaler Forschung in leicht verständlicher Weise mit Bezügen in Text und Bild zu Alltagsszenen und pädagogischen Situationen dargeboten. Das Bewußtsein für die Wirkung (guter körperlicher Berührung) in Entwicklung, im Erziehungsprozeß und sozialen Leben soll somit bei den pädagogisch und therapeutisch arbeitenden Kräften geschärft, Fachwissen vermittelt und neue Handlungsperspektiven in verschiedenen beruflichen Arbeitsfeldern eröffnet werden. Die Leserinnen und Leser sollen gestärkt werden in ihrer bisherigen Arbeitshaltung, vielleicht aber werden ihnen Türen eröffnet für neue Formen und Akzentuierungen ihres pädagogischen und therapeutischen Wirkens.

Da der „Berührungshunger" des Menschen genetisch angelegt ist und sich durch alle Lebensphasen wie ein roter Faden hindurchzieht, ist das vorliegende Buch für all diejenigen gedacht, die mit Menschen umgehen, insbesondere aber für jene, die bereit sind, die gute Berührung als einen ursprünglichen und natürlichen Schlüssel pädagogisch-therapeutischer Wirkungssteigerung zu verstehen und ihr die fundamentale Bedeutung zukommen zu lassen, die ihr von der Natur zugedacht ist.
Der Bezug zur Praxis wird verstärkt durch Erfahrungsbeispiele aus der beruflichen Tätigkeit der Autoren. Ein abschließendes Quiz vertieft das erworbene Wissen auf spielerische Art und Weise.

Ein kurzer, historischer Exkurs

Einige interessante Ereignisse verdeutlichen, daß Einstellungen und Praktiken in Bezug auf körperliche Kontakte zwischen Menschen bzw. die Bedeutung des Körperkontaktes im Leben des Menschen geschichtlichen und zeitgemäßen Einflüssen und Erfahrungen unterliegen.

Jahrhundertelang wurden Babys, insbesondere neugeborene, so gering geachtet, daß es in fast allen Zivilisationen erlaubt war, sie auszusetzen, zu verkaufen, verkommen zu lassen oder sie zu töten. Kindsopfer gehörten zu religiösen Ritualen; verlassene Säuglinge wurden zu Sklaven gemacht.

So gab es erst unter Kaiser Justinian (527 – 565) Bestrebungen, den bis dahin überwiegend gewaltsamen Umgang mit Kindern abzuschaffen[1].

China duldete die Kindstötung und den Verkauf von Kindern sogar bis in die Neuzeit.

Bis in das 18. Jahrhundert hinein galten Kinder überwiegend als potentielle Arbeitskräfte, die zum Lebensunterhalt der Familie bzw. des „ganzen Hauses" beisteuern mußten.

Säuglinge und Kleinkinder wurden nur notdürftig versorgt und dies zudem nicht unbedingt von ihrer Mutter, sondern von Mägden, die mit im Haus lebten. Im Denken dieser Zeit war es ein sträflicher Luxus, eine vollwertige Arbeitskraft wie die Mutter für etwas so Unwichtiges wie die Kinderversorgung freizustellen. Die Kinder wurden nebenbei mitversorgt und ansonsten sich selbst überlassen, bis sie ein Alter erreicht hatten, in dem sie dann selbst Arbeiten übernehmen konnten.

Erst im späten 18. und frühen 19. Jahrhundert wurde die Kindheit als eigenständiger Lebensabschnitt mit besonderen Schonräumen anerkannt. Geistliche, Ärzte und Beamte dieser Zeit ermahnten die Eltern durch Predigten, Erlasse und Zeitungsartikel dazu, sich um die seelische und geistige Entwicklung der Kinder zu kümmern.

Im Zuge der Ablehnung der ständischen Bestimmung des Menschen wurde das Kleinkind nun als „unbeschriebenes Blatt" angesehen, auf welches vorsichtig und mit Überlegung „Erste Zeichen" gesetzt werden müssen. Erstmals wurden Wärme und emotionale Geborgenheit durch die Familie (Mutter) als für die Entwicklung der Kinder notwendig angesehen[2].

Dies war mit Sicherheit ein positiver Schritt zur Anerkennung der Bedeutung des Körperkontaktes für die Entwicklung des Kindes, und sie gestaltete sich durch diese neue Sichtweise auch völlig anders. Es wuchs nun behutsamer auf und konnte seine kindlichen Bedürfnisse, zu denen auch das Bedürfnis nach Körperkontakt gehört, der Mutter gegenüber äußern.

Als „geschichtliches Ereignis", das zeitgemäße Ansichten, Einstellungen und Praktiken in Bezug auf die Bedeutung des Körperkontaktes für die Entwicklung des Menschen verdeutlicht, ist auch die etwa 1880 sich unter Ärzten und Schwestern verbreitende Ansicht zu verstehen, daß es gefähr-lich sei, Kinder zärtlich zu behandeln und zu verwöhnen[3].

Viele Beschwerden, an denen Kinder litten, wurden dem zärtlichen Kontakt zwischen Bezugspersonen und Kindern bzw. der damit einhergehenden Verwöhnung der Kinder zugeschrieben.

Insbesondere die um 1916 neu aufgekommene psychologische Lebensbe-trachtung des Behaviorismus übte gewaltigen Einfluß auf das Verhalten der Eltern ihren Kindern gegenüber aus.

Er postulierte, daß Kinder zu behandeln seien, als wären sie mechanische Objekte ohne Wünsche und Bedürfnisse[4].

Kinder waren nach dieser Auffassung das Ergebnis des sie umgebenden Milieus, welches Eltern durch ihr Verhalten formen konnten wie sie wollten.

Weil die Kinder zu abhängig von ihren Eltern würden, wenn ihnen Zunei-gung gezeigt oder ihnen körperlicher Kontakt gestattet wurde, war Senti-mentalität zu vermeiden.

Um die Selbständigkeit der Kinder zu stärken, wurde den Eltern geraten, sie keinesfalls auf den Arm zu nehmen, wenn diese weinten. Es galt die Auffassung, die Kinder würden dadurch verzärtelt und verwöhnt.

Diese Einstellungen und Praktiken wirkten sich negativ auf die Entwicklung der Kinder aus.

Der englische Psychologe und Anthropologe Ashley MONTAGU beschreibt als überwiegende Folge dieser Erziehungspraktiken Auswirkungen in Form von Gemütskrankheiten[5].

Er ist der Ansicht, daß die behavioristische Lebensbetrachtung die Kinder-pflege lange Zeit beeinflußt und zu der bis noch in den 70er Jahren des vorigen Jahrhunderts zunehmenden Mechanisierung in der Geburtshilfe, zu der Absonderung des Kindes von der Mutter nach der Geburt, zur Abschaffung des Stillens geführt hat.

Diese Einstellung zur Kinderpflege, die mit einem Mangel an Körperkon-takt und taktiler bzw. sensorischer Stimulation im allgemeinen einherging, kann u. U. auch im Zusammenhang mit der Ausbildung des Hospitalismus-Syndroms hospitalisierter Kinder im 19. und frühen 20. Jahrhundert gese-hen werden.

Aber nicht nur eine „mechanistische" Einstellung zur Kinderpflege war hier-bei für die Vernachlässigung des Körperkontaktes und der taktilen Stimula-tion ausschlaggebend, sondern auch der sogenannte „infektiöse Hospita-lismus"[6].

Darunter ist bzw. war eine Infektion zu verstehen, die (häufig) durch An-steckung an anderen Patienten zusätzlich zu der Krankheit, die zur Einweisung in ein Krankenhaus führte, hinzukam. Als Ursache wurden – noch bis zum Beginn des 20. Jahrhunderts – die schlechten hygienischen Verhältnisse in den Krankenhäusern gesehen.

Um die hospitalisierten Kinder vor der Einschleppung von Krankheitserregern zu schützen, durften die Eltern und Geschwister sie nicht oder nur selten besuchen.

Sie durften kein eigenes Spielzeug mit in die Klinik nehmen, und es wurden nur weiße Bettwäsche und Verbände benutzt, da nur diese sterilisiert werden konnten.

Zusammen mit der unzureichenden und „mechanisierten" Pflege durch das Pflegepersonal ergab sich insgesamt eine gravierende Reizarmut für die Kinder, die bei längeren Aufenthalten im Kranken- oder Waisenhaus schließlich zur Ausbildung des Hospitalismus-Syndroms führte.

Die negativen Erfahrungen mit dieser Erkrankung führten (in England ab ca. 1958; in Deutschland ab 1966) dazu, daß sogenannte „psychohygienische Reformen" in den Kranken- und Waisenhäusern vorgenommen wurden, welche u.a. vermehrte emotionale und soziale Zuwendungen (u.a. Körperkontakt) und auch vermehrte sensorische Anregungen für die Kinder mit sich brachten.

Zu diesen psychohygienischen Reformen gehörten u.a.:

- eine Verbesserung der personellen Besetzung (mehr Pflegekräfte)
- eine Einführung sogenannter „Spieltanten", die sich mit den Kindern beschäftigten, sie wiegten, in die Arme nahmen
- die Schaffung vermehrter sensorischer Anregung durch farbige Umwelten, Spielzeug, Bücher, ...
- die Änderung der Besuchszeiten; uneingeschränkte Besuchszeit für Angehörige
- die Mitaufnahme der Mutter oder des Vaters (rooming-in) bei erkrankten Kleinkindern[7].

Diese wirkten den Hospitalismuserscheinungen entgegen.

Die mit mangelnder sozialer, emotionaler und sensorischer Anregung einhergehenden Erfahrungen mit Hospitalismuserscheinungen trugen dazu bei, die Bedeutung des Körperkontaktes bzw. der emotionalen Zuwendung und der taktilen Stimulation für die Entwicklung des Kindes zu erkennen.

So wurde der Körperkontakt zwischen Bezugspersonen und Kleinkindern als lebenswichtig anerkannt.

Die Bedeutung der Berührung und des Körperkontaktes hat in verschiedenen Kultur- und Gesellschaftsformen unterschiedliche Stellenwerte.

Jede Kultur bzw. jede Gesellschaft entwickelt ihre spezifischen Methoden und Umgangsweisen mit körperlichen Kontakten. Diese wirken sich jeweils unterschiedlich auf die Entwicklung und das Verhalten des Menschen aus.

„Jede Kultur erzieht ihre Kinder und Erwachsenen, wenn sie noch jung sind, dazu, verschiedene taktile Schwellen gegenüber Kontakten und Stimulierungen zu bilden. Ihre konstitutionellen, organischen und temperamentmäßigen Eigenschaften werden dadurch verstärkt oder vermindert."[8].

Junge Menschen unterliegen den kultivierenden Einflüssen der Gesellschaft hinsichtlich körperlicher Berührungen sehr nachhaltig, denn gerade im (körperlichen) Umgang mit Neugeborenen und Kleinkindern hat jede Gesellschaft eigene Methoden entwickelt; insbesondere im Kindesalter nehmen die Körperkontakte maßgeblichen Einfluß auf die Entwicklung des Menschen[9].

Die Familie, in der das Kind aufwächst, unterliegt den Einflüssen, Ritualen und Vorschreibungen ihrer Kultur, verhält sich dementsprechend dem Kind gegenüber und vermittelt ihm die jeweils gültigen Normen, Werte und Praktiken.
Bezüglich sozialisierender Vorschreibungen bleibt der einzelnen Familie innerhalb ihrer Kultur jedoch ein gewisser Spielraum.
So gibt es in einem Kulturbereich Familien, in denen unbefangener und häufiger Körperkontakt selbstverständlich ist. In demselben Kulturbereich gibt es aber auch Familien, in denen nur ein minimaler körperlicher Kontakt zwischen den Familienmitgliedern besteht, in denen Berührungsverbote vorherrschen.

Insgesamt lernt das Kind bzw. der Mensch auf der Basis der wiederholten taktilen, kulturell vorgeschriebenen Anregungen, den Forderungen seiner Gesellschaft entsprechend zu leben[10]. D.h. die Vorschreibungen und Gewohnheiten seiner Gesellschaft bestimmen sein taktiles Verhalten anderen Menschen gegenüber und wirken sich darüber hinaus auf seine organische und psychische Entwicklung aus.

Die Bedeutung des Körperkontaktes im Leben des Menschen und auch die Befriedigung des Bedürfnisses nach Körperkontakt unterscheiden sich somit nach Ort, Zeit und sozialer Klasse, das Verlangen nach Körperkontakt aber ist universal[11].

Teil A:

Körperkontakt

(Theoretische Grundlagen)

I. Körperkontakt und Kommunikation

Der Begriff „Körperkontakt", zusammengesetzt aus den beiden Wortteilen „Körper" und „Kontakt", findet sich in deutschsprachigen Wörterbüchern / Lexika nicht bzw. nur selten erläutert, wodurch eine getrennte Betrachtungsweise erforderlich ist.

Die Beschäftigung mit dem Begriff „Körper" wirft stets eine philosophische Grundfrage auf, die sich um die Polaritäten des „Körper-Habens" und „Leib-Seins" dreht.
In der Erkenntnistheorie des Empirismus mit seinem Anspruch auf Objektivierung der Wissenschaften durch naturwissenschaftliche Methoden wird der Körper als rein instrumenteller Körper, als reiner Funktionsträger betrachtet[1]. Als Beispiel kann die Definition[2] dienen, in welcher der Körper (lat. corpus) als „Ding" bzw. „stoffliches und räumliches Gebilde" beschrieben wird.
Die Geisteswissenschaften betonen demgegenüber eher die Sinnhaftigkeit des Körpers und sprechen vom menschlichen Leib. Insbesondere die Existenzphilosophie hat einen wesentlichen Beitrag zu einem neuen Verständnis der menschlichen Leiblichkeit geleistet. Sie vertritt die Auffassung, daß die Leiblichkeit des Menschen als eine grundlegende und ausgezeichnete Weise seines „In-der-Welt-Seins" zu gelten hat; „daß der Mensch mit und in seinem Leib lebt; daß der Leib das Mittel der menschlichen Weltbeziehungen darstellt; daß er dem Menschen die Welt erschließt; und daß er kein Werkzeug / Instrument ist, sondern im Grunde genommen `ich` selbst"[3].

Bei der weiteren Verwendung des Begriffes „Körperkontakt" soll der Körper stets in umfassender Sichtweise als der „gelebte" und „erlebende" Körper[4], also als „Leib" verstanden werden.

„Kontakt" läßt sich aus verschiedenen Sichtweisen definieren:[5]
„Kontakt (lat. contingere >berühren<), der, Berührung.
1. Biologie: soziale Bezugnahme jeder Art zwischen zwei Lebewesen. Die Kontakttheorie von G. REVESZ nennt Kontakt alle tierischen und menschlichen Kommunikations- oder Mitteilungsweisen einschließlich der menschlichen Sprache, unter besonderer Berücksichtigung ihres Ursprungs.
2. [...]
3. [...]
4. Psychologie: das gegenseitige In-Beziehung-Treten zweier oder mehrerer Individuen. Im engeren Sinn bezeichnet Kontakt beim Menschen die wechselseitige Aufgeschlossenheit für die Erlebniswelt des anderen, die mit der Mitteilung und Öffnung der eigenen verbunden ist."
Diesen Definitionen entsprechend kann der Körperkontakt zunächst als

das Miteinander-in-Beziehung-Treten zweier oder mehrerer Lebewesen über deren Körper bzw. über körperliche Berührungen umschrieben werden.

Für die weitere Verwendung des Begriffes tritt ein Aspekt besonders hervor:
Kontakt bzw. Körperkontakt kennzeichnet eine Interaktion (wechselweise Handlung bzw. wechselweises Vorgehen von miteinander in Beziehung stehenden Personen) zwischen zwei oder mehreren Lebewesen, und eine wichtige Form der Interaktion ist die Kommunikation, da diese Beziehungen schafft und verändert[6].
In der Kontakttheorie von G. REVESZ wird der Kontakt sogar explizit als Kommunikationsweise dargestellt.
Kommunikation bezeichnet den Austausch von Mitteilungen jeglicher Art zwischen Personen (auch zwischen Tieren) und ist eine grundlegende Notwendigkeit menschlichen Lebens. Der Austausch von Mitteilungen kann sowohl wechselseitig (Gespräch) als auch einseitig bzw. linear (Vortrag) erfolgen. Bei einer Kommunikation lassen sich im wesentlichen drei Hauptformen unterscheiden: die intrapersonale, die interpersonale und die mediengebundene Kommunikation. Die intrapersonale Kommunikation bezeichnet den Austausch, der innerhalb eines Individuums z.B. bei der Aufnahme von Umweltdaten abläuft. Die interpersonale Kommunikation umfaßt hingegen den Austausch, der zwischen zwei oder mehreren Lebewesen (z.B. als Gespräch) stattfindet. Die mediengebundene Kommunikation (auch Massenkommunikation genannt) kennzeichnet schließlich den Austausch, der zwischen einer Gruppe von Kommunikanten (z.B. Journalisten) und einer (meist umfangreicheren) Gruppe von Rezipienten (z.B. Leser einer Tageszeitung) verläuft.
Prinzipiell lassen sich bei der Kommunikation (zwischen „Sender" und „Empfänger") zwei Arten der Mitteilungsübertragung unterscheiden: Zum einen die verbale Kommunikation, welche den Informationsaustausch über das gesprochene oder geschriebene Wort (Benutzung sprachlicher Zeichen) kennzeichnet und zum anderen die non-verbale Kommunikation, welche den Austausch über nicht-sprachliche Medien / Kanäle umfaßt (Benutzung nicht-sprachlicher Zeichen).

Die verbale Kommunikation vermittelt Informationen hauptsächlich auf der Inhaltsebene, da Sachinhalte in der Regel mit Worten (Sprache, Schrift) recht eindeutig dargestellt werden können.

Die non-verbale Kommunikation vermittelt Informationen / Mitteilungen dagegen eher auf der Beziehungsebene.[7]
Über non-verbale Kommunikation wird z.B. vermittelt, wozu jemand veranlaßt werden soll, was der Sender vom Empfänger hält bzw. wie das ge-

meinsame Verhältnis gesehen wird oder wie die momentane Befindlichkeit des Senders ist.

Die wichtigsten Kanäle der nichtsprachlichen Ausdrucksweise, die auch als Körpersprache bezeichnet wird, sind:

– Blicke
– Gesichtsausdruck   } Mimik
– Körperhaltung
– Körperbewegung
– Körperkontakt; Berührungen   } Gestik
– räumliche Distanz oder Nähe zu einem anderen
– nicht-sprachliche stimmliche Signale wie Stöhnen, Sprechpausen, Betonungen, Laute wie „mmh" oder „äh"
– Äußerlichkeiten (Frisur, Kleidung, Schmuck)[8]

Während non-verbale Kommunikation grundsätzlich auch isoliert von der verbalen auftreten kann, wird letztere (bewußt oder unbewußt) immer durch non-verbale Kommunikation begleitet. WATZLAWICK (1990) hat verschiedene Grundsätze zur Kommunikation formuliert. Der erste und wichtigste dieser Grundsätze lautet in etwa:

Foto 2: Die nonverbale Kommunikation kann sich auch über die Wahrnehmung und Interpretation der Muskelspannung des jeweils anderen vollziehen. Der „Muskeldialog" (tonischer Dialog) signalisiert hier: Deine Haltung macht mich sicher, so dass ich mich „hängen lassen" kann, ohne zu fallen.

Foto 3: Die gestreckte Körperhaltung signalisiert: Ich bin zuversichtlich und fühle mich sicher, gehalten zu werden. Die annehmende Person steht gleichgewichtsstabil und ist konzentriert und präsent.

Man kann in zwischenmenschlichen Situationen nicht <u>nicht</u> kommunizieren.

Dieser Grundsatz weist u.a. auf die non-verbale Kommunikation hin; er besagt, daß alles Verhalten, das im Kontakt mit anderen gezeigt wird, Mitteilungscharakter hat.

Auch indem sich beispielsweise jemand von einem anderen abwendet oder einfach nur schweigt, sendet er Zeichen (er drückt z.B. dadurch aus, daß er beleidigt ist).

In ungestörten Kommunikationsabläufen stimmen die verbale und die non-verbale Aussage meistens überein. Es kann jedoch auch vorkommen, daß die Aussagen in einem uneindeutigen Verhältnis zueinander stehen oder sich widersprechen (z.B. wenn jemand mit niedergeschlagener Mine sagt, daß er glücklich sei).

In solchen Fällen wird dann jedoch der non-verbale Aspekt als der für die Dekodierung der Mitteilung entscheidende angesehen. Dies hängt damit zusammen, daß die non-verbalen Zeichensysteme artgeschichtlich sehr alt sind und daher eine weitaus größere Gültigkeit haben als die junge, abstraktere Kommunikationsform der Sprache[9].

Foto 4: „Geteilte Freude ist doppelt so groß". Körperkontakt als spezifisches und gesellschaftlich anerkanntes Ausdrucksmittel (Borussia Dortmund gewinnt den Champions-League-Pokal, Finale 1997. © firo-sportfoto).

Körperkontakt wird von verschiedenen Autoren als „taktile Kommunikation" bezeichnet[10], als eine Kommunikation also, bei der die Beteiligten über ihre Körper bzw. über Berührungen Mitteilungen austauschen.

Die taktile Kommunikation wird als die ursprünglichste aller Kommunikationsformen beschrieben, auf welche alle anderen Möglichkeiten des (Informations)austauschs (Sprache, Schrift etc.) aufbauen. Auch nach ARGYLE[11] stellt die Informationsvermittlung über die hautnahe Annäherung und Berührung die ursprünglichste Form der sozialen Kommunikation dar.

Die taktile Kommunikation ist eine Form der non-verbalen Kommunikation, bei welcher Mitteilungen überwiegend auf der Beziehungsebene vermittelt werden.

Es kann mitgeteilt werden, was ein Kommunikationspartner von einem anderen hält bzw. wie ihr gemeinsames Verhältnis gesehen wird, wie die momentane Befindlichkeit des „Senders" ist oder wozu ein anderer veranlaßt werden soll.

Dimensionen des Körperkontaktes

Bei der näheren Beschäftigung mit dem Phänomen des Körperkontaktes wird deutlich, daß sich neben der bisher beschriebenen Form des Kontaktes (Körperkontakt als das In-Beziehung-Treten zweier oder mehrerer Individuen über deren Körper) weitere Dimensionen finden lassen, welche Parallelen zu den beschriebenen Hauptkommunikationsformen aufweisen.

So kann der Mensch über seinen Körper nicht nur zu anderen Menschen in Kontakt treten, sondern er kann über seinen Körper (über eine Selbstberührung beispielsweise) auch zu sich selbst in Kontakt treten und schließlich kann er über seinen Körper auch Kontakt zu seiner dinglichen Umwelt aufnehmen (Berührung von Gegenständen etc.).

Insgesamt lassen sich also folgende Dimensionen des Körperkontaktes formulieren:

Körperkontakt von Mensch zu Mensch

Diese Dimension kennzeichnet das erwähnte In-Kontakt-Treten zweier oder mehrerer Individuen über deren Körper bzw. über körperliche Berührungen. Sie weist Parallelen zur interpersonalen Kommunikation (Austausch zweier oder mehrerer Individuen) auf und kann in Anlehnung daran auch als interpersonaler Kontakt / Körperkontakt bezeichnet werden.

Körperkontakt zu seinem eigenen Körper (Eigenberührung)

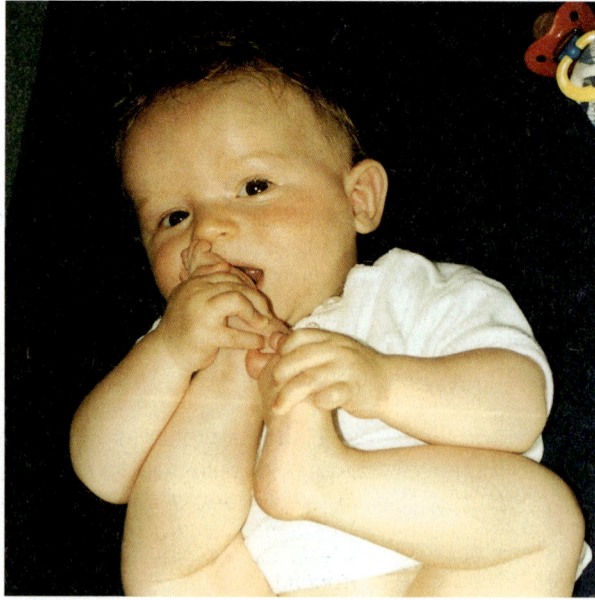

Foto 5

Diese Dimension zeigt Ähnlichkeiten zur intrapersonalen Kommunikation (Austausch, der innerhalb eines Individuums z.B. bei der Aufnahme von Umweltdaten abläuft). In gewisser Hinsicht sammelt der Mensch durch die Eigenberührung „Daten" seines eigenen Körpers (anatomische Verhältnisse, Körperschema etc.).

Diese Dimension kann dementsprechend auch als intrapersonaler Körperkontakt umschrieben werden.

Körperkontakt mit der dinglichen Umwelt

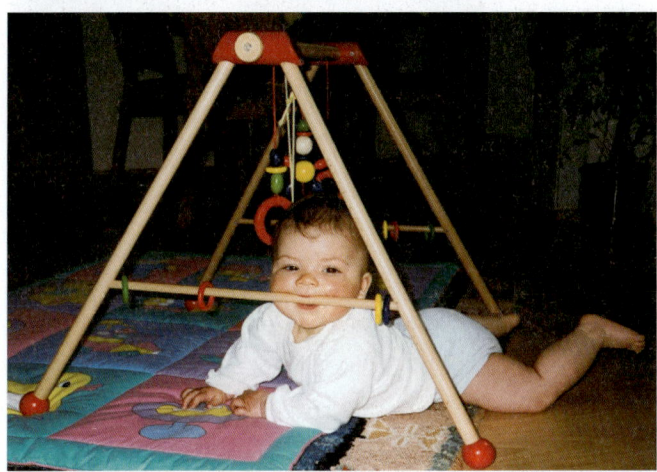

Foto 6

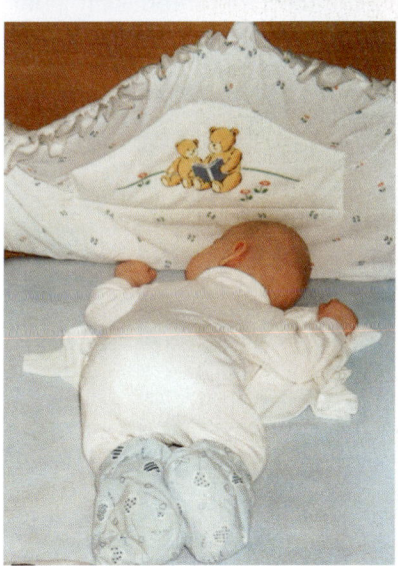

Er ist das In-Kontakt-Treten des Menschen zu seiner dinglichen Umwelt, welches über seinen Körper bzw. über Berührungen erfolgt.
Hierbei sind ebenfalls Parallelen zur intrapersonalen Kommunikation festzustellen, denn durch den Kontakt bzw. die Berührung des Körpers mit der dinglichen Umwelt nimmt der Mensch „Daten" auf (z.B. „Daten" über die Form, Beschaffenheit, Größe, ... eines Stuhls).

Foto 7: Im „grenzenlosen" Kinderbettchen robben Säuglinge oft so lange vorwärts, bis ihr Kopf Kontakt mit der Bettbegrenzung bekommt. Somit fühlen sie sich wieder – wie in der pränatalen Zeit – mit etwas in Kontakt.

Körperkontakt über Medien

Beim interpersonalen Körperkontakt läßt sich eine Ausweitung der Dimension in dem Sinne differenzieren, als der Körperkontakt von Mensch zu Mensch nicht notwendigerweise direkt über den Körper – also von Körper zu Körper – erfolgen muß. Er kann vielmehr auch von einem Körper zum anderen durch ein Medium oder mehreren Medien erfolgen.

Foto 8: Direkter Körperkontakt wird nicht erforderlich, wenn in Zweikämpfen Medien eingesetzt werden.

Als Beispiel sei hier eine „Tennisballmassage" genannt. Hierbei treten zwei Menschen über ihre Körper in Kontakt zueinander, berühren sich aber nicht Körper an Körper, sondern über das Medium, also Körper – Tennisball – Körper[12].

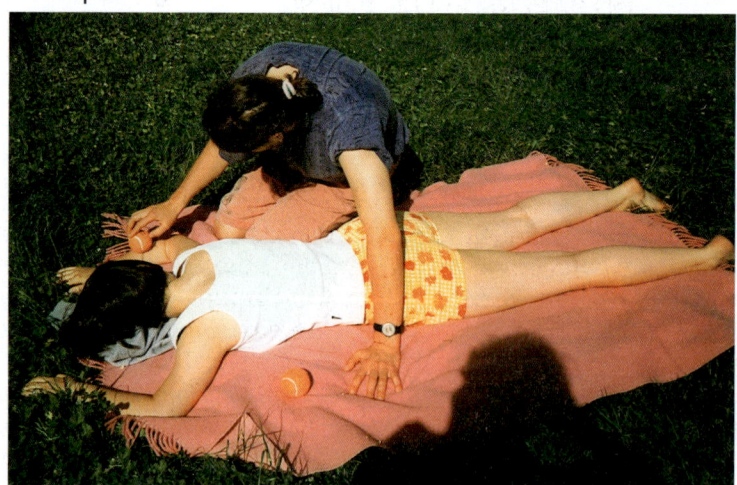

Foto 9

Diese Dimension des Körperkontaktes spielt insbesondere dort eine wesentliche Rolle, wo Kontakt wichtig ist, aber nicht unbedingt in direkter Form zugelassen werden kann, wie z.B. in therapeutischen Situationen.

Aus der Beschreibung der genannten Formen des Körperkontaktes darf gefolgert werden, daß die eingangs verfaßte Definition des Körperkontaktes (als das „In-Beziehung-Treten zweier oder mehrerer Individuen über deren Körper bzw. über körperliche Berührungen") um die genannten Dimensionen erweitert werden muß und sich der Körperkontakt somit viel umfassender darstellt als zu Beginn beschrieben.

Die folgende Grafik verdeutlicht die beschriebenen Berührungsdimensionen:

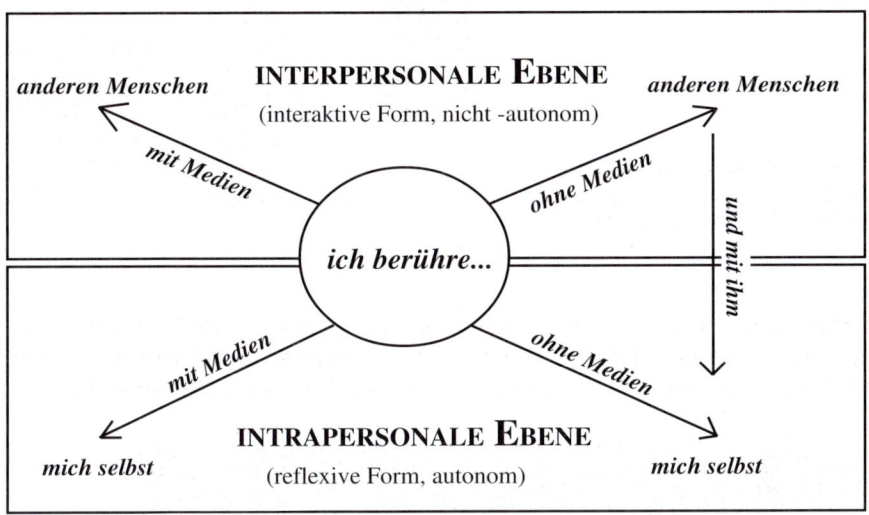

Abb. 1: Auswahl einiger Berührungsdimensionen[13]

Die ersten Berührungen des Menschen im Uterus sind auf ihn selbst gerichtet (reflexive Form, z.B. Daumenlutschen) und zugleich autonom (selbstentscheidend). Auf dieser intrapersonalen Ebene finden sich auch die späteren Selbstberührungen, bei denen Gegenstände (Spielzeuge) oder auch eigene Körperteile ergriffen und zum Körper geführt werden (Säuglinge führen oftmals mit den Händen sogar die Füßchen zum Mund; vgl. Foto S. 28).
Die interaktiven Berührungen auf der interpersonalen Ebene erfolgen entwicklungsgeschichtlich später, sind im Säuglingsalter noch autonom (die Brust suchen und saugen), während sie mit zunehmendem Reifer-Werden des Menschen ihre Autonomie verlieren.

Eine Verbindung von intra- und interpersonaler Berührung liegt z.B. bei einer Mutter vor, die ihr Baby an ihren Körper schmiegt. (Sie berührt sich selbst durch den Körper ihres Neugeborenen; ebenso bei nahezu allen Formen von Umarmungen.)

II. Die Haut – das „Kontakt-Organ"

Der eigentliche Teil des Körpers, mit welchem der Mensch in Kontakt zu anderen, zu sich selbst sowie zu seiner dinglichen Umwelt tritt, ist die Haut.

Aus diesem Grund wird diese auch als „Kontakt-Organ"[1] bezeichnet. Sie ist im Zusammenhang mit dem Vorgang des Körperkontaktes insbesondere im Hinblick auf anatomische und physiologische Aspekte und Funktionen von besonderem Interesse, da sich aus eben diesen und insbesondere aus der Funktion der Haut als Sinnesorgan, Fähigkeiten und Möglichkeiten ableiten lassen, die sich für den Menschen aus dem Körperkontakt mit all seinen Dimensionen ergeben.

So nimmt er über die Mechanorezeption Berührungen; über die Thermorezeption die Körpernähe und -wärme eines anderen Menschen wahr.

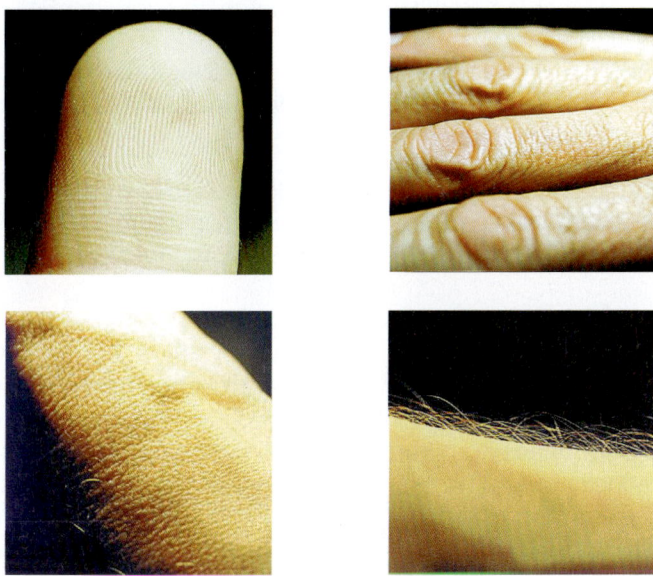

Foto 10a-d

1. Zur Biologie der Haut

Die Haut kennzeichnet das größte organische System des menschlichen Körpers. Sie bedeckt die gesamte Oberfläche des Körpers und geht an den Körperöffnungen wie z.B. der Nase, den Augenlidern, dem Mund und Genitalbereich in Schleimhaut über.

Das Relativgewicht der menschlichen Haut umfaßt beim Neugeborenen ca. 20 % und beim Erwachsenen ca. 18 % des Gesamtkörpergewichtes[2].

Die Haut entwickelt sich wenige Wochen nach der Befruchtung (2. Schwangerschaftswoche) aus einer der sogenannten Embryonalschichten, dem Ektoderm. Zu diesem Zeitpunkt der Entwicklung besteht der menschliche Embryo aus insgesamt drei Zellschichten, dem Ektoderm, Entoderm und dem Mesoderm, wobei sich aus dem Ektoderm insgesamt die Haut, Haare, Nägel, das Gehirn, das Rückenmark, die Augen sowie die Sinnesorgane des Geruchs, des Geschmacks, des Sehens, des Hörens und der Empfindung entwickeln[3].

Die menschliche Haut[4] besteht aus drei Schichten: der Oberhaut (Epidermis), der Lederhaut (Korium) sowie der Unterhaut (Subcutis).

Epidermis und Korium als die oberen Hautschichten werden auch zur Cutis (Haut, äußere Haut) zusammengefaßt.

Darüber hinaus werden zwei Hauttypen unterschieden: die Felderhaut und die Leistenhaut.

Die Felderhaut enthält Haare, Schweiß- und Talgdrüsen. Durch gruppenförmig stehende Bindegewebspapillen der Lederhaut erscheint die Hautoberfläche in Felder aufgeteilt.

Die Leistenhaut enthält lediglich Schweißdrüsen. Sie wird durch kammartig stehende Bindegewebspapillen in Hautleisten aufgeteilt und befindet sich nur an Hand und Fußsohlen.

Die Oberhaut

Die Oberhaut bildet die äußerste Schicht der Haut. Sie ist gefäßlos und variiert in ihrer „Dicke" je nach Körperregion zwischen 0,03 mm und 4,0 mm. Sie besteht aus einem mehrschichtigen verhornten Plattenepithel, das hauptsächlich aus Keratinozyten (kernhaltige Hornzellen) aufgebaut ist.

Diese Keratinozyten produzieren den Hornstoff Keratin, der einerseits eine wasserabweisende und mechanisch schützende Schicht bildet und andererseits der Haut Festigkeit verleiht. Die Keratinozyten der Oberhaut sind in der Regel in vier Lagen aufgeschichtet; an Körperstellen, an denen die Haut einer großen mechanischen Beanspruchung unterliegt (z.B. Hand- und Fußsohlen), besteht die Epidermis sogar aus fünf Schichten. Vom Körperinneren zur Oberfläche hin sind dies:

1. Stratum basale (Basalzellschicht)
2. Stratum spinosum (Stachelzellschicht)
3. Stratum granulosum (Körnerschicht)
4. Stratum lucidum (nur an beanspruchten Hautstellen)
5. Stratum corneum (Hornschicht)

In der Basalzellschicht werden ständig neue Zellen gebildet und zur Hautoberfläche geschoben.

Während dieser Wanderung nach oben verschwinden das Zytoplasma, der Zellkern und die Zellorganellen. Sie werden durch den Hornstoff Keratin ersetzt, so daß die oberste Schicht, die Hornschicht, aus vielen kleinen, toten Zellen besteht, die verhornt sind.

Durch den Kontakt der Haut mit der Umwelt werden diese verhornten Zellen an der Hautoberfläche ständig abgeschilfert.

Da in der Basalzellschicht aber immer neue Zellen gebildet und zur Oberfläche geschoben werden, besteht ein ständiger Prozeß der Verhornung und Erneuerung der Haut, der sich lebenslang fortsetzt.

Die Lederhaut

Die Lederhaut liegt unterhalb der Epidermis. Im Bereich der Leistenhaut ist sie bis zu 2,4 mm dick, an den Augenlidern, am Penis und am Hodensack dagegen nur 0,3 mm dünn.

Der obere Abschnitt der Lederhaut, die Papillarschicht, besteht aus lockerem Bindegewebe, das feine elastische Fasern besitzt. Die Grenze zur Epidermis ist durch kleine zapfenartige Ausziehungen (dermale Papillen) vergrößert. In ihnen verlaufen Blutkapillaren, die die Oberhaut versorgen.

Diese dermalen Papillen dienen einerseits einer festen Verzahnung mit der Oberhaut, andererseits werfen sie die Oberhaut zu linienartigen Mustern, den Hautlinien, auf, welche das Greifen erleichtern und jedem Finger seinen typischen Abdruck geben.

Der untere Abschnitt der Lederhaut, die Geflechtschicht, ist aus hartem, unregelmäßig angeordnetem Bindegewebe aufgebaut. Dieses enthält neben kollagenen und elastischen Fasern auch Blutgefäße, Fettgewebe, Haarfollikeln, Nerven, Talgdrüsen und Gänge von Schweißdrüsen.

Insgesamt verleiht die Lederhaut mit ihrer Kombination aus kollagenen und elastischen Fasern der Haut einerseits Reißfestigkeit, sie gibt ihr andererseits aber auch die Möglichkeit der elastischen Dehnung.

Die Unterhaut

Die Unterhaut besteht aus lockerem Bindegewebe.

Sie ist die Verschiebeschicht der Cutis (Epidermis und Korium) zu den darunter liegenden Schichten wie Muskelscheiden (Muskelfaszien) oder Knochenhaut (Periost).

In der Subcutis liegen die Schweißdrüsen und die unteren Abschnitte der Haarbälge sowie spezielle Tastkörperchen.

In die Unterhaut sind je nach Körperregion und Körperbau mehr oder weniger viele Fettzellhaufen eingelagert.

Dieses subcutane Fettgewebe dient als Stoßpuffer, Kälteschutz und Energiespeicher.

Hautanhanggebilde

Die menschliche Haut besitzt ferner sogenannte Hautanhanggebilde, welche den Oberhautbereich durchstoßen und auf die Oberfläche münden.

Zu diesen Gebilden gehören die Haare, die Hautdrüsen (Talg-, Schweiß- und Duftdrüsen) und die Nägel; sie alle unterstützen die Haut bei ihren physiologischen Funktionen.

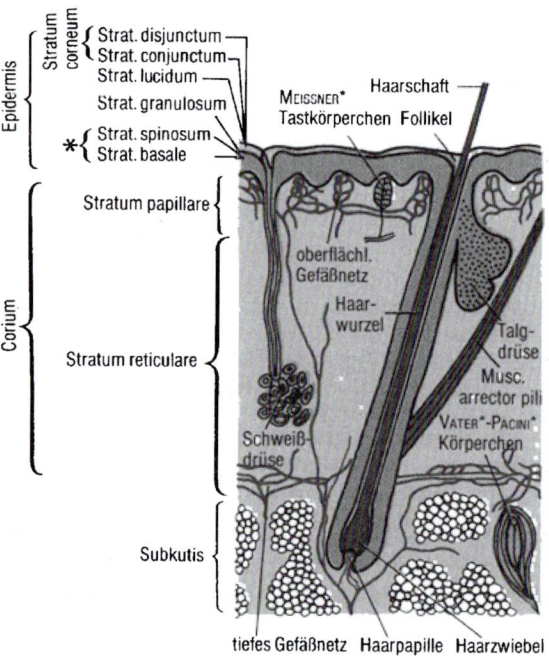

Abb. 2: Hautmodell (Roche Lexikon Medizin, ²1987, 740)

2. Funktionen der Haut

Aus der Anatomie und Physiologie der Haut und ihrer Anhanggebilde lassen sich deren vielfältige Funktionen ableiten.
Insgesamt können psychosomatische und psychische sowie physiologische Funktionen unterschieden werden[5].

2.1 Psychosomatische und psychische Funktionen

Psychosomatisch gesehen spiegelt die Haut das innere Befinden (psychisches Befinden) eines Menschen wider.

So können auf der Haut beispielsweise die inneren Zustände der Erregung, des Schams oder der Angst (Rötung, Erblassen, Schweißbildung etc.) sichtbar werden.

Streß, schmerzliche Gefühle oder bedrückende Gedanken können bereits vorhandene Hautkrankheiten wie Neurodermitis oder Schuppenflechte verschlimmern.

Psychologisch betrachtet, trennt die Haut die Innenwelt von der Außenwelt des Menschen.

Als physikalisches und psychisches Kontakt-Organ stellt sie darüber hinaus die Grenze des Ich's zu seiner Umwelt her[6].

2.2 Physiologische Funktionen

Schutzfunktionen
Durch ihr Epithel und durch Drüsensekrete schützt die Haut den Körper vor mechanischen, chemischen und thermischen Schädigungen sowie vor dem Eindringen von Krankheitserregern in den Organismus.

Regulationsfunktionen

• Temperaturregulation
Über die Abgabe von Flüssigkeit (z.B. in Form von Schweiß) sowie durch die Verengung und Erweiterung der Hautgefäße hält die Haut die Körpertemperatur des Organismus konstant.

• Regulation des Wasserhaushaltes
Indem die Haut einerseits als „natürliche Barriere" einem extremen Wasserverlust des Körpers entgegenwirkt und diesen somit vor einer Austrocknung bewahrt und andererseits über Drüsensekrete Flüssigkeit und Salz abgibt, greift sie ausgleichend in den Wasserhaushalt des Körpers ein.

Speicherfunktion
Das Unterhautfettgewebe kann als Fett- und Energiespeicher betrachtet werden. Es kann bis zu 15 kg Fett speichern, wobei ein Kilogramm Unterhautfett den Energiebedarf für etwa 4-5 Tage decken kann.

Ausscheidungsfunktion
Der von den Schweißdrüsen produzierte Schweiß dient in beschränktem Maße der Schlackeausscheidung.

Absonderungsfunktion
Der von den Talgdrüsen abgesonderte Talg fettet die Hornschicht der Oberhaut ein und hält sie geschmeidig und wasserundurchlässig.

Abwehrfunktion
Durch ihren Anteil an immunologischen Zellen ist die Haut an Abwehrvorgängen beteiligt.

Atmungsfunktion
Die Haut übernimmt einen Teil der Atmungsfunktion; sie nimmt Sauerstoff auf und gibt Kohlendioxid ab.

Funktion als Kommunikationsorgan
Indem die Haut non-verbale Informationen vermittelt, kann sie als „Kommunikationsmittel" fungieren.
So kann sie z.B. Scham („vor Scham erröten"), Angst und Schrecken („vor Schreck blaß werden") oder auch Anstrengung (Schweißbildung, Rötung) und auch Krankheiten (Gelbsucht, Fieber, ...) anzeigen.

Zudem können über die Haut persönliche Charakteristika des Menschen vermittelt werden, welche beispielsweise Hinweise über sein Alter, seine Kulturzugehörigkeit, sein Geschlecht, seine persönliche Geschichte etc. geben. Auf der Haut sichtbar werden diese durch: Hautfarbe, Pigmentierung, Narben, Falten und Behaarung.

Funktion als Sinnesorgan

• Sinnesphysiologische Aspekte
Die Sinnesorgane unterrichten den Menschen über sich selbst und seine Umwelt. Über die Sinnesorgane nimmt sich der Mensch selbst und seine Umwelt sowie diesbezügliche Veränderungen wahr.
Insgesamt kann die menschliche Wahrnehmung in die Exterozeption (Wahrnehmung äußerer Einflüsse) und die Interozeption (Wahrnehmung von Reizen aus dem Körperinneren) unterteilt werden.
Die Sinnesorgane bzw. Sinnesmodalitäten[7] des Menschen umfassen allgemeinhin den Gesichtssinn (Sehen), den Hörsinn, den Geruchssinn, den Geschmackssinn und den Tastsinn.
Darüber hinaus gibt es jedoch weitere Sinnesmodalitäten wie etwa den Gleichgewichtssinn, den Temperatursinn, den Schmerzsinn, den Stellungs- und Spannungssinn (Tiefensensibilität) etc.
Die Anzahl der Sinnesmodalitäten geht also über die fünf bekannten Sinne hinaus und ist nicht abgrenzbar.

• Reizaufnahme, Reizleitung und Reizverarbeitung
Die Information über sich selbst und seine Umwelt erhält der Mensch über sogenannte Sinnesreize (Geräusche, Gerüche etc.).
Die Aufnahme dieser Reize erfolgt über die in jedem Sinnesorgan vorhandenen Rezeptoren.

Dies sind spezialisierte Zellen (häufig, aber nicht immer, Nervenzellen), die von bestimmten inneren oder äußeren Reizen angeregt werden, wobei unterschiedliche Rezeptortypen jeweils spezifisch auf eine bestimmte Reizqualität reagieren.

So gibt es beispielsweise Mechanorezeptoren, die spezifisch auf mechanische Deformierungen der Haut reagieren, Photorezeptoren, welche auf Licht reagieren u.a..

Die Rezeptoren nehmen die Sinnesreize auf und werden von diesen erregt.

Die Erregungen wandeln sie in elektrische Impulse oder chemische Reaktionen um und leiten sie über afferente sensorische Nervenbahnen zum Rückenmark und zum Gehirn, wo sie integriert und verarbeitet werden und z.B. zu „Reaktionen" wie Bewegungen, Wahrnehmungen, Gefühlen, sprachlichen Äußerungen etc. geformt werden.[8]

Ein Sinnesreiz von ausreichender Stärke an einem für diese Reizart empfänglichen Rezeptor bewirkt eine Veränderung des Membranpotentials bzw. Generatorpotentials.

Ist das Generatorpotential ausreichend stark, löst es an der mit dem Rezeptor verknüpften sensiblen Nervenzelle Aktionspotentiale aus, welche über deren Axon fortgeleitet werden.

Die „Reaktionen", die sich aus den von den Rezeptoren aufgenommenen Reizen ergeben, welche wiederum als chemische oder elektrische Impulse weitergeleitet werden, sind abhängig von der Ebene des Zentralnervensystem (ZNS), auf der sie gebildet werden. D.h. einige der Impulse erreichen lediglich die Rückenmarks- oder Hirnstammebene, so daß die geformten „Antworten" nur unbewußt in Form von Reflexen erfolgen. Andere hingegen werden zu höheren Ebenen des ZNS geleitet.

Impulse, die beispielsweise den Thalamus erreichen, werden nach ihrer Entstehungsart und ihrem Entstehungsort gefiltert und nur diejenigen Impulse, die von dort an die Großhirnrinde (Cortex) übermittelt werden, bewirken eine bewußte „Reaktion" (bewußte Wahrnehmung, sprachliche Äußerungen u.a.).

Alle Impulse, die nicht bis in die Hirnrinde gelangen, dringen nicht in das Bewußtsein des Menschen ein.

• Hautsensibilität

Die Haut besitzt zahlreiche unterschiedliche Arten von Sinnesorganen für die Empfindungen und Wahrnehmungen[9] von Druck, Berührung, Wärme, Kälte, Schmerz und Bewegung der Haare auf der Haut.

Sie gehören zur Exterozeption und ermöglichen die Wahrnehmung äußerer Gegenstände und über Umweltkontakte (wie etwa die Berührung eines harten Tisches) auch die Erfahrung der eigenen Körperoberfläche.

Hautreize werden (von nahezu jedem Quadratzentimeter der Haut) zu allen Ebenen des ZNS geleitet und dort verarbeitet und integriert, so daß sie entsprechend der erreichten Ebene dem Menschen bewußt werden oder auch unbewußt bleiben. Viele der Hautreize erreichen nicht die Zentren der Hirnrinde, die Empfindungen bewußt werden lassen.

Statt dessen werden sie auf niedrigeren Hirnniveaus verarbeitet und dazu benutzt, um zweckmäßige Bewegungen einzuleiten oder Gefühlsäußerungen zu beeinflussen.

Die sich in der Haut befindlichen Rezeptoren bestehen aus Dendriten von sensiblen Neuronen, die frei in der Haut enden oder in Epithelien oder bindegewebige Struktur eingebettet sind.

Es gibt unterschiedliche Hautrezeptoren, die jeweils auf bestimmte Reizarten spezialisiert sind und je nach Erfordernis in unterschiedlicher Dichte an der Körperoberfläche verteilt sind.

Insgesamt werden die Sinnesmodalitäten der Haut in die Mechanorezeption, Thermorezeption und Nocizeption unterteilt.

– Mechanorezeption (Tastsinn)

Die Mechanorezeption umfaßt die Aufnahme und Verarbeitung mechanischer Reize auf der Haut, insbesondere die von Druck-, Berührungs-, Vibrations- und Kitzelreizen.

Die Aufnahme dieser Reize erfolgt über verschiedene Rezeptoren, wie z.B. den sogenannten Merkelschen Tastscheiben, den Meissnerschen Körperchen und den Vater-Pacinischen-Lamellen-Körperchen.

Die Merkelschen Tastscheiben sind spezialisierte Hautzellen in haarlosen Gebieten.

Sie stehen in Kontakt mit Dendriten sensibler Nervenzellen und werden durch mechanische Verformungen der Haut, insbesondere durch Druckreize erregt. Weitere Druckrezeptoren sind die Krauseschen Endkolben und die Raffinischen Körperchen.

Die Meissnerschen Körperchen sind eiförmige Strukturen, die viele Dendriten enthalten. Zusammen mit den Merkelschen Scheiben kommen sie besonders zahlreich an den Fingerspitzen, Hand- und Fußsohlen, Augenlidern, Lippen und äußeren Genitalien vor. Sie liegen in haarlosen Hautbereichen unter der Epidermis in den Papillen des Koriums und reagieren besonders auf Berührungsreize.

Die Vater-Pacinischen-Lamellenkörperchen bestehen aus zwiebelschalartig angeordneten Bindegewebsschichten, zwischen die Dendriten eingelagert sind. Sie kommen in der Subcutis und auch in inneren Organen, Muskeln und Gelenken vor. Auch diese Rezeptoren reagieren auf mechanische Verformungen der Haut, insbesondere auf Druck- und Vibrations-reize.

Darüber hinaus gibt es auch mechanosensible freie Nervenendigungen (Dendriten ohne bindegewebige Hülle). Sie fungieren ebenfalls als Mechanorezeptoren, wobei sie insbesondere bei der Übermittlung schwacher, sich auf der Haut bewegender Mechano- und Kitzelreize beteiligt sind. Außerdem sind sie für Temperatur- und Schmerz – sowie für Juckreize empfänglich.

– Thermorezeption

Über die Thermorezeption der Haut wird das ZNS ständig über die Temperaturverhältnisse an der Körperoberfläche und im Körperinneren informiert. Sie verfügt über spezielle Rezeptoren, die jeweils auf Kälte- und Wärmereize reagieren. Diese Rezeptoren sind (wahrscheinlich) freie Nervenendigungen, die überall in der Haut und auch im ZNS selbst vorkommen (z.B. im Hypothalamusbereich).

Durch die Kalt- und Warmrezeptoren ist der menschliche Organismus in der Lage, Temperaturen von 10° C bis 45° C zu registrieren. Oberhalb und unterhalb dieses Temperaturbereiches werden überwiegend die Schmerzrezeptoren aktiviert.

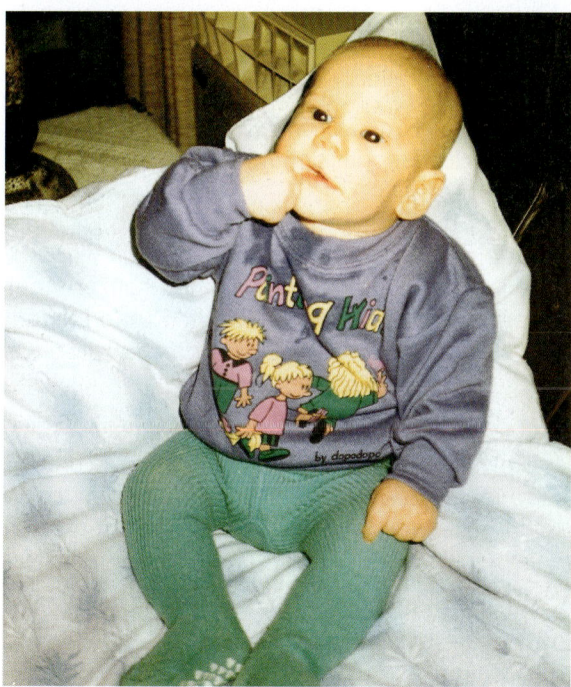

Foto 11: Der wachstumsbedingte Schmerz (von innen) beim „Zahnen", wird durch selbstinitiierten Druck (von außen) beim Beißen auf Gegenstände oder den eigenen Finger reduziert.

– Nocizeption (Schmerzsinn)

Der Schmerzsinn informiert den Menschen über Bedrohungen seines Organismus' und bewahrt diesen dadurch vor Schäden.

Die Nocizeption umfaßt den somatischen Schmerz (Oberflächen- und Tiefenschmerz) sowie den viszeralen Schmerz (Eingeweideschmerz).

Beide Schmerzarten können sich wiederum in verschiedenen Qualitäten, wie etwa in Form von dumpfen, hellen oder stechenden Schmerzen äußern.

Schmerzrezeptoren kommen überall in der Haut und in vielen Regionen des Körperinneren vor. Die Schmerzempfindungen werden überwiegend über freie Nervenendigungen vermittelt.

Nocizeptoren reagieren auf chemische Stoffe, die bei Gewebeschädigungen (Verletzungen) oder bei Störungen im Gewebestoffwechsel (Entzündungen) freigesetzt werden, wie z.B. Prostaglandine oder Histamin.

3. Hautsensibilität und Körperkontakt

Die Hautsensibilität entsteht durch das komplexe Zusammenwirken der Mechano-, Thermo- und Nocizeption. So bildet die Haut nicht nur das größte Organ, sondern darüber hinaus auch das ausgedehnteste Sinnesorgan des menschlichen Körpers.

Die Empfindungen und Wahrnehmungen, die ein Mensch beim Körperkontakt mit einem anderen Individuum, bei eigener Berührung oder bei Berührung von Gegenständen erfährt, resultieren aus dem Zusammenspiel dieser drei Komponenten der Hautsensibilität. Durch die Mechanorezeption können Gegenstände (Form, Strukturbeschaffenheit) oder auch andere Menschen ertastet bzw. befühlt werden.

Mit Hilfe der Thermorezeption kann die Umgebungstemperatur oder auch die körperliche Wärme eines anderen Menschen wahrgenommen werden. Die Nocizeptoren werden aktiviert, wenn das Anfassen eines spitzen oder scharfen Gegenstandes Schmerzen bereitet oder sich ein Körperkontakt zwischen Menschen in schmerzvoller Form vollzieht, wie etwa beim Schlagen oder Kneifen.

Zwei weitere Aspekte weisen auf die Bedeutung der Hautfunktionen bzw. der taktilen Funktionen in der Entwicklung des Menschen hin. Aus diesen lassen sich auch Erkenntnisse für die Bedeutung des Körperkontaktes in der Entwicklung des Menschen ableiten, da dieser sich über die Haut vollzieht.

Der eine Aspekt bezieht sich auf die Entwicklung der Hautsensibilität. Diese vollzieht sich bereits im Embryonalstadium, etwa gegen Ende des zweiten Schwangerschaftsmonats, zeitlich vor der Entwicklung aller anderen

Sinnesorgane und nach einem biologischen Gesetz, das besagt, je früher ein System innerhalb der Entwicklung gebildet wird, desto wichtiger ist es.

Der andere Aspekt bezieht sich auf die Tatsache, daß die Haut nicht nur das größte Organ und Sinnesorgan des menschlichen Körpers ist, sondern daß ihre vielfältigen Bestandteile auch in hohem Maße im Gehirn vertreten sind.

Dies wird durch die sogenannte Somatopie verdeutlicht, worunter die Verbindung eines Ortes auf der peripheren Sinnesoberfläche mit einem Ort in einem zentralnervösen Gebiet verstanden wird.

Die folgende Grafik zeigt die „Abbildung" der gesamten Körperoberfläche auf die Oberfläche des Gyrus postzentralis, welcher auch die Tastreize der Haut erhält.

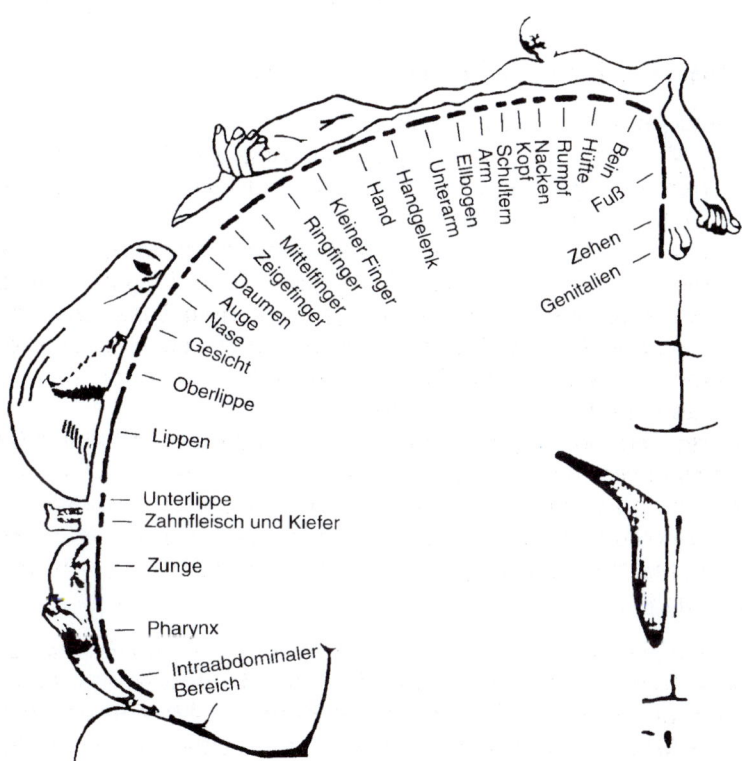

Abb. 3: Sensibler Homunkulus, wie er sich auf einer Hemisphäre der Großhirnrinde darstellt. Die dunklen Linien hinter den einzelnen Körperteilen weisen darauf hin, in welchem Maß sie sich in der Großhirnrinde abzeichnen (MONTAGU,1974, 12).

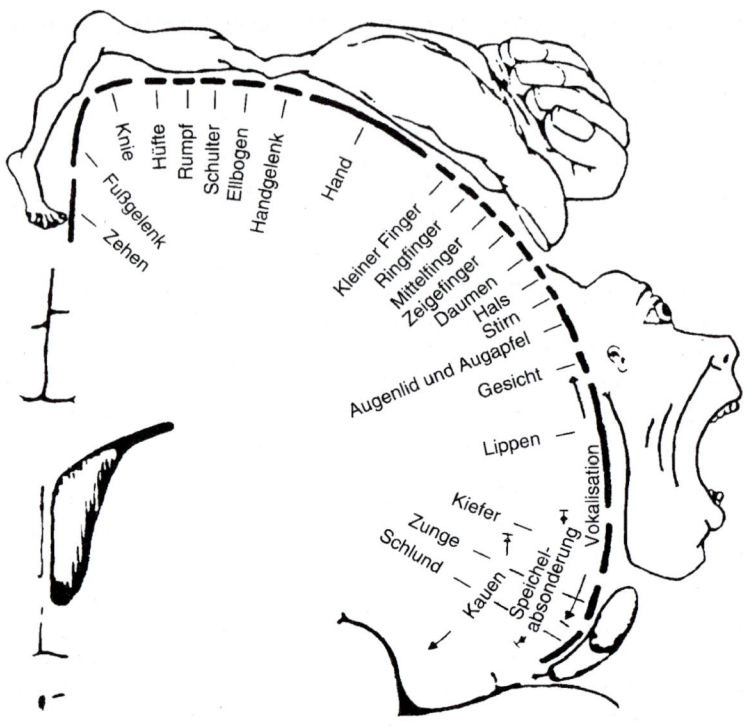

Abb. 4: Motorischer Homunkulus (MONTAGU, 1974, 13).

Die Abbildungen 3 und 4 verdeutlichen zudem, wie sich die taktilen Funktionen auf einer Hemisphäre der Großhirnrinde abzeichnen. Aus ihnen ist zu entnehmen, daß beispielsweise die Hand, insbesondere der Zeigefinger, der Daumen und auch das Gebiet der Lippen sehr stark vertreten sind.

Aus dem allgemeinen neurologischen Gesetz, daß die Größe einer bestimmten Gehirnregion der Vielfalt der Funktionen entspricht, die ihr zufallen, schlußfolgert MONTAGU, daß das Verhältnis der taktilen Gebiete innerhalb des Gehirns zu anderen Gebieten deutlich auf die Wichtigkeit der taktilen Funktionen innerhalb der menschlichen Entwicklung hinweist.
Da die Finger und die Lippen von ihrer Größe her in der Somatopie besonders stark vertreten sind, kommt ihnen anscheinend eine besondere Bedeutung zu, wobei festzustellen ist, daß gerade diese Körperteile auch im Zusammenhang mit dem Körperkontakt von großer Bedeutung sind.

III. Auswirkungen des Körperkontaktes bei Tier und Mensch

Heute liegen – verglichen mit der Zeit, zu der sich MONTAGU erstmals mit den Zusammenhängen zwischen Körperkontakt (Hautkontakt) und menschlicher Entwicklung beschäftigte (1944) – zahlreiche Forschungsergebnisse vor, die die Notwendigkeit des Körperkontaktes für die gesunde physische und psychische Entwicklung des Menschen belegen.
Die Ergebnisse stammen überwiegend aus Tierexperimenten und -beobachtungen sowie auch aus „Versuchen" und Beobachtungen an Menschen. Körperkontakt wird hier als komplexer „Vorgang" verstanden, welcher sowohl zwischenmenschliche Aspekte wie Körpernähe, Körperwärme etc. als auch die durch den Körperkontakt mit all seinen Dimensionen bewirkte kutane, taktile Stimulation der Haut miteinschließt.

Um die Bedeutung des Körperkontaktes für die Entwicklung des menschlichen Organismus und der Psyche darzustellen, wird zunächst der Körperkontakt und die damit verbundene kutane, taktile Anregung der Haut als ein zugehöriges Element der allgemeinen sensorischen Stimulation betrachtet, die ein Mensch für seine gesunde Entwicklung benötigt.
Anschließend wird dargelegt, welche spezielle Bedeutung der kutanen Stimulation für die Entwicklung des Menschen zukommt. Sie wird also isoliert von den anderen sensorischen Anregungen betrachtet.

Da eine große Anzahl von Forschungsergebnissen aus Tierexperimenten und -beobachtungen stammt, werden diese jeweils zuerst beschrieben (grau unterlegt) und im Anschluß daran „Versuche" und Beobachtungen an Menschen (hellgelb unterlegt) genannt, die sich auf die gleichen bzw. auf ähnliche Untersuchungsparameter beziehen. Dabei kann weitgehend davon ausgegangen werden, daß die Ergebnisse aus den Tierexperimenten zumindest tendenziell auch auf den Menschen übertragen werden können. Neurologische Veränderungen an Hirngeweben von Tieren (z.B. Ratten) wurden in gleicher Art auch an den Menschen festgestellt, die an bestimmten Krankheiten (z.B. Alzheimer) litten. Die Neubildung von Nervenzellverbindungen durch umgebungsbedingte Stimulationen scheint unter Wissenschaftlern derzeit unbestritten zu sein (vgl. S. 46ff).[1]

1. Die Bedeutung allgemeiner sensorischer Anregung für die Entwicklung von Individuen

Der Einfluß auf die Entwicklung des Zentralnervensystems (ZNS)

Aus Hirnforschungen ist bekannt, daß die Entwicklung des ZNS bzw. die Ausbildung der Feinstruktur des Gehirns weitgehend von Umweltreizen, also von sensorischer Anregung, abhängig ist, wobei die kutane, taktile Stimulation, die sich auch aus dem Körperkontakt mit all seinen Dimensionen ergibt, einen Faktor dieser sensorischen Anregungen darstellt und somit Anteil an der Entwicklung des ZNS hat.

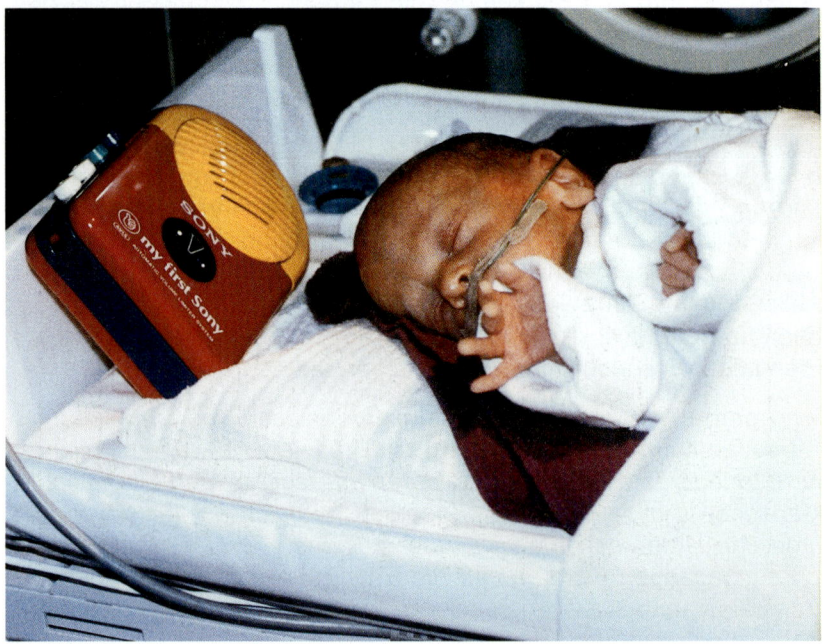

Foto 12: Aus einem kleinen Cassettenrecorder tönt leise Musik oder die aufgenommene Sprache der Mutter. Zusätzliche sensorische Anreize können auch durch eine Hängeschaukel im Inkubator ermöglicht werden.

Die Entwicklung des menschlichen ZNS beginnt wenige Wochen nach der Konzeption mit der Bildung der Nervenplatte und des Rückenmarks (Corda) sowie ihrer räumlichen Orientierung und damit der Festlegung der Orte für spätere Funktionen. Auf diese Orte hin wandern die sich bildenden Nervenzellen (Neuronen) zu. Gestützt werden sie durch ein Gerüst von Gliazellen (weiße Hirnmasse), die die chemoelektrische Kommunikation zwischen den Neuronen regeln[1a].

Die Entstehung der Gehirnzellen durch fortwährende Teilungsvorgänge vollzieht sich im pränatalen Stadium und ist nach der 22. – 25. Gestationswoche[2] so gut wie abgeschlossen. Nach dieser Zeit vermehrt sich die Zahl der Neuronen nicht mehr wesentlich.

Mit der Geburt (in geringer Form auch schon in der pränatalen Phase[3]) beginnen diese sich jedoch zu differenzieren; sie bilden Dendriten und Synapsen aus und entwickeln somit die Feinstruktur des Gehirns. Zudem nehmen auch die Gliazellen erheblich zu.

Die Vermehrung der Dendriten und die Synapsenbildung erfolgen ca. bis zum 6. Lebensjahr[4], setzen sich aber auch unter bestimmten Bedingungen (z. B. der Aktivierung) bis in das hohe Erwachsenenalter fort.

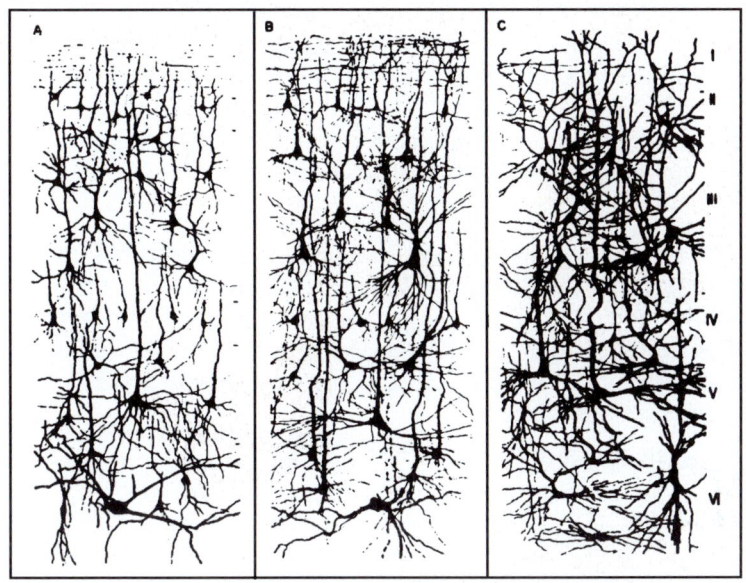

Abb. 5: *Dendriten-Aussprossung beim menschlichen Kind.*
  A: im Alter von 3 Monaten
  B: im Alter von 15 Monaten
  C: im Alter von 24 Monaten
  HEESE 1978, 15 (in Anlehnung an DUMERMUTH et al. 1969, 26)

Aus Experimenten mit Tieren weiß man, daß die Zunahme der dendritischen Verzweigungen und die Bildung der Synapsen als Reaktion auf Reizzufuhr erfolgt. Sie werden also durch Außenreize (Sinnesreize) beeinflußt und zwar insofern, als ein Fehlen von Reizen eine Einschränkung der Synapsenbildung, ein reichhaltiges Reizangebot hingegen eine Vermehrung bedeutet.

Je mehr Verbindungen (Synapsen) zwischen den Neuronen gebildet werden, desto ausgeprägter wird die Feinstruktur des Gehirns und desto rascher und differenzierter arbeitet es.

Da die Dendritenaussprossung und die Synapsenbildung in besonders hohem Maße bis zum 6. Lebensjahr erfolgen, ist für die Ausbildung der Feinstruktur des Gehirns ein reichhaltiges Reizangebot gerade in diesem Zeitraum besonders wichtig[5].

Die Untersuchungen über die Zusammenhänge zwischen Reizzufuhr aus der Umwelt und deren Auswirkungen auf die Ausbildung der Gehirnstruktur gehen bis in das 18. Jahrhundert zurück.

Bereits zu dieser Zeit fand der italienische Anatom MALCARNE, daß Hunde und Vögel, die über längere Zeit körperlich trainiert wurden, mehr Einkerbungen in ihrem Kleinhirn aufwiesen als untrainierte Individuen.
Die Ergebnisse wurden dahingehend gedeutet, daß die durch körperliches Training[6] ausgelösten Sinneseinwirkungen die Entwicklung des Gehirns steigern können.

Seit 1960 wurden umfangreiche verhaltensphysiologische, neuro-histochemische und neurohistologische Untersuchungen an Ratten durchgeführt, welche die beschriebenen Zusammenhänge belegten.
In diesen Untersuchungen wurden Ratten, die durch sorgfältige Selektion nach Stamm, Alter und Geschlecht ausgesucht worden waren, in drei Hauptgruppen eingeteilt.

Die erste Gruppe („Stimulationsgruppe") lebte nach dem Abstillen vom 25.-105. Tag an in einem „angereicherten" Milieu, welches vielfältige Möglichkeiten der sensorischen und sozialen Stimulation bot. 10-12 Tiere waren jeweils in einem Käfig untergebracht, der mit Einrichtungen wie Leitern, Schachteln, Klettergerüsten u.a. ausgestattet war.
Etwa vom 30. Tag an wurden die Tiere in der gleichen Umgebung zusätzlich noch zum Erforschen von Labyrinthgängen angeregt.

Die zweite Gruppe („Deprivationsgruppe") lebte dagegen in einer sensorisch und sozial verarmten Umgebung. Sie waren in Einzelkäfigen untergebracht und hatten keine Möglichkeit, andere Tiere zu berühren, zu sehen oder zu hören. Insgesamt beschränkte sich ihre sensorische Anregung auf minimale propriozeptive Stimulationen. Sie wurden jedoch optimal ernährt.

Die dritte Gruppe („Normalgruppe") stellte eine Kontrollgruppe von Versuchstieren dar, welche unter mittleren Standardbedingungen lebte.

Nach Abschluß der Untersuchungen stellten die Forscher fest, daß die verschiedenen Sinnesstimulationen, die durch den Deprivationsprozeß einerseits und den Übungsprozeß andererseits gegeben waren, signifikante anatomische Veränderungen im ZNS nach sich zogen.

Diese zeigten sich an auffälligen Gewichtsunterschieden der Hirnhäute, welche mit der Proliferation der Gliazellen in Zusammenhang gebracht wurden. Bei den stimulierten Tieren wurde zudem ein größeres Volumen der grauen Hirnsubstanz und ein größerer Durchmesser der Kapillaren festgestellt.

	Differenz RR/RA	P	Anzahl RR/RA
Gewicht	6,1	<0,001	106/141
Gesamtprotein	7,8*	<0,001	25/32
Rindendicke	6,3	<0,001	36/41
AchE total	2,3	<0,01	83/140
ChE total	10,2	<0,001	78/98
Hexokinase total	6,9	<0,001	17/21
Neuronen, Anzahl	3,1	n. sign.	7/17
Gliazellen, Anzahl	14,0	<0,01	12/17
Nervenzellquerschnitt	13,4	<0,001	12/13

* bei einer Gewichtsdifferenz von 7,0%
** bei einer Gewichtsdifferenz von 5,5%

Abb. 6: Wirkung der Umwelteinflüsse auf die Okzipitalrinde. Genetisch gleiche Berkeley-S1-Ratten in mit Reizen angereicherter (RR) resp. an Reizen armer (RA) Umgebung.
PECHSTEIN 1974, 86 (in Anlehnung an ROSENZWEIG 1969).

Die Resultate der Untersuchungen belegten, daß mit einer Veränderung der Sinneserfahrungen und der Erfahrungen im sozialen Bereich[7] (Reizanregung / Reizmangel) in der Entwicklungsphase des Gehirns deutliche Veränderungen der biochemischen Eigenschaften und der Feinstruktur der Hirnrinde bis hin zu Gewichtsveränderungen der Gehirnmasse einhergehen.

Verbesserungen der Hirnstrukturen durch sensorische Anregungen waren bei sehr jungen Ratten, deren Gehirne sich noch in der Entwicklungsperiode befanden, deutlich ausgeprägter, ließen sich aber bei Ratten jeden Alters erreichen, d.h., daß sensorische Anregungen in der Entwicklungsperiode des Gehirns besonders bedeutsam sind, aber auch die Feinstruktur des Gehirns älterer Tiere noch beeinflussen können.

ROSENZWEIG erkannte, daß die sensorische Anregung nicht den ganzen Tag über erfolgen mußte, sondern daß täglich zwei Stunden Aufenthalt im Käfig mit dem besseren Angebot an Betätigungsmöglichkeiten ausreichten, um signifikante Änderungen im Rattenhirn hervorzurufen[8].

Da mit menschlichen Gehirnen aus verschiedenen wie z.B. aus ethischen Gründen nicht in der Weise experimentiert wird, wie dies bei Tieren der Fall ist (z.B. bewußter Entzug sensorischer Anregung; Tötung der Tiere; Sezierung der Gehirne), wird angenommen, daß die grundlegenden Prozesse der Synapsenbildung bei Tier (z.B. Ratte) und Mensch übereinstimmend sind[9]. (vgl. Schenk-Danzinger 1991, 38, Ayres 1992, 190; und Ladner-Merz 1996, 25)
Trotzdem gibt es auch „Versuche" und Beobachtungen, die sich auf die Entwicklung des menschlichen Gehirns beziehen.
Die Untersuchungsergebnisse solcher „Versuche" beziehen sich jedoch weniger auf meßbare hirnphysiologische Parameter wie z.B. die Feststellung des Hirngewichts oder die Anzahl der Synapsen, sondern auf solche, die Rückschlüsse auf die Funktionskapazität des Gehirns zulassen wie z.B. Intelligenzquotienten oder auch direkt beobachtbares Verhalten.

Die Ausbildung der Feinstruktur des menschlichen Gehirns leidet bei deprivierenden Aufwuchsbedingungen, die dem sich entwickelnden kindlichen Gehirn entwicklungsfördernde Reize vorenthalten. Als Folge der überwiegend sensorischen Mangelsituation nennt HEESE[10] eine zu Lernbehinderung führende Beeinträchtigung, die sogar bis zur geistigen Behinderung führen kann und belegt dies mit Beispielen von Formen gewaltsamer Isolierung, wie sie von „ITARD's Victor" oder den sozialbeziehungslos aufgewachsenen „wolf-boys" bekannt geworden sind.

Auch SCHENK-DANZINGER[11] hebt hervor, daß eine reizarme Umwelt alle geistigen Prozesse erschwert, deren biologische Entsprechungen in den Schaltvorgängen zwischen den Neuronen zu suchen sind.
HUNT[11a] belegte mit seinen Arbeiten, daß eine anregungsreiche Umwelt (handhabbare optisch eindrucksvolle Objekte, Klettergerüste u.a.) den Intelligenzquotienten und somit die kognitiven Leistungen des Kindes erhöht.

Der Einfluß auf das Verhalten

Experimente und Beobachtungen zeigen, daß sich eine sensorische Reizzufuhr bzw. ein sensorischer Mangel auch auf das Verhalten von Individuen auswirkt.

Es ist dabei jedoch nicht auszuschließen, daß gerade Verhaltensprobleme als Folge einer durch Mangel an sensorischer Stimulation „schlecht" ausgebildeten Gehirnstruktur auftreten können.

THOMPSON und MELZAK zogen einige Scotch-Terrier in Käfigen auf – jeweils einen Hund in einem Käfig – und zwar so, daß diese Hunde nichts außerhalb ihres Käfigs sehen konnten[12]. Im Alter von sieben bis zehn Monaten verglichen die Forscher diese so aufgewachsenen Hunde mit umherstreunenden Terriern, die unter normalen Bedingungen aufgewachsen waren.

Zu diesem Vergleich wurden beiden Gruppen von Hunden fremde Objekte gezeigt bzw. vorgeführt.

Die „normal" aufgewachsenen Hunde reagierten auf diese Objekte mit Weglaufen. Die in den Käfigen aufgezogenen Hunde sprangen auf die Vorführung der Objekte hingegen aufgeregt hin und her und liefen in ihrer Verwirrung teilweise sogar in die Gegenstände hinein. In fremder Umgebung verhielten sie sich völlig wild und ziellos. Sie hatten Schwierigkeiten, sich an Umgebungswechsel anzupassen und sinnvolle Tätigkeiten zu vollführen.

Obwohl die Hunde von Geburt an gesund waren, bewirkte der Mangel an Sinnesreizen ein derartig sinnlos erscheinendes und orientierungsloses Verhalten[13].

Auf das Verhalten von Menschen wirken sich sensorische Reizanregungen ebenfalls aus.

OURTH und BROWN (1961) beispielsweise führten einer Gruppe von Neugeborenen in einer Klinik zusätzliche taktile und kinästhetische Stimulationen dadurch zu, daß sie die Babys vier Tage lang nach jeder Mahlzeit je 30 – 60 Minuten lang von ihren Müttern halten und in den Armen wiegen ließen.

Die Beobachtungen ergaben, daß die nicht gewiegten Säuglinge der Kontrollgruppe signifikant mehr schrien und zwar vornehmlich zwischen den Mahlzeiten, zu einem Zeitpunkt also, zu welchem normalerweise kein Grund für diese Unlustreaktionen vorlag.

OURTH und BROWN meinten daraus schließen zu können, daß sich die gewiegten Kinder wohler fühlten, weil sie mehr Stimulationen erhielten (vgl. S. 175)[14].

Die bisherigen Ausführungen zu den Auswirkungen einer sensorischen Reizzufuhr einerseits und eines sensorischen Mangels andererseits bezogen sich hauptsächlich auf den Lebensabschnitt der Kindheit.

Wie die im Rahmen der Gehirnforschung durchgeführten Tierversuche verdeutlichen, zeigen sich Auswirkungen sensorischer Anregung bzw. sensorischen Mangels jedoch auch noch im Erwachsenenalter.

So konnten Wissenschaftler beispielsweise vorübergehende Verhaltens- und Persönlichkeitsstörungen bei Piloten nach langen Flügen von Düsenflugzeugen beobachten, während welcher sie sich nicht von ihren Sitzen wegbewegen konnten und auch bei Menschen, die den arktischen Winter in Schutzhütten verbrachten.

Andere Forscher wollten herausfinden, welche Auswirkungen sich bei Erwachsenen zeigen, wenn deren Sinne nicht beansprucht werden.

Zu diesem Zweck entwarfen sie Kammern, in denen sämtliche Umweltreize ausgeschaltet waren.

In einigen dieser Kammern befand sich beispielsweise lauwarmes Wasser, welches nach einer relativ kurzen Zeit die Haut vor allen Reizempfindungen bewahrte. In anderen Kammern steckten die Versuchspersonen in Anzügen, welche von Kopf bis Fuß reichten und jegliche Berührungsstimulationen und Körperbewegungen verhinderten.

Ferner wurden den Versuchspersonen die Augen zugebunden oder sie befanden sich in Bereichen eines konstanten weißen Lichtes; die Ohren wurden ihnen verstopft oder einem monotonen Geräusch ausgesetzt.

Die Forscher konnten in diesen Versuchen beobachten, daß bei den Testpersonen nach einigen Stunden die Hirnfunktionen anfingen, sich zu desorganisieren. Sie entwickelten abnorme Ängste sowie optische und akustische Halluzinationen, die sich auch noch eine Zeitlang wiederholten, nachdem die Testpersonen die reizfreie Kammer verlassen hatten[15].

Der Einfluß auf die Ausbildung von Sinnesfunktionen

Zur Ausbildung der Funktionsfähigkeit der Sinnesorgane stellt die allgemeine sensorische Anregung eine Notwendigkeit dar.

Ein sensorisches System kann sich nur dann entwickeln, wenn es den Kräften bzw. Reizen, die seine Sinnesorgane aktivieren, ausgesetzt wird.

So benötigt das visuelle System Licht und visuelle Reize, um die Zwischenverbindungen auszubilden, die es für die entsprechende visuelle Wahrnehmung benötigt.

Das akustische System bedarf zu seiner Entwicklung Klang und Geräusch und für die Entwicklung der Hautsensibilität benötigt die Haut unterschiedliche Reize wie Berührungs-, Temperatur- und auch Schmerzreize.

VESTER[16] beschreibt einen Versuch, bei dem Ratten direkt nach der Geburt jegliche Seherfahrungen verwehrt wurden, indem ihnen die Augen verbunden wurden.
Bei diesen Ratten stellten sich als Folge des Mangels an Seherfahrungen bzw. visueller Reize Sehstörungen bis hin zur Blindheit ein.
Folgeschäden waren zu beheben, sofern die Augen nach einem Zeitraum von wenigen Wochen (ca. zwei Wochen) geöffnet wurden.
Wurden sie jedoch erst Monate später geöffnet, bewirkte der Mangel an visuellen Reizen lebenslange Sehstörungen oder Blindheit.

Anhand von Beobachtungen an Menschen konnte festgestellt werden, daß sensorische Anregungen bzw. sensorischer Mangel Einfluß auf deren sensorische Entwicklung und darüber hinaus auch auf deren motorische und psychomotorische Entwicklung ausüben.

Das Gehirn und die Sinnesorgane stehen in direkter Verbindung miteinander und so ist zur Ausbildung der Sinnesfunktionen einerseits eine Reizung der Sinnesorgane und andererseits ein guter Reizzufluß von den Empfangsorganen der Sinne zum Gehirn notwendig[17].

Daß sensorische Stimulationen Auswirkungen auf die sensorische, motorische und psychomotorische Entwicklung des Menschen haben, wird häufig anhand von Untersuchungen an zu früh geborenen Kindern verdeutlicht[18]. Sie können von einer zusätzlichen sensorischen Stimulation in Form einer Reizung der Gleichgewichtsorgane derart profitieren, daß ihre Entwicklung besser voranschreitet.

NEAL brachte z.B. Hängematten in Inkubatoren an und schaukelte zu früh geborene Kinder dreimal täglich eine halbe Stunde. (vgl. Kapitel IV.) Er fand heraus, daß die geschaukelten Kinder schneller einen besseren Muskeltonus, ausgiebigere Kopfbewegungen, ausgiebigeres Strecken und Beugen von Armen und Beinen sowie bessere akustische und optische Reaktionen entwickelten.
Sie nahmen zudem auch schneller an Gewicht zu, wobei nach AYRES diese Gewichtszunahme ein sichtbarer Hinweis dafür ist, daß das Nervensystem des Kindes zahlreiche Aufgaben gut bewältigt.

Die Auswirkungen einer sensorischen Mangelsituation auf die sensorische und motorische bzw. auf die allgemeine Entwicklung von Kindern faßt sie folgendermaßen zusammen:

„Kinder, die ein sehr reduziertes Leben führen, indem sie wenig Kontakt mit anderen Menschen und Dingen haben, entwickeln keine altersentsprechenden sensorischen, motorischen oder geistigen Funktionen. In manchen Heimen wächst das Kind in einem reduzierten Raum mit nur wenig Gelegenheit für Bewegung oder Spielen und nur wenig sensorischer Anregung auf, wie sie normalerweise von den Eltern ausgeht. Diese sensorische Mangelsituation führt zu einer schlechten Entwicklung der Kinder." [19]

Daß insbesondere Kinder, die in Heimen aufgewachsen sind, nicht nur einer sensorischen, sondern darüber hinaus auch einer sozialen und emotionalen Deprivation ausgesetzt waren, welche in ihrer Gesamtheit gravierende Folgen für deren Entwicklung hatte, wird noch an späterer Stelle aufgezeigt (S. 69ff).

Aus den dargestellten Ergebnissen der Tierversuche sowie den „Versuchen" und Beobachtungen an Menschen kann zusammenfassend festgehalten werden, daß die allgemeine sensorische Reizzufuhr, welche die taktile Anregung miteinschließt, sowohl für die physische als auch für die psychische Entwicklung des Lebewesens und insbesondere des Menschen von größter Bedeutung ist.

Positive wie negative Auswirkungen der vorhandenen oder fehlenden sensorischen Anregung zeigen sich dabei hauptsächlich im Kindesalter, sind aber auch im Erwachsenenalter noch möglich.

2. Die Bedeutung kutaner und taktiler Anregung für die Entwicklung von Lebewesen

Das taktile System bzw. die Hautsensibilität ist das erste sich im Mutterleib entwickelnde sensorische System.

Allein dieser Tatsache ist zu entnehmen, daß Berührungsreize bzw. Hautreize bereits in der sehr frühen Entwicklungsphase, der pränatalen Phase, von großer Bedeutung für das Individuum sein müssen, da diese von ihm zuerst empfunden und verarbeitet werden.

MONTAGU (1974) und ANZIEU (1993) wiesen in diesem Zusammenhang auf das allgemeine biologische Gesetz hin, daß ein System innerhalb der Entwicklung umso wichtiger ist, je früher es gebildet wird.

Der Einfluß auf das Zentralnervensystem

Gerade die kutane Anregung scheint diejenige der sensorischen Anregungen zu sein, der besonders in der pränatalen, der perinatalen und der frühen postnatalen Phase eine besondere Bedeutung für die Entwicklung des ZNS zukommt, da Hautreize diejenigen Reize sind, die vom Gehirn zuerst verarbeitet bzw. zuerst wahrgenommen werden.

MONTAGU[20] beschreibt Untersuchungen an Laboratoriumsratten, die von Forschern gestreichelt und liebevoll angefaßt wurden im Vergleich zu Ratten, denen dieser Körperkontakt untersagt blieb; jene wiesen ein größeres Gewicht des Gehirns und eine differenziertere Entwicklung des Kortex und Subkortex auf.
Zudem wurden in den Gehirnen angefaßter und gestreichelter Ratten, also taktil stimulierter Ratten, mehr Cholesterin und Cholinesterase gefunden, welches ein Zeichen eines stärker ausgebildeten Nervensystems, insbesondere die Markscheiden der Nervenfasern betreffend, darstellt.

In Erinnerung der Tatsachen, daß sich das Nervensystem ohne einen ausreichenden Bestand an Sinnesreizen der unterschiedlichsten Art nicht adäquat entwickeln kann und die Hautsensibilität das erste der sich entwickelnden sensorischen Systeme ist, ist gerade die kutane, taktile Anregung von großer Bedeutung für die gesamte nervale Organisation des Kindes[21a].

AYRES[21b] kommt zu der Erkenntnis, daß das Berühren zwischen einem Baby und seiner Mutter von großer Bedeutung für dessen Hirnentwicklung ist. Sie schafft damit einen direkten Bezug zum interpersonalen Körperkontakt und drückt dadurch aus, daß sich ein großer Teil der so wichtigen kutanen Anregung in der frühen Entwicklungsphase des Kindes aus dem körperlichen Kontakt zwischen Mutter und Kind ergibt.
Sie leitet die meisten Entwicklungsschritte des Kindes aus neurophysiologischen Vorgängen ab und begründet, daß das Nervensystem ohne eine ausreichende taktile Stimulation des Körpers dazu tendiert, aus dem Gleichgewicht zu kommen, womit sie nochmals den Einfluß der kutanen Anregung auf das ZNS hervorhebt.

Im vorherigen Kapitel wurde außerdem dargestellt, daß das Gehirn und die Sinnesorgane in einem direkten Zusammenhang zueinander stehen. Insbesondere zwischen der Haut und dem ZNS kann noch eine weitere Verbindung gezogen werden: Sowohl das Zentralnervensystem als auch die Haut entwickeln sich aus der gleichen embryonalen Gewebeschicht (Ektoderm)[22]. Zudem setzen sich Berührungsreize durch das gesamte Nervensystem fort und beeinflussen in gewissem Maße jeden neuralen Prozeß.

Zusammenfassend kann festgehalten werden, daß zwischen dem sensorischen System der Haut und dem Gehirn eine enge Verbindung besteht, und daß Berührungsreize eine primäre Rolle für die Entwicklung des Gehirns von Lebewesen im allgemeinen und des Menschen im besonderen spielen.

Der Einfluß auf die Funktionsfähigkeit von Organsystemen

Forschungsergebnisse aus Beobachtungen und Versuchen an Tieren und Menschen belegen, daß die kutane Stimulation einen wesentlichen Einfluß auf die Funktionsfähigkeit lebenswichtiger Organsysteme ausübt.
MONTAGU hat durch seine Forschungen, Beobachtungen und Studien einen wesentlichen Beitrag zu dieser Erkenntnis geleistet. Aus diesem Grund sollen auch die Versuche – insbesondere die Versuche des Anatoms HAMNETT – beschrieben werden, die ihn zu dieser Annahme führten.

HAMNETT stellte bei seinen Versuchen an Albino-Ratten einer genetisch homogenen Versuchsgruppe, deren Reaktion er auf die gleichzeitige Entfernung der Schild- und Nebenschilddrüsen untersuchen wollte, fest, daß einige dieser Tiere nicht starben, obwohl diese Operation gewöhnlich für unfehlbar tödlich gehalten wurde, weil dadurch eine auf das Nervensystem toxisch wirkende Substanz freigesetzt wird.

Er erforschte diesen Sachverhalt weiter und fand heraus, daß die operierten Ratten aus zwei verschiedenen Gruppen stammten, wobei die meisten der überlebenden Ratten der sogenannten „Versuchsgruppe" angehörten. Die Tiere dieser Gruppe wurden von den Forschern gewöhnlich gestreichelt und zärtlich behandelt.
Die Ratten, die eine höhere Sterblichkeitsziffer aufwiesen, stammten hingegen aus der sogenannten „Kontrollgruppe".
Diese Tiere kamen nur bei der Fütterung und der Reinigung der Käfige durch den Wärter in Berührung mit Menschen.
Sie erhielten also keinen oder nur wenig anregenden Körperkontakt.

Insgesamt wurden in diesen Versuchen 304 Tieren die Schild- und Nebenschilddrüsen entfernt.
Von den Ratten der Kontrollgruppe (wenig berührte Ratten) starben 79 % innerhalb von 48 Stunden nach der Operation.
Von den Tieren der Versuchsgruppe (zärtlich berührte Ratten) hingegen starben im gleichen Zeitraum nach der Operation nur 13 %.
Wenn bei der Operation nur die Nebenschilddrüse entfernt wurde, starben innerhalb von 48 Stunden 76 % der Tiere aus der Kontrollgruppe und nur 13 % der Ratten aus der Versuchsgruppe.

Es zeigte sich also, daß in beiden Versuchen ein großer Prozentanteil (66%; 63%) der wenig bzw. nicht kutan stimulierten Tiere innerhalb von 48 Stunden nach der Operation verstarb. Somit lag der Faktor der Sterblichkeitsrate der nicht berührten Tiere um ca. 6 über dem der gestreichelten Tiere.

Einige der überlebenden Ratten der Kontrollgruppe wurden nach der Entwöhnung in die Versuchsgruppe übergeben und dort ebenfalls zärtlich berührt und gehandhabt.

Sie erwiesen sich in diesen Fällen dann ebenfalls als widerstandsfähiger gegenüber den Folgen der Nebenschilddrüsenentfernung.

In einer zweiten Serie von Experimenten untersuchte HAMNETT die Sterblichkeitsziffer von Wanderratten, denen die Nebennieren entfernt wurden und welche zuvor nur wenig Körperkontakt bzw. kutane Anregung erhielten.

Von den 102 operierten Ratten verstarben 92 % innerhalb von 48 Stunden nach der Operation.

Er schloß aus diesen Untersuchungen, daß das Streicheln und zarte Anfassen die Stabilität des Nervensystems bei Ratten erheblich stärkt und ihnen eine auffallend große Resistenz gegenüber dem Verlust der Nebennierensekretion gibt.

Bei nicht kutan angeregten Tieren führte dieser Verlust in weniger als 48 Stunden zum Tod durch akute Nebennierentetanie.

In der Folge wurden noch weitere Experimente an Ratten durchgeführt. Insgesamt wiesen sie darauf hin, daß Ratten Laboratoriumssituationen um so besser überstanden, je mehr sie gestreichelt und freundlich in die Hand genommen wurden.

Zarte, kutane Anregung konnte bei der Entfernung endokriner Drüsen also zwischen Leben und Tod entscheiden (MONTAGU); aus dieser Erkenntnis ließ sich die akzeptable Hypothese ableiten, daß die richtige Art kutaner Stimulation für die organische (und Verhaltens-) Entwicklung von Lebewesen sehr wesentlich ist und von lebenserhaltender Bedeutung sein kann.[23]

Bei der Suche nach einer Erklärung für die unterschiedlichen physiologischen Reaktionen der Ratten, welche HAMNETT selbst nicht gab, kam MONTAGU auf den Gedanken, daß das „Lecken" der Jungen durch die Muttertiere, das diese praktisch vom Zeitpunkt der Geburt an vornehmen, nichts mit dem Vorgang der Reinigung zu tun hat, sondern eine viel wichtigere, fundamentalere Bedeutung für das Leben der Jungen darstellt.

Im folgenden werden einige Experimente dargestellt, die belegen, daß das Lecken der neugeborenen Tiere durch das Muttertier einer Reihe

lebenswichtiger Funktionen dient, insbesondere der Anregung lebenswichtiger Organsysteme wie z.B. des urogenitalen und gastrointestinalen Systems.
Die Untersuchungen zeigten, daß neugeborene Säugetiere, um zu überleben, geleckt werden müssen und zwar vornehmlich in der Darmregi-
on, der Region zwischen den äußeren Genitalien und dem After.
Geschieht dies aus irgendwelchen Gründen nicht, stirbt das Tier mit
hoher Wahrscheinlichkeit an einem Versagen des Urogenitalsystems
und / oder der Magen-Darm-Organe.
MC CANCE und OTLEY (1951) verzeichneten bei ihren Versuchstieren ein Versagen des Urogenitalsystems, wenn die neugeborenen Jungen sofort nach der Geburt von ihren Müttern getrennt wurden, so daß
das lebensnotwendige Lecken ausblieb.
Diese Forscher wiesen auch darauf hin, daß das Lecken und auch
andere kutane Zärtlichkeiten der Mutter die Durchblutung der Niere
anregen und dadurch die Harnausscheidung verstärken.

*Foto 13: Tiere wie Men-
schen suchen die gegen-
seitige Berührung und ge-
nießen sie.*

Züchter von Chihuahuahunden berichteten, daß die Mütter dieser Tiere häufig keinen oder nur einen geringen Versuch unternehmen, ihre Jungen zu lecken, so daß diese oft sterben, wenn das Lecken durch die Mutter nicht durch etwas Entsprechendes wie etwa durch das Streicheln der Jungen seitens einer menschlichen Hand ersetzt wird.

Auch diese Beobachtungen wiesen darauf hin, daß das Urogenitalsystem ohne kutane Stimulation nicht arbeitet, denn die nicht stimulierten Tiere starben an einem Versagen dieses Systems.

REYNIERS führte ein (zuvor nicht geplantes) Experiment durch, welches ebenfalls Bestätigung über die Zusammenhänge zwischen kutaner Anregung und Funktionsfähigkeit lebenswichtiger Organe lieferte.

In seinen eigentlichen Versuchen wollten er und seine Mitarbeiter Tiere völlig hygienisch bzw. keimfrei aufziehen. Diese Versuche mißlangen jedoch, weil die Versuchstiere frühzeitig an einem funktionellen Versagen des Urogenital-Traktes und der Magen-Darm-Organe starben. („Ureterverschluß und mit einer durch Harnverhaltung geweiteten Blase")

Erst nachdem die Forscher begannen, die Geschlechtsorgane und das perineale Gebiet der Jungen jeweils nach dem Füttern mit einem Stückchen Watte zu streicheln, kam es zu einer normalen Harnausscheidung und der Entleerung des Darms[24].

Man beobachtete, daß das Lecken der Jungen durch das Muttertier einen spezifischen Rhythmus aufweist.

Das Gebiet, welches am meisten beleckt wird, ist das der Genitalien und das des Anus. Danach wird das Mäulchen, der untere Teil des Bauches und zuletzt der Rücken und die Weiche beleckt.

Die Häufigkeit des Leckens ist dabei wahrscheinlich genetisch bestimmt, so daß sie sich von Tierart zu Tierart unterscheidet.

Andere Wissenschaftler kamen beispielsweise zu dem Ergebnis, daß Rattenmütter während einer Beobachtungszeit von 15 Minuten ihre Jungen folgendermaßen belecken:

anogenitale Region	–	2 Minuten und
und Unterleib	–	10 Sekunden
Rückenende	–	25 Sekunden
oberer Teil des Unterleibs	–	16 Sekunden
Hinterkopf	–	12 Sekunden

Weiterhin konnte festgestellt werden, daß das Lecken bei den meisten Säugetieren direkt nach der Geburt beginnt und noch eine geraume

Zeit danach fortgesetzt wird.

Orang-Utans, Schimpansen, Gorillas und auch Menschen scheinen die Ausnahmefälle unter den Säugetieren zu bilden, die ihre Jungen bzw. Kinder nicht ablecken.

Das Überwiegen dieses Verhaltens bei den Säugetieren beweist jedoch, wie fundamental es ist[25].

Zur Anregung lebensnotwendiger Organsysteme ist demnach nicht unbedingt der Prozeß des Leckens ausschlaggebend, sondern die damit verbundene kutane Stimulierung, somit kann das Lecken auch durch das Streicheln einer menschlichen Hand oder durch das Bestreichen (z.B. der Genitalien) mit einem Wattestäbchen ersetzt werden.

„Man kann den Begriff des Putzens bis zum Abtasten mit den Fingern und dem Streicheln der menschlichen Hand ausdehnen."[26].

Die Funktionsfähigkeit lebenswichtiger Organsysteme (Atmung, urogenitales und gastrointestinales System, Kreislaufsystem) scheint auch beim Menschen von kutanen Anregungen, insbesondere von perinatalen Hautstimulationen, abhängig zu sein bzw. scheinen diese Stimulationen die Funktionen lebenswichtiger Organsysteme des Menschen in Gang zu setzen.

Die langanhaltenden Wehen bei der Geburt eines Menschen[27] stellen ein Äquivalent des Leckens dar, welches das Muttertier bei ihren Jungen direkt nach der Geburt vornimmt.

Die Kontraktionen des Uterus stimulieren während der Zeit der Geburt die Haut des Fötus sehr kräftig und dienen damit denselben Funktionen bzw. haben letztendlich dieselbe Wirkung wie das Lecken der Jungen durch das Muttertier, nämlich die Funktionsfähigkeit der kindlichen Organe für die Zeit nach der Geburt zu aktivieren (vgl. S. 168).

Die menschliche Mutter leckt im Gegensatz zu fast allen anderen Säugetieren ihre Kinder nach der Geburt nicht ab.

Ein „Ablecken" von Kindern ist beim Menschen nur in zwei Kulturformen zu beobachten, wobei das Lecken dort jedoch nicht der Anregung lebenswichtiger Organsysteme, sondern der Reinigung des Kindes dient.

So lecken Mütter in wasserarmen Gebieten wie etwa im Polargebiet oder im Hochland des Tibets die älteren ihrer kleinen Kinder manchmal ab, wenn aus anderen Quellen kein Wasser zur Reinigung zu bekommen ist[28].

Das Lecken der Jungen durch die Tiermutter stellt eine angeborene, reaktive Verhaltensweise der Säugetiere dar, welche das Überleben der Jungen nach der Geburt sichert.

Überhaupt sind Säugetiere durch eine Reihe angeborener, reaktiver (also instinkthafter) Verhaltensweisen auf Gerüche, Nässe, Berührung, Temperatur u.a. veranlagt, das Überleben ihrer Jungen zu garantieren[29].

Die bei diesen Tieren nur relativ kurz ausgeprägten Wehen des Geburts-vorganges reichen (im Gegensatz zum Menschen) nicht aus, um das uro-genitale, das gastrointestinale und teilweise auch das respiratorische Sy-stem zu aktivieren.

Dies ist auch nicht notwendig, da die Anregung dieser Organsysteme eben durch die angeborene reaktive Verhaltensweise des Leckens gesichert ist. Bei menschlichen Müttern hingegen sind derartige reaktive Verhaltenswei-sen nur schwach ausgebildet.

Ihr Verhalten ist nicht so sehr durch Instinkte bestimmt wie das der Tier-mutter. Wenn diese in ihrer eigenen Kindheit nicht erlebt hat, wie sich eine fürsorgliche Mutter verhält, ist es möglich, daß sie auf die Geburt eines Kindes unzureichend reagiert und das gesunde Weiterleben des Kindes gefährdet.

Aus diesem Grund wird die nachgeburtliche Existenz des menschlichen Kindes nicht so sehr durch das Verhalten der Mutter, sondern durch auto-matische, physiologische Vorgänge wie etwa dem reflektiven Beginn der Uteruskontraktionen und deren langanhaltende Dauer um den Körper des Fötus gesichert.

Diese langanhaltenden Uteruskontraktionen bei der Geburt eines Men-schen repräsentieren – wie bereits erwähnt – neben anderen wichtigen Funktionen eine Reihe kräftiger kutaner Stimulationen, die die Aktivität und Funktionsfähigkeit der lebenswichtigen Organsysteme garantieren.

Die physiologische Erklärung für die Anregung der Funktionsfähigkeit le-bensnotwendiger Organsysteme durch Hautstimulationen ergibt sich dar-aus, daß die Kontraktionen des Uterus um den Körper des Fötus seine peripheren sensorischen Nerven anregen. Die dadurch stimulierten nervö-sen Impulse laufen im zentralen Nervensystem zusammen und werden durch das vegetative Nervensystem den verschiedenen Organen zugelei-tet, die sie ihrerseits aktivieren und mit Reizen beleben.

Wird die Haut nicht hinreichend stimuliert, wird auch das periphere und autonomes Nervensystem nur mangelhaft belebt und die wesentlichen Or-gane nur ungenügend aktiviert[30].

Der durch die Geburt bedingte Umgebungswechsel verlangt von dem Neu-geborenen eine sehr komplizierte Umstellung und Neuanpassung insbe-sondere in Bezug auf sein respiratorisches System, sein Herz-Kreislaufsy-stem, sein Verdauungssystem und die Regulierung seiner Körpertempera-tur[31].

Im Uterus wurde die Funktionsfähigkeit des kindlichen Organismus weitge-hend durch den Körper bzw. die Organe der Mutter gewährleistet. Nach der Geburt müssen die Organsysteme des Kindes ihre Funktionen selbständig übernehmen; sie müssen sich also umstellen bzw. den neuen Gegebenheiten anpassen.

Hierbei helfen die Hautstimulationen durch die Uteruskontraktionen der Geburt maßgeblich mit, denn sie regen die eigenständige Funktionsfähigkeit der lebenswichtigen Organe des Kindes an.

Der Geburtsprozeß bildet somit gewissermaßen eine Brücke zwischen der intra- und extrauterinen Lebenswelt, denn er hilft dem Organismus des Menschen, sich auf seine nachgeburtliche Existenz vorzubereiten.

Die Abhängigkeit der Funktionsfähigkeit lebensnotwendiger Organsysteme von Hautstimulationen wird in empirischen Untersuchungen an Frühgeburten und Kaiserschnitt-Entbindungen belegt, da bei diesen „Arten" der Entbindung die Hautstimulationen durch die geburtsbedingten Uteruskontraktionen meistens fehlen.

Entsprechend sind in diesen Fällen Störungen in den gastrointestinalen, urogenitalen und respiratorischen Funktionen zu erwarten[32].

DRILLIEN z.B. untersuchte die Entwicklungsgeschichte vieler Frühgeburten und stellte dabei fest, daß sie in den ersten Jahren ihres nachgeburtlichen Lebens wesentlich häufiger Erkrankungen und Leiden des Nasen-Rachenraumes, also der oberen Luftwege, aufwiesen als normal ausgetragene Kinder[33].

SHIRLEY, die 1939 die Ergebnisse einer Untersuchung an zu früh geborenen Kindern in Säuglingsheimen und Kindergärten veröffentlichte, stellte fest, daß diese erst später die Kontrolle über die Darm- und Blasenschließmuskeln erlangten als normal ausgetragene Kinder.

Bei Säuglingen, die durch einen Kaiserschnitt entbunden wurden, konnte festgestellt werden, daß diese zehnmal häufiger als vaginal entbundene Kinder an der Hyalinmembrankrankheit, einer Form der Erkrankung der Atmungsorgane, litten. SHIRLEY und DRILLIEN zeigten, daß Frühgeborene auch im späteren Kindesalter größere Ernährungsschwierigkeiten hatten als rechtzeitig geborene Kinder[34].

MONTAGU selbst wendet zu diesen Ergebnissen ein, daß es problematisch sei, diese Unterschiede in der Entwicklung der Kinder auf das Nichtvorhandensein oder die Unzulänglichkeit eines einzigen Entwicklungsfaktors zurückzuführen. Er hält jedoch den Mangel an kutaner Stimulation während der perinatalen Periode für einen wesentlichen Faktor bei der Ausbildung von derartigen Störungen[35].

Andere Autoren führen gerade im Hinblick auf nachgeburtliche und auch spätere organische Schwierigkeiten von zu früh geborenen Kindern an, daß diese häufig dadurch bedingt sind, daß die Organe der Kinder bei der

Geburt (je nach Anzahl der Gestationswochen) noch nicht voll ausgereift bzw. entwickelt sind[36].

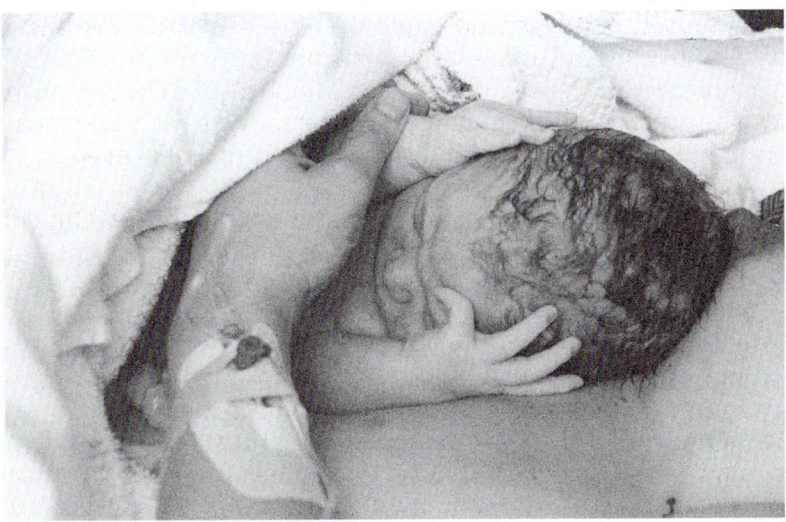

Foto 14: *Termingerecht geborener Säugling, 5 Minuten nach der Geburt (© Elvira Lammers).*

Der Einfluß auf das Immunsystem

Kutane Stimulationen beeinflussen organische Parameter derart, daß diese ihrerseits Auswirkungen auf das Immunsystem von Menschen und Tieren haben.

Forschungsergebnisse weisen darauf hin, daß Ratten, die in der Zeit nach der Geburt in die Hand genommen und gestreichelt wurden, in jedem Fall einen höheren Abwehrstofftiter nach der Primär- und Sekundärimmunisierung hatten als Ratten, denen dieser Körperkontakt nicht zukam.

Bemerkenswert bei diesen Ergebnissen ist, daß das frühe kutane Erleben Auswirkungen auf das Immunsystem der erwachsenen Tiere hatte, denn die Tiere, die während ihrer Kindheit gestreichelt wurden, wiesen gerade im Erwachsenenalter ein differenzierteres immunologisches System auf.

Wie diese Wirkung zustande kommt, ist noch nicht hinreichend geklärt. Wahrscheinlich spielt jedoch dabei die Thymusdrüse bzw. der Mechanismus ihrer Leitsubstanzen und Hormone eine wesentliche Rolle, da die Thymusdrüse für den Aufbau immunologischer Funktionen verant-

wortlich ist[37]. Auch der Hypothalamus ist in diesem Zusammenhang wichtig, da er die Immunität von Lebewesen bestimmt.
Berührungen bzw. kutane Stimulationen scheinen auf diese Organe Wirkungen auszuüben, die sie zu einer gesteigerten Abwehr gegenüber Krankheiten führen.

Auch beim Menschen konnten Zusammenhänge über frühe Hautstimulationen und günstige Auswirkungen auf die Widerstandsfähigkeit gegenüber Infektionen und anderen Erkrankungen beobachtet werden; auch die Immunität des Menschen wird durch frühe Hautkontakte gestärkt. (Als Beleg – leider ohne genaue Angabe der Quelle – führt MONTAGU den Tierversuch an, der oben bereits referiert wurde[38]).
SOLOMON/LEVINE/KRAFT[39] betonen ebenfalls, daß durch gezielte Hautstimulationen eine Stärkung des Immunsystems erreicht wird. So konnte die Überlebensrate von zu früh geborenen Kindern mit Hilfe kutaner Anregung vergrößert werden, da weniger postnatale Infektionen auftraten.

Der Einfluß auf die Körpergröße und das Körpergewicht

Untersuchungen belegen auch, daß Berührungen Einfluß auf das Körpergewicht und die Körpergröße von Menschen und Tieren ausüben.

WEININGER entdeckte, daß männliche Ratten, die nach der Entwöhnung drei Wochen lang gestreichelt wurden, nach 44 Tagen ein um 20 Gramm höheres Durchschnittsgewicht hatten als solche, denen eine derartige Stimulation nicht zukam. Zudem wuchsen sie auch schneller[40].

WASHBURN führte eine Reihe von Experimenten durch, in denen zwei Gruppen von Laboratoriumsratten unter gleichen Aufwuchsbedingungen gehalten wurden. Während die eine Gruppe der Ratten jedoch von den Forschern regelmäßig gestreichelt und liebevoll angefaßt wurde, wurde die andere rein „sachlich" behandelt; ihr kam also kein liebevoller Körperkontakt zu. Als Ergebnis zeigte sich, daß die gestreichelten Ratten schneller wuchsen als die nicht gestreichelten[41].

Andere Forscher stellten fest, daß der Knochen- und Körperbau bei angefaßten Ratten stärker ausgebildet war als bei nicht angefaßten[42].

RICE hat einige Mütter dazu veranlaßt, ihre vorzeitig geborenen Kinder für die Dauer von einem Monat viermal am Tag zu streicheln, zu massieren und zu liebkosen.

Eine andere Gruppe von Müttern Frühgeborener führte solche Körperkontakte nicht aus[43].

Die Ergebnisse belegten, daß die Kinder, die eine zusätzliche kutane
Anregung von ihren Müttern erhielten, eine bessere Gewichtszunahme
sowie auch eine bessere neurologische und geistige Entwicklung aufwiesen.

PATTON und GARDNER veröffentlichen Berichte über Kinder, denen
die mütterliche Liebe entzogen wurde (wobei die Mutterentbehrung
u.a. mit einem Mangel an Berührungen einhergeht) und wiesen nach,
daß nicht nur das geistige, sondern auch das physische Wachstum
dieser Kinder gestört war.

Das Knochenwachstum dieser Kinder entsprach etwa nur der Hälfte
der Kinder, denen Mutterliebe und Körperkontakt zukam[44].

TEMERLIN und seine Mitarbeiter kamen bei einer Untersuchung von
32 noch nicht sprechenden, retardierten Jungen im Durchschnittsalter
von neun Jahren zu dem Ergebnis, daß die Kinder, die zärtlich bemuttert wurden und bei welchen ein maximaler Hautkontakt stattfand, während des Experimentes viel besser an Gewicht zunahmen als die Jungen einer nicht bemutterten Kontrollgruppe[45].

Der Einfluß auf die Motorik, Psychomotorik und Sprache

Sensorische Stimulationen wirken sich auf die Entwicklung der Motorik
und Sensorik von Lebewesen aus.

Werden Berührungen in diesem Zusammenhang nun isoliert von den anderen sensorischen Anregungen betrachtet, ist zu erkennen, daß sie auch
im einzelnen Auswirkungen auf die Motorik und auch auf die Sprache von
Lebewesen haben.

BARRON[46] z.B. stellte fest, daß nach ihrer Geburt mit einem Handtuch
abgetrocknete Lämmer früher aufstanden als nicht abgetrocknete Lämmer, wobei dieses Abtrocknen dem Lecken durch das Muttertier gleich-
zusetzen ist.

Die Arbeiter auf der Cornell Behavior Farm entdeckten, daß viele neugeborene Lämmer nicht in der Lage waren, zu stehen (und später
starben), wenn sie nicht von ihren Müttern geleckt wurden.

Dabei genügte es sogar, wenn das Lecken des Jungen nur eine Stunde andauerte[47]. Lecken bewirkt somit das Wecken lebenswichtiger,
vitaler Funktionen.

SHIRLEY fand heraus, daß zu früh geborene Kinder (denen die perinatale Hautstimulation durch die Uteruskontraktionen fehlte) in ihrer
manuellen Entwicklung sowie auch in ihrer Haltung und Fortbewegung
und auch in ihrer sprachlichen Entwicklung retardiert waren[48].

PIEPER et al. kamen bei ihren Untersuchungen zu dem Ergebnis, daß
alle durch Kaiserschnitt entbundenen Jungen und alle Kaiserschnitt-
Entbundenen unter acht Jahren einen sprachlichen Defekt entwickelten bzw. ihn zumindest zur Zeit der Untersuchung aufwiesen[49].

Foto 15: Unabhängig voneinander berichten Therapeuten, dass Kaiserschnittent-
bundene Kinder Kriechtunnel oft nicht bis zu Ende passieren oder frühzeitig, sofern
die Möglichkeit besteht, diesen Kriechtunnel verlassen.

Einfluß auf das Verhalten

Forschungsergebnisse belegen, daß die kutane Anregung auch im einzelnen , d.h. in Abgrenzung der anderen sensorischen Stimulationen, Einfluß auf das Verhalten von Menschen und Tieren hat.

In den Eingangs beschriebenen Versuchen erkannte HAMNETT, daß kutane Stimulationen nicht nur Auswirkungen auf die physische Entwicklung von Ratten üben, sondern darüber hinaus auch auf deren psychische Entwicklung, insbesondere auf deren Verhalten.

Die Ratten, die in seinen Versuchen (seit fünf Generationen) gestreichelt und zärtlich gehandhabt wurden, zeigten ein konstant ruhiges Verhalten. Wenn sie in die Hand genommen wurden, waren sie entspannt, willfährig und nicht schreckhaft.

Sie fühlten sich nicht nur in den Händen derer, die sie im allgemeinen berührten sicher, sondern generell.

In der Gegenwart von Menschen zeigten sie sich furchtlos, zutraulich und zeichneten sich durch einen Mangel an neuromuskulärer Spannung oder Reizbarkeit aus.

Bei den Ratten, die nicht berührt wurden, zeigte sich ein völlig anderes Bild.

Sie waren zaghaft, ängstlich und nervös. Wenn sie von Menschen in die Hand genommen wurden, waren sie verkrampft, wehrten sich, wurden aggressiv und bissen oft.

Ihr Gesamtbild zeichnete sich durch eine ständig vorhandene Reizbarkeit und neuromuskuläre Anspannung aus.

Wie bereits beschrieben, wurden einige der Ratten aus der Kontrollgruppe (nicht gestreichelte Ratten), die den Eingriff der Drüsenentfernung überlebten, nach der Entwöhnung in die Versuchsgruppe (gestreichelte Ratten) übergeben, in welcher sie dann ebenfalls zärtlich behandelt wurden.

Diese vorher verängstigten, furchtsamen, angespannten Ratten wurden aufgrund der zärtlichen Behandlung zunehmend zahmer, schlossen sich don anderen Tieren an und kamen zu einer allgemeinen Entspannung. Ein Mangel an kutaner Stimulation bzw. an Körperkontakt scheint also auch kompensierbar zu sein.

WEININGER beobachtete in seinen Versuchen, daß nach der Entwöhnung gestreichelte und zärtlich gehandhabte Ratten sich auf einem offenen Feld nah an das hell erleuchtete Zentrum eines Versuchsgebietes heranwagten. Sie zeigten damit eine viel größere Bereitschaft, sich über die natürliche Gewohnheit ihrer Gattung, sich an Wände anzuklammern und Licht zu vermeiden, hinwegzusetzen als Ratten, denen liebevoller Körperkontakt verwehrt blieb.

In weiteren Versuchen konnte festgestellt werden, daß früh gestreichelte und angefaßte Tiere später in einer ihnen fremden Umgebung sehr viel weniger angespannt waren, weniger urinierten und defäkierten als Tiere, die in der Zeit vor dem Abstillen nicht taktil stimuliert bzw. zärtlich gestreichelt wurden. Zudem waren die stimulierten Tiere auch williger und fähiger, eine neue Umgebung zu erforschen.

Im Hinblick auf die Auswirkungen kutaner Anregungen auf das Verhalten von Tieren weist MONTAGU darauf hin, daß es nicht zu bezweifeln ist, daß genetische Faktoren das Verhalten bestimmen, mit welchem Tiere auf Anfassen oder Streicheln reagieren.

Seiner Meinung nach ist es aber unmißverständlich, daß sie alle darauf reagieren und einen positiven Nutzen daraus ziehen (Entspannung, Neugier etc.).

Beobachtungen an zu früh geborenen und durch Kaiserschnitt entbundenen Kindern weisen darauf hin, daß die durch die Geburtssituation fehlenden perinatalen Hautstimulationen nicht nur Einfluß auf die Organfunktionen der Kinder haben, sondern auch auf deren Verhalten.

Zu früh geborene Kinder in Säuglingsheimen und Kindergärten konnten sich nur kurz auf etwas konzentrieren und waren zudem leicht erregbar, nervös, furchtsam und häufig auch schüchtern.

Außerdem zeigten diese Kinder im Vorschulalter mehr Verhaltensschwierigkeiten als Kinder, die termingerecht geboren wurden.

Zu diesen Schwierigkeiten gehörten übersteigerte Aktivität, enorme Ablenkbarkeit, Befangenheit, Daumenlutschen, Bettnässen, negatives Verhalten und Überempfindlichkeit gegenüber Geräuschen[49a].

Bei Kindern, die durch einen Kaiserschnitt zur Welt kamen, konnte beobachtet werden, daß sie als Säuglinge häufig träger und reaktionsschwächer waren als vaginal entbundene Kinder und auch häufiger schrien als diese.

Zudem wurden an durch Kaiserschnitt entbundenen Kindern häufig Angst vor der Schule, Reizbarkeit, Unruhe und andere Persönlichkeitsschwächen beobachtet[50].

Nach KRAMER können zusätzliche Berührungsreize das Verhalten zu früh geborener Kinder positiv beeinflussen.

Diese Reize führten die Kinder nämlich zu einer besseren Kontaktaufnahme mit anderen Kindern[51].

Insbesondere von Kindern, die in die Pflege eines Heimes, Waisenhauses oder Krankenhauses gegeben werden mußten und somit über längere Zeit einer Entbehrung ihrer Mutter (Bezugsperson) bzw. der mütterlichen Zuwendung ausgesetzt waren, sind Verhaltensschwierigkeiten und ernsthafte psychische Erkrankungen beschrieben worden. [52]

Dabei konnte lange Zeit nicht eindeutig geklärt werden, worin diese mütterliche Zuwendung (Mutterliebe) bestand bzw. was das Wesentliche an der Mutterliebe darstellte und für die gesunde Entwicklung der Kinder so wichtig war[53].

MONTAGU ist viele Jahre später und im Rückblick auf diese Erkrankungen und Verhaltensschwierigkeiten der Auffassung, daß das Syndrom der Mutterentbehrung, das entsteht, wenn nur ein Minimum an mütterlicher Zuwendung vorhanden ist, u.a. aus taktiler Entbehrung besteht[54].

Er betont damit die Wichtigkeit des Körperkontaktes zwischen Mutter und Kind und die sich daraus ergebende taktile Stimulation bzw. die durch die Entbehrung der Mutter entstehende sensorische (taktile) Deprivation für das Kind.

Als einer der ersten machte Sigmund FREUD darauf aufmerksam, daß die Entwicklung des Kindes entscheidend von der Mutter als seinem ersten Liebesobjekt abhängt.

Insbesondere die Tatsache, daß sich Heimkinder in der Regel langsamer entwickelten als die in intakten Familien aufgewachsenen Kinder, legte schließlich die Vermutung nahe, daß eine liebevolle Bemutterung durch eine Bezugsperson Voraussetzung für das Gedeihen des jungen Kindes ist[55].

Der Psychiater und Psychoanalytiker Rene SPITZ[56] zeigte durch seine systematischen Beobachtungen über die Folgen von Krankenhausaufenthalten bei jungen Kindern, daß Säuglinge und Kleinkinder, die für längere Zeit von der Mutter/Bezugsperson getrennt wurden, ohne daß andere Personen die unterbrochene Bemutterung fortsetzten, trotz bester Ernährung und einwandfreier hygienischer Behandlung oftmals psychisch ernsthaft erkrankten.

Störungen kündigten sich dabei bereits in den ersten vier Wochen nach der Trennung durch Weinerlichkeit an.

Im zweiten oder dritten Trennungsmonat kam es häufig zu einem Entwicklungsrückstand mit zunehmender Kontaktverweigerung, Schlaflosigkeit, Gewichtsverlust und erhöhter Anfälligkeit gegenüber Infektionskrankheiten.

Die Motorik zeigte eine Verlangsamung und der Gesichtsausdruck wurde starr.

SPITZ (1945) wählte für diese auffälligen physiognomischen Veränderungen den Terminus „anaklitische Depression". Diese psychogene Erkrankung trat bei Mutterentbehrungen bis zu drei Monaten auf.

Die Zeit vom 4. bis 5. Monat nach der Trennung konnte als ein Übergangsstadium ausgemacht werden, in welchem sich die Symptome stetig verschlimmerten. Wurde das Kind in dieser kritischen Periode in die Obhut der Mutter zurückgegeben, verschwand die Störung wieder.

Dauerte die Trennung jedoch länger als fünf Monate an, kam es zum sogenannten Hospitalismus-Syndrom[57], dessen Folgen durch die Wiederherstellung des engen persönlichen Kontaktes mit der Mutter (Bezugsperson) zwar etwas gebessert werden, aber nicht mehr ganz ausheilen konnten.

Beobachtet wurden diese Fälle in Waisenhäusern, in denen den Kindern nur ein Minimum an Zuwendung zukam. Diese Kinder wurden nach und nach völlig passiv und lagen mit leeren, ausdruckslosen Gesichtern in ihren Betten.

Einschätzungen des Entwicklungsstandes ergaben ein ständiges Absinken des Entwicklungsquotienten (EQ), welcher bei manchen Kindern am Ende des zweiten Lebensjahres das Niveau der Idiotie erreichte[58]. Ohne eine ausreichende therapeutische Maßnahme führte diese Entwicklung zum sogenannten Marasmus, welcher einen Endzustand mit raschem körperlichen Verfall kennzeichnete.

Diesen Kindern gelang es bis zu ihrem 4. Lebensjahr nicht zu sitzen, zu stehen, zu laufen oder zu sprechen.

Im Vergleich zu Kindern mit ausreichender Bemutterung stieg die Sterblichkeitsrate hospitalisierter Kinder bis zum Ende ihres zweiten Lebensjahres bis auf das Zehnfache an. Von 91 Kindern, die im Waisenhaus aufwuchsen, waren bis zum Ende des zweiten Beobachtungsjahres 34 gestorben[59].

Anfällig für die Trennung von der Mutter waren insbesondere Kinder zwischen dem sechsten Lebensmonat und dem fünften Lebensjahr und von diesen besonders Kinder zwischen dem zweiten und dritten Lebensjahr[60].

Zur Klärung der Genese des Hospitalismus wurde angenommen, daß eine vor der Hospitalisierung entwickelte enge Mutter-Kind-Bindung, die sich in der zweiten Hälfte des ersten Lebensjahres entwickelt und bis zum Alter von ca. fünf Jahren wichtig bleibt, eine Voraussetzung für die Entstehung schwerer Formen der Erkrankung ist[61].

Foto 16: Die natürliche Trageweise von Säuglingen und Kleinkindern der Natur-
und Bergvölker (hier: Nordthailand, Bergvolk ‚Karen‘) hat auch in westlichen Ländern Einzug gehalten.

Der Zusammenhang zwischen der Mutter-Kind-Bindung und der Entstehung des Hospitalismus-Syndroms wird in der Literatur unterschiedlich
dargestellt. Während MOOG/MOOG den Aufbau dieser Bindung als (aus-
schließliche) notwendige Voraussetzung für die Entstehung des Hospitalismus-Syndroms beschreiben („Zur Klärung der Genese des Hospitalismus
ist die Tatsache wichtig, daß Kinder, die vor ihrer Trennung von ihren
Müttern abgelehnt oder sofort nach ihrer Geburt in ein Heim gebracht
wurden", also keine Bindung entwickeln konnten, „selten schwere Schäden zeigten"), sieht RAUH diese Bindung zwar auch als wesentlich an,
führt aber noch andere Ursachen zum Entstehen des Krankheitsbildes auf.

„Zunächst glaubte man, daß es die Lösung des Babys aus einer ursprünglich und engen bio-psychologischen Mutter-Kind-Symbiose sei, die so großen seelischen Schmerz verursachte, daß das Kind aus Kummer sich nicht weiterentwickle[62]. Was jedoch das Spezifische der 'Mutterliebe' sei, ließ sich nicht befriedigend erfassen. Spätere Untersuchungen jedoch weisen plausibel nach, daß Trennungsschmerz das Bestehen einer sozial-emotionalen Bindung voraussetzt. Eine solche individuelle, auf eine spezifische Person bezogene Bindung (attachment) entwickeln Kinder selbst unter familiären Aufwuchsbedingungen erst in der zweiten Hälfte des ersten Lebensjahres. Für Kinder, die vor diesem Alter hospitalisiert wurden, müssen also andere Ursachen als der Trennungsschmerz für die stark verlangsamte oder gar Fehlentwicklung geltend gemacht werden"[63].

Dieser Aussage ist zu entnehmen, daß auch Kinder, die vor der Entwicklung einer Mutter-Kind-Bindung hospitalisiert wurden, verlangsamte Entwicklungen bzw. Fehlentwicklungen aufwiesen.

RAU führt weiter aus, daß die Suche nach diesen anderen Ursachen die Forschung schließlich weg von der Frage, welchen Unterschied das Vorhandensein bzw. Nicht-Vorhandensein einer Mutter/Bezugsperson bewirkt, hin zu den Fragen führte, was eine Mutter/Bezugsperson mit ihrem Kind macht, damit es sich normal entwickelt, und inwieweit diese Funktionen auch von anderen Personen oder Apparaturen übernommen werden können.

Eltern wurden in der Folge dann hauptsächlich als „Stimulationsquellen" für die kindliche Entwicklung erkannt.

Weitere Untersuchungen belegten, daß elternlosen und in Massenpflege aufwachsenden Kindern im wesentlichen die Anregung und Stimulation durch die Umwelt fehlte.

Die Waisenhäuser und Krankenhäuser zeichneten sich nämlich nicht nur durch ein ungenügendes Verhältnis zwischen Pflegern und Kindern aus, sondern auch durch sensorische Mangelzustände, die sich durch die sterile, weißgestrichene Klinikumgebung, den Mangel an Spielzeug, den Mangel an verbaler Ansprache durch die Pfleger etc. ergaben.

Bereits das Aufnehmen und Herumtragen der Kinder, ein wenig Streicheln am Tag, das Ersetzen der weißen Umgebung durch eine farbige, die Einführung von Spielzeug in den Kliniken und selbst die verbale Stimulation durch ein Tonbandgerät bewirkten deutliche Besserungen der Symptome der Kinder[64].

Die Eltern jedoch nur als Entwicklungsstimulatoren zu betrachten, war ebenfalls zu einseitig, um die Genese des Hospitalismus-Syndroms zu klären.

Schließlich wurden dann mehrere Faktoren als notwendig für die gesunde Entwicklung der Kinder angesehen, nämlich sowohl die mütterliche Zu-

wendung als auch der Aufbau einer Mutter-Kind-Bindung und eine ausreichende sensorische und in der ersten Lebenszeit besonders eine ausreichende taktile Anregung.

Dabei ist festzustellen, daß sich zwischen diesen Faktoren auch Verschrän-
kungen finden lassen, denn die mütterliche Zuwendung beinhaltet besonders durch den anfänglichen engen Körperkontakt mit dem Neugeborenen
(etwa beim Stillen) Berührungsreize und begünstigt dadurch den Aufbau
der Mutter-Kind-Bindung.[65]
Durch die Körpernähe, Körperwärme, Zuneigung und Liebe, die mit Körperkontakten bzw. der mütterlichen Zuwendung verbunden sind, gehen die
für die kindliche Entwicklung wesentlichen emotionalen, taktilen und sozialen Einflußnahmen einher.

Zudem bietet die Mutter, die sich ihrem Kind zuwendet, auch die für seine
Entwicklung notwendigen anderweitigen sensorischen Anregungen (verbale Ansprache, Zeigen von Gegenständen, Hin- und Herwiegen etc.).
MONTAGU hält – wie bereits erwähnt – die taktile Anregung für ein wichtiges Element der Mutterliebe, betont aber auch die von ihr ausgehenden
biochemischen, auditorischen, physiologischen, kinästhetischen und visuellen Stimulierungen.

3. Die Bedeutung frühzeitiger kutaner Anregung im inter- und intrapersonalen Bereich

Zahlreiche Experimente stellen heraus, daß insbesondere die frühe kutane
Stimulation, also die Anregung, die den Kindern in ihrer frühen Lebenszeit
(d.h. während und direkt nach der Geburt sowie noch eine Zeitlang danach) zukommt, wesentlich für deren psychische und physische Entwicklung ist.

Frühe taktile Stimulationen üben in mancher Hinsicht einen größeren Einfluß auf die physische Entwicklung aus als spätere. MONTAGU führt sogar
aus, daß es kritische Perioden in der Entwicklung eines Organismus gibt,
in der die Haut genügend Stimulationen empfangen muß, damit dieser
sich gesund entwickeln kann.

AYRES begründet die Bedeutung des frühen Zeitpunktes der kutanen
Anregung wiederum hirnphysiologisch. Ihrer Ansicht nach sind kutane
Stimulationen besonders während der Phase, in der das Gehirn diese
Empfindungen zu seiner geordneten Entwicklung benötigt, bedeutsam.
Sie drückt damit aus, daß kutane Anregungen während der Gehirnent-
wicklung, also in der sehr frühen Lebenszeit des Menschen, wesentlich

sind, da die „geordnete" Entwicklung des Gehirns alle weiteren Entwicklungsschritte und auch das Verhalten des Menschen maßgeblich bestimmt.

Auch die geschilderten Folgen des frühen Entzuges der mütterlichen Zuwendung mit ihren emotionalen, sensorischen und sozialen Komponenten betonen die Wichtigkeit des frühen Körperkontaktes für die gesunde Entwicklung des Menschen.

In Tierversuchen konnte zum Aspekt des frühen Zeitpunktes des Körperkontaktes festgestellt werden, daß Ratten, die während der ersten fünf Lebenstage angefaßt und gestreichelt wurden, gefühlvoller reagierten als Tiere, die zu einer anderen Zeit ihrer Kindheit diesen Körperkontakt erfuhren.

BELL et al. stellten fest, daß der Zuckerspiegel bei nicht zärtlich berührten Tieren und Tieren, die nicht vor ihrem sechsten Lebenstag berührt wurden, 24 Stunden nach einem Elektroschock sehr viel höher war als bei Tieren, die in den ersten fünf Tagen in die Hand genommen und berührt wurden.

DENENBERG und KARAS kamen bei ihren Versuchen zu dem Ergebnis, daß Ratten, die in den ersten zehn Lebenstagen in die Hand genommen und berührt wurden, ein größeres Gewicht hatten und länger lebten als Tiere, denen dieser frühe Kontakt verwehrt blieb[66].

BRONFENBRENNER betont, daß der Einfluß des Körperkontaktes während der ersten zehn Lebenstage am stärksten ist, daß aber auch Tiere, die nach 50 oder mehr Tagen berührt werden, starke Reaktionen und Wirkungen darauf zeigen[67].

Insbesondere der Zeitabschnitt vor dem Abstillen wird für die bedeutsamste Zeit der kutanen Stimulationen gehalten.

Die Fragestellung, inwieweit sich Berührungen auf die Entwicklung des Menschen auswirken, wurde bisher weitgehend eindimensional betrachtet: Die Auswirkungen des Kontaktes zwischen Mutter und Kind auf das Kind standen im Mittelpunkt.

Da der interpersonale Körperkontakt jedoch mehrere Individuen einbezieht, stellt sich dieser als wechselseitige kutane Anregung dar, denn auch die Mutter erfährt die Berührung des Kindes.

Im Sinne dieser Wechselwirkung ist die kutane Stimulation nicht nur für das Kind, sondern auch für die Mutter von Bedeutung und zwar ebenfalls in Bezug auf ihren Organismus und auch auf ihr Verhalten dem Kind gegenüber.

In Tierversuchen konnte BLAUVELT beispielsweise nachweisen, daß bei Ziegen das Muttertier in seinem Verhalten gegenüber dem Jungen hilflos ist, wenn es ihr – auch nur für ein paar Stunden – weggenommen wurde, bevor es die Möglichkeit hatte, es zu lecken.
Dasselbe Phänomen wurde auch bei Schafen und Hennen entdeckt[68].

MAIER kam zu dem Ergebnis, daß der Entzug des physischen Kontaktes zwischen brütenden Hennen und ihren Küken bewirkt, daß die Hennen rasch aufhören, sich brutmäßig zu benehmen.
Eine Erklärung für dieses Verhalten wird darin gesehen, daß Hautstimulationen dazu beitragen, die Absonderung von Prolactin durch die Hypophyse anzuregen. Prolactin ist das Hormon, welches das Brutverhalten weckt und erhält.

COLLIAS wies nach, daß Ziegen und Schafe die Identität ihrer Jungen hauptsächlich über Berührungen feststellen und die Annäherung fremder Jungen später entscheidend zurückweisen[69] .

In Bezug auf organische Aspekte konnte MC KINNEY nachweisen, daß selbst eine kurze nachgeburtliche Trennung zwischen Muttertier und Jungen bei zahmen schottischen Schäferhunden bewirkte, daß sich das Muttertier von der Geburt sehr viel schwerer erholte.
Berührungen und das Saugen der Jungen beschleunigte die Wiederherstellung der mütterlichen Gesundheit maßgeblich[70].

Auch beim Menschen übt die kutane Anregung der Mutter durch das Kind Einfluß auf ihren Organismus und ihr Verhalten aus.
Das unmittelbare nachgeburtliche Saugen des Kindes an der Mutterbrust bewirkt eine Beschleunigung der Prozesse der dritten Phase[71]der Geburt.
Es verstärkt z.B. die von der Hypophyse ausgehende Sekretion des Oxytocins und löst starke Kontraktionen des Uterus aus.

Dies wiederum hat zur Folge, daß sich
- die Muskelfasern um die Gefäße des Uterus zusammenziehen
- die zerrissenen Gefäße der Gebärmutter anfangen zu schließen
- die Plazenta von der Gebärmutterwand ablöst und von den Kontraktionen des Uterus ausgestoßen wird
- die sekretorischen Funktionen der Brust verstärken.

Das Saugen des Kindes an der Brustwarze löst zudem das Einschießen und freie Fließen der Muttermilch aus.

Die Verbindung zwischen dem Saugen und der Hervorbringung der Milch wird als letdown-reflex (Einschießreflex) bezeichnet.

Physiologisch ist dieser so zu erklären, daß das Saugen und die damit verbundene kutane Stimulation Nervenimpulse auslöst, die auf neuralem Weg zur Hypophyse gelangen, welche ihrerseits Oxytocin in den Blutstrom der Mutter ausschüttet. Sobald dieses Hormon die Drüsenstruktur der Brust erreicht hat, werden die Zellen stimuliert, die die Blasen und Milchgänge umgeben, und die Gänge dehnen sich aus.

Dies bewirkt insgesamt ein stärkeres Einfließen der Milch in die Hohlräume hinter der Brustwarze, bereits schon 30-90 Sekunden nachdem das Kind zu saugen begann.

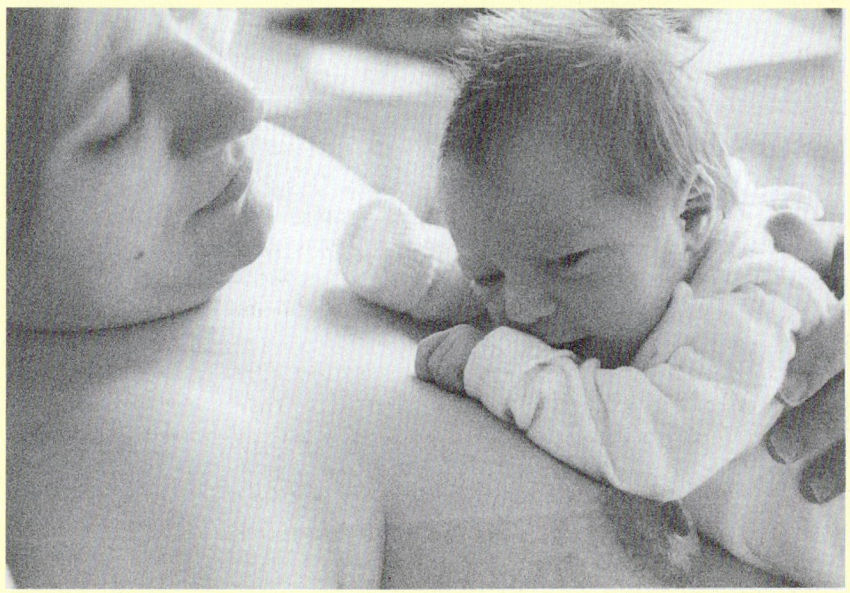

Foto 17: Säugling (3 Tage alt) (© Elvira Lammers)

In Fällen, in denen nicht genug Milch bei der Mutter vorhanden war, konnte beobachtet werden, daß vom Unterleib zur Brust ausgehende Massagen bewirkten, daß die Milch reicher floß, was wiederum die Bedeutung der kutanen Anregung für den letdown-reflex belegt.

Auch die Prolactinproduktion im mütterlichen Körper wird durch die bloße Berührung des Säuglings durch die Mutter beeinflußt[72].

Im Hinblick auf psychologische Parameter dient der enge körperliche Kontakt dazu, die symbiotische Verbindung zwischen Mutter und Kind zu festigen und auf Seiten der Mutter ihr Verhalten in Bezug auf das Kind zu beeinflussen.

SCHENK-DANZINGER berichtet von einer Untersuchung, die KLAUS und KENNELL in Guatemala über die verhaltensbezogenen Auswirkungen von sogenannten „Frühkontaktmüttern" und „Spätkontaktmüttern" durchführten.

Während neun Mütter dabei ihre Babys gleich nach der Geburt nackt überreicht bekamen, wurden die Kinder einer gleich großen Kontrollgruppe in der dort üblichen Art von der Mutter getrennt versorgt.

Bei den späteren Stillperioden konnte dann beobachtet werden, daß die „Frühkontaktmütter" vertrauter und zärtlicher mit ihren Babys umgingen als die „Spätkontaktmütter".

Auch in einer amerikanischen Studie wurden 14 Müttern ihre nackten Babys sofort nach der Entbindung eine Stunde lang und zudem an den ersten drei Tagen nachmittags je fünf Stunden überlassen.

Die Mütter der Kontrollgruppe durften hingegen ihre Kinder nach der Geburt nur einen kurzen Augenblick lang sehen. Danach sahen sie sie erst 6 bis12 Stunden später wieder und dann jeweils zu den Mahlzeiten. Spätere Beobachtungen zeigten, daß die „Früh- und Mehrkontaktmütter" sich mehr Zeit für ihre Kinder nahmen, zärtlicher, besorgter und im ganzen kindzugewandter waren als die „Spätkontaktmütter".

Auch nach zwei Jahren ließ sich noch ein deutlicher Unterschied feststellen. Die „Frühkontaktmütter" waren in ihrem Umgangston mit den Kindern weniger autoritär und gingen bereitwillig auf deren Bedürfnisse ein.

Dies war insofern bemerkenswert, als es sich ausschließlich um Mütter aus der unteren sozialen Schicht handelte, deren traditioneller (autoritärer) Erziehungsstil anscheinend durch frühes „bonding" positiv beeinflußt werden kann[73].

Körperkontakt und Eigenberührung

Die bisher dargestellten Experimente und Beobachtungen bezogen sich überwiegend auf Formen des interpersonalen Körperkontaktes bzw. auf die entwicklungsbezogenen Auswirkungen des Körperkontaktes, der zwischen zwei oder mehreren Individuen stattfindet. Dabei handelte es sich sowohl um Körperkontakt zwischen zwei oder mehreren Menschen, zwei oder mehreren Tieren sowie auch um Körperkontakt zwischen Mensch und Tier.

Es sind jedoch nicht nur die Formen des interpersonalen Körperkontaktes, welche Einfluß auf die organische und psychische Entwicklung von Lebewesen bewirken, sondern auch die Berührung des eigenen Körpers spielt für diese Entwicklungen eine wesentliche Rolle.

So dient das Lecken des eigenen Körpers, das bei vielen Säugetieren zu beobachten ist, auch der Sauberhaltung; insbesondere aber dient es dazu, die eigenen lebenserhaltenden organischen Systeme wie den Magendarmtrakt, das Urogenital-System, die Atmung, den Kreislauf, die Verdauung, die Fortpflanzungsfähigkeit, das Nervensystem und das System der inneren Sekretion zu stimulieren.

Zudem scheint die Berührung des eigenen Körpers gerade in der Schwangerschaft von Säugetieren eine wichtige Funktion zu erfüllen, denn es konnte sowohl bei der tragenden Ratte als auch bei der Katze, die Junge erwartet, festgestellt werden, daß diese ihren Unterleib während der voranschreitenden Schwangerschaft immer häufiger leckt.

Wahrscheinlich werden dadurch die organischen Systeme, die speziell während der Wehen und des Gebärens beansprucht werden, aktiviert und in ihrer Funktion gestärkt.

In einer Reihe von Experimenten an Ratten untersuchten LORRAINE, ROTH und ROSENBLATT die Auswirkungen der Selbstberührungen der Muttertiere auf das Brustwachstum in der Schwangerschaft[74].

Hintergrund der Versuche war die Feststellung, daß das Saugen durch die Jungen und andere Stimulationen der Unterleibsregion nach der Geburt das Wachstum der Brust und der Milchdrüsen sowie die Milchbildung förderten.

In ihren Versuchen legten die Forscher den schwangeren Ratten eine Art Kragen um, welcher sie daran hinderte, ihren eigenen Körper, insbesondere die Unterleibsregion zu lecken.

Es stellte sich dabei tatsächlich heraus, daß die Milchdrüsen dieser Ratten um 50% weniger entwickelt waren als die von Ratten, die ihren Körper berühren konnten.

BIRCH und seine Mitarbeiter wiesen nach, daß weibliche Ratten, die während der Schwangerschaft ein leichtes Halsband trugen, welches sie hinderte, ihren Unterleib und erogene Rückenzonen zu lecken, schlechte Mütter waren[75].

Sie trugen zwar Material zusammen, um Lagerstätten für ihre Jungen zu bereiten, bauten diese jedoch nicht, sondern zerstreuten das Material nachlässig. Außerdem nährten sie ihre Jungen nicht und zeigten sich verstört, wenn sich eines der Jungen ihnen näherte.

Ohne ein Einschreiten seitens der Forscher des Experimentes wären die jungen Tiere aufgrund der mütterlichen Vernachlässigung gestorben.

Aus diesen Beispielen geht hervor, daß die Berührung des eigenen Körpers ebenfalls einen wesentlichen Einfluß auf die organische und psychische (verhaltensbezogene) Entwicklung von Tieren ausübt.

Auch beim Menschen übernimmt die Berührung des eigenen Körpers wichtige Funktionen für seine gesunde Entwicklung.
Über die Eigenberührung lernt dieser beispielsweise seinen eigenen Körper mit seinen Grenzen bzw. sein Körperschema kennen, welches wiederum Voraussetzung für den Vollzug weiterer wichtiger Entwicklungsparameter (z.B. Bewegungsplanung) ist.

Da Ergebnisse aus den Tierversuchen nur tendenziell auf den Menschen übertragbar sind, werden die Entwicklungsparameter, die durch den Körperkontakt beim Menschen beeinflußt werden, aus Übersichtsgründen noch einmal zusammengefaßt.

organische Parameter	psychische Parameter
– Entwicklung des Gehirns bzw. der Feinstruktur des Gehirns – Ausbildung und Verbesserung der Sinnesfunktionen der Haut – Anregung der Funktionsfähigkeit lebenswichtiger Organsysteme (Atmung, urogenitales und gastrointestinales System) – Stärkung des Immunsystems – gesteigerte Körpergröße und bessere Gewichtszunahme – bessere Mineralisierung der Knochen	– Verbesserung der kognitiven Leistungen des Gehirns – bessere Kontaktaufnahme mit anderen Kindern – adäquate Verhaltensweisen

Das Bedürfnis nach taktiler Stimulation wird den sogenannten fundamentalen Bedürfnissen zugeordnet, worunter diejenigen zu verstehen sind, die bei Nicht-Befriedigung zum Tod des Organismus führen. Hierzu gehören das Bedürfnis nach Sauerstoff, Flüssigkeit, Nahrung, Ruhe, Bewegung, Schlaf, Entleerung des Darms und der Blase, dem Entrinnen aus einer Gefahr, dem Freisein von Schmerzen und auch das Bedürfnis nach taktiler Stimulation.

Ein Organismus kann nur eine begrenzte Zeit ohne äußere kutane Stimulation leben[76] .

Hinsichtlich der Bedeutung des Körperkontaktes für die Entwicklung des Menschen wurde festgestellt, daß dieser und insbesondere der interpersonale Körperkontakt sensorische (taktile), emotionale und soziale Elemente (Körpernähe, Körperwärme, Zuwendung, Liebe etc.) enthält, welche in ihrer Geamtheit ebenfalls lebenswichtig für den Menschen sind.
Als Beleg wurde hier die mit der längeren Entbehrung der Mutter einhergehende sensorische, emotionale und soziale Deprivation genannt, die bis zum Tod des Kindes führen kann.

Ferner wurde beschrieben, daß der Körperkontakt insbesondere in frühen Jahren wesentlich für die organische und psychische Entwicklung von Individuen ist und daß ein Mangel an frühem Körperkontakt sich auch noch im Erwachsenenalter sowohl physisch als auch psychisch negativ auswirken kann.
Zudem wurde die Bedeutung der Eigenberührung betont, welche ebenfalls Einfluß auf die physische und psychische Entwicklung des Menschen nimmt.

Insgesamt kann der Körperkontakt mit all seinen Dimensionen als für die Entwicklung des Menschen notwendiger bzw. lebensnotwendiger Faktor anerkannt werden.

4. Formen des Körperkontaktes

Es gibt viele verschiedene Formen des Körperkontaktes bzw. der Anregung der Haut, von denen einige wie z.B. Lecken, Streicheln, Anfassen, Berühren, Massieren bereits genannt wurden.
Weitere Formen sind Reiben, Streichen, Kitzeln, Kneten, Tätscheln, Kuscheln, Schmusen.
Diese stimulieren die Haut ebenso wie die äußeren Anregungen durch Temperatur, Strahlung, Berührungen mit Flüssigkeit, mit der Atmosphäre oder auch Druck.

Desweiteren lassen sich Formen wie Treten, Schlagen, Boxen, Kneifen, Stoßen, Kratzen etc. finden.

Für die Entwicklung des Organismus und der Psyche des Menschen sind all diese Formen wichtig, wobei auch die äußeren Stimulierungen der Haut durch Temperatur, Strahlung, Flüssigkeit, Atmosphäre und Druck für das physische Überleben des Organismus wesentlich sind.

Diese als auch alle anderen genannten möglichen Formen der kutanen Anregung bzw. des Körperkontaktes sind weiterhin wichtig für die Ausbildung der Sinnesfunktionen der Haut.

So muß der Mensch verschiedene Arten von Druck, Berührung, Vibration, Temperatur und Schmerz erfahren, um die Funktionen der Mechano-, Thermo- und Nocizeption entsprechend ausbilden zu können.

Zudem muß das Kind Erfahrungen mit diesen verschiedenen Empfindungen auf der Haut sammeln, um sie richtig einordnen zu können, denn erst die Erfahrung führt die Empfindungen der Reize in die Wahrnehmung über (vgl. Abb. 7).

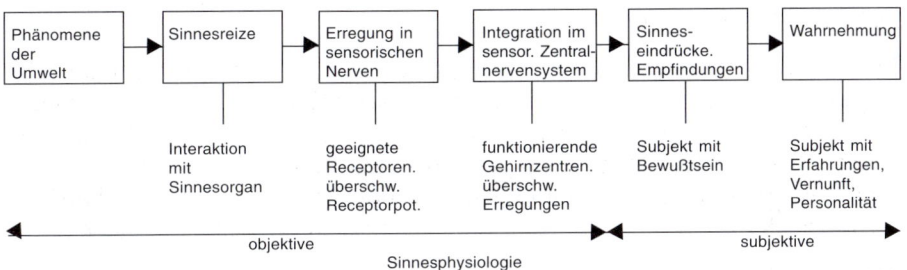

Abb. 7: nach: SCHMIDT et al. 1977, 179.

„Taktile Berührungen werden der Bedeutung entsprechend, die ihnen die Erfahrung verlieh, zu Wahrnehmungen"[77].

Bei näherer Betrachtung der oben genannten Formen des Körperkontaktes bzw. der kutanen Stimulationen wird deutlich, daß diese verschiedene Qualitäten aufweisen, so daß sie sich in eher positive und eher negative Formen einteilen lassen.[78]

Als positive Formen des Körperkontaktes können dabei solche gelten, die beim Individuum überwiegend angenehme Empfindungen und Gefühle auslösen wie z.B. Streicheln, Tätscheln u.a..

Als negative Formen hingegen können diejenigen gelten, die eher unangenehme Empfindungen und Gefühle hervorrufen wie beispielsweise Schlagen, Treten u.a..

Das Erfahren verschiedener Formen des positiven oder negativen Körperkontaktes und die damit erlebten positiven oder negativen Empfindungen und Gefühle wirken sich – je nach Art der Erfahrung – in unterschiedlicher Art und Weise auf die Entwicklung des Menschen aus.

In den bisherigen Ausführungen werden für positive Formen des Körperkontaktes Termini wie 'liebevolles Streicheln', 'zartes Berühren' u. ä. benutzt.

abtasten
abwehren
anfassen
anpacken
arbeiten
ballen
basteln
begrüßen
berühren
beruhigen
drehen
drohen
drücken
einladen
einreiben
etwas (aus-)senden
fassen
festhalten
fühlen
führen
grapschen
greifen
Hände auflegen
Hände waschen
handarbeiten
Handstand machen
handwerken
heben
heilen
helfen
kitzeln
klatschen
klopfen
kneifen
kneten

krabbeln
kratzen
kraulen
loslassen
malen
massieren
Musik machen
nehmen
putzen
schieben
schlagen
schneiden
schnipsen
schreiben
Signale geben
spielen
sprechen
spüren
strafen
streicheln
stricken
stützen
(sich) schütteln
tätscheln
tasten
töten
tragen
trommeln
wärmen
wahrnehmen
waschen
würgen
zeigen
ziehen
zittern
zupfen

Was unsere Hände und wir mit ihnen alles können

Abb. 8: Der Vielseitigkeit der Bewegungs- und Ausdrucksmöglichkeiten der Hand entspricht ihre hohe Sensibilität, insbesondere ihre Berührungsempfindlichkeit (vgl. auch Abb. 3, 4 auf S. 43, 44)

Deutlich hervorgegangen ist, daß das Erfahren dieser Formen von Körperkontakt positive Auswirkungen auf die Entwicklung von Menschen hat, während ein Mangel daran negative Auswirkungen hat.

Es scheinen also insbesondere die positiven Formen des Körperkontaktes diejenigen zu sein, welche für die gesunde physische und psychische Entwicklung grundlegend sind

Eindrucksvoll wies HARLOW in seinen Versuchen an jungen Affen auf die Bedeutung angenehmer Hautreize für die Entwicklung von Individuen hin[79].

Er bemerkte, daß im Laboratorium aufwachsende Affen große Anhänglichkeit gegenüber den gefalteten Gazewindeln zeigten, mit denen die Maschendrahtböden der Käfige und die Käfige selbst bedeckt waren.

Wurden diese Windeln aus sanitären Gründen entfernt und durch andere ersetzt, klammerten die Jungen sich fest daran und bekamen Wutanfälle. Weiterhin wurde beobachtet, daß junge Affen, die in Käfigen mit kahlen geflochtenen Maschendrahtböden aufgezogen wurden, große Schwierigkeiten in den ersten fünf Lebenstagen hatten und diese oft nicht überlebten.

Angeregt durch diese Beobachtungen fertigte er „Ersatzmütter" aus Drahtgestellen an. Während er eine dieser Drahtgestellmütter mit einem Samtstoff überzog, blieb die andere nur aus dem Drahtgestell bestehen.

Er schuf damit eine „Ersatzmutter", die angenehm zu berühren war und eine, die unangenehm zu berühren war.

Diese Ersatzmütter wurden dann in verschiedenen Räumen neben dem Käfig der Jungen aufgestellt.

Zunächst wurden vier neugeborene Affen von der „Samtmutter" mit Milch versorgt, während die „Drahtmutter" keine Milch gab.

Bei weiteren vier Affen wurde der Versuch umgekehrt gestaltet; die Drahtmutter gab Milch und die Samtmutter nicht.

Insgesamt war der Versuch so aufgebaut, daß er zeigen sollte, welche Rolle das Element der Berührungsbehaglichkeit spielt und welche das der Ernährung.

Während der ersten 14 Lebenstage lag eine in Windelgaze gehüllte Heizdecke im Käfig der kleinen Affen, die nach dieser Zeit aber entfernt wurde.

Die Jungen konnten die Heizdecke oder den Käfigboden immer verlassen und eine der beiden Mütter aufsuchen. Dabei wurde von den Forschern festgehalten, wie lange sie sich bei der jeweiligen Ersatzmutter aufhielten.

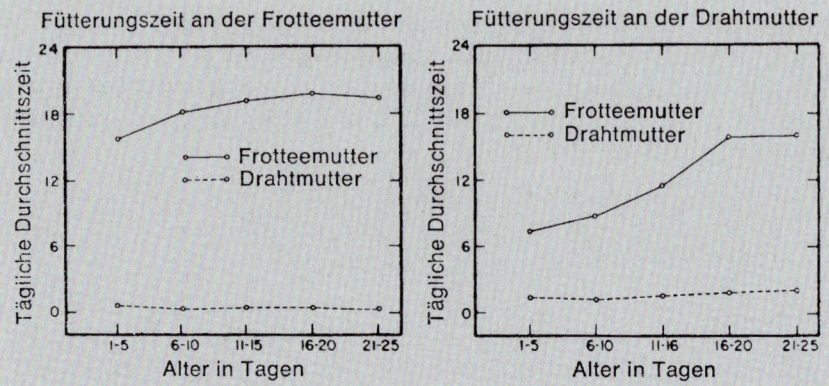

Abb. 9: Die Zeit, die das Junge bei der Frottee- und Drahtmutter (im Ersatz zur natürlichen Mutter) verbringt. (Aus: MONTAGU 1974, 30).

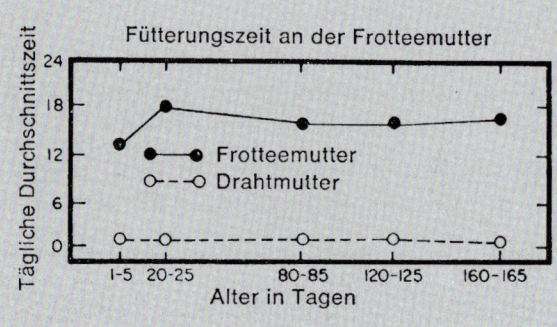

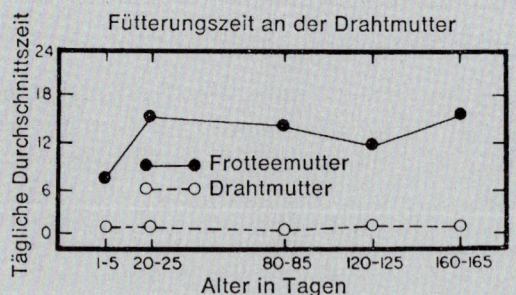

Abb. 10: Dauer des Kontaktes im Vergleich von Frottee- und Drahtmutter. (Aus: MONTAGU 1974, 30).

Die Ergebnisse belegen, daß die Berührungsbehaglichkeit für die Entwicklung, insbesondere für die Entwicklung von Zuneigung bzw. einer gefühlsmäßigen Bindung an die Mutter, von höchster Bedeutung ist, während die Ernährung (Stillen des Hungerbedürfnisses) allein eine viel geringere Bedeutung hat.

Auch als die Affen älter wurden, zeigten sie weniger Anhänglichkeit an die milchgebende „Drahtmutter" und mehr an die „Samtmutter", die ihnen keine Milch gab.

Angenehme Berührungsreize bilden demnach die Grundlage für den Aufbau einer befriedigenden Mutter-Kind-Beziehung bzw. Mutter-Kind-Bindung, welche wiederum der Ausgangspunkt für eine gesunde psychische und physische Entwicklung ist.

Fotos 18a, 18b: Nur wer positive Berührungserfahrungen gesammelt hat, kann die augenblickliche Leere hoffnungsvoll überbrücken.

Nach AYRES (1992) wirkt ein Berührungsreiz, der ein angenehmes Gefühl auslöst, ordnend auf das Nervensystem, wodurch dann wiederum adäquate Verhaltensweisen vom Individuum gezeigt werden können.

Ihrer Auffassung nach verfügt der Mensch generell über zwei verschiedene Arten, auf Berührungsreize bzw. Hautreize zu reagieren.

Die eine kennzeichnet eine defensive und schützende Art, welche sich dadurch auszeichnet, daß auf entsprechende Berührungsreize Abwehrreaktionen wie etwa Kampf- und Fluchtreaktionen mobilisiert werden, weil die Berührungsreize dem Individuum Gefahr oder Schmerzen signalisieren.

Die andere Art, auf Berührungsreize zu reagieren, besteht darin, die Reizursache zu beurteilen.

Dabei versucht das Individuum, den Hautreiz genau wahrzunehmen und zu beurteilen bzw. herauszufinden, wodurch es berührt wurde.

Der gesunde Mensch benutzt, ohne darüber nachzudenken, jeweils den Typ von Reaktion, den er für den jeweiligen Moment benötigt, wobei ihm der Hautreiz selbst hilft, zu entscheiden, ob eine Abwehrreaktion oder eine die Reizursache beurteilende Reaktion eingeleitet werden soll.

Insbesondere Schmerzreize, wie sie i. d. R. auch durch Formen negativen Körperkontaktes (Boxen, Schlagen, Treten etc.) gegeben sind, aktivieren das Abwehrsystem des Menschen.

Ständig erfahrene negative Formen des Körperkontaktes, wie sie z.B. bei Kindesmißhandlungen vorkommen, wirken sich negativ auf die psychische und physische Entwicklung von Individuen aus, da mit ihnen massive negative Empfindungen und Gefühle sowie Schmerzen bzw. körperliche und seelische „Qualen" verbunden sind.

„Wenn durch die Berührung Zuneigung und Verbundenheit vermittelt werden, so ist es sowohl dieser Sinn, den sie besitzen, als auch das Gefühl der Sicherheit und Befriedigung, mit dem das Kind sie assoziiert"[80].

Wenn durch die Berührung Ablehnung, Haß und Aggressivität vermittelt werden, baut das Kind eher Unsicherheit, Mißtrauen und Angst auf, wodurch seine Entwicklung gehemmt wird.

Foto 19: Auch Erwachsene wollen sich gerne mal „fallen lassen".

IV. Die Bedeutung der Berührung in der Pflege zu früh geborener Kinder

Die Dauer der intrauterinen Entwicklung des Menschen beträgt ca. vierzig Wochen. In deren Verlauf wird der Lebens- und Bewegungsraum des wachsenden Fötus kleiner, und es kommt zu stärkeren Berührungen mit der inneren Wandung (Fruchtblase) und den sie umschließenden Muskeln (Gebärmutter).

Während in der zweiten Hälfte der Gestation Gehirn, Muskeln, Nerven und Sinne funktionell stark ausgebildet werden und reifen, intensivieren sich die taktilen, vestibulären und thermischen Reize zwischen Mutter und Kind. Werden Kinder vor dem errechneten Termin geboren, fehlen ihnen die mütterliche Wärme, das Geschaukelt-Werden, die taktile Begrenzung und vieles mehr. Dem Wärmeverlust kann durch Einsatz medizintechnischer Hilfe begegnet werden, z.B. durch Inkubatoren. Damit wäre zunächst der entscheidende Überlebensfaktor gesichert, nämlich die Verhinderung der Auskühlung. Dies erfolgt somit aber zu Lasten der anderen, ebenfalls entwicklungsbedeutsamen Stimulationen. Mangels Inkubatoren hat man 1979 in Bogota zu früh Geborene den Müttern vor die Brust gebunden, um diese Babies mit der mütterlichen Wärme vor dem Auskühlen zu schützen. Das auf die Ärzte Rey und Martinez zurückzuführende Experiment gelang, die Sterblichkeitsrate sank von 70 auf 30 Prozent. Diese Methode verbreitete sich später unter der Bezeichnung 'Känguruhen' auch in einigen Ländern Europas und wurde vor allem von der Wiener Kinderärztin und Neonatologin Marina MARCOVICH weiterentwickelt. Es entwickelte sich die Neonatologie, die u.a. den Körperkontakt als lebenswichtiges Element in vielfacher Hinsicht erkannt hat.

Damals wurden noch 1000-Gramm-Babies für nicht überlebensfähig eingeschätzt und (zum Sterben) beiseite gelegt. Neugeborene mit einem Gewicht von unter 2 500 g wurden von der Mutter getrennt und verlegt. „Warum mußte man ein Kind," beklagt MARCOVICH, „das mit 2 000 oder 1 700 g gesund zur Welt kam, das atmen und trinken konnte und quietschlebendig war, von seiner Mutter trennen und ‚zur Aufzucht' ins Kinderspital bringen? Bloß, weil irgendjemand irgendwann eine bestimmte Gewichtsgrenze festgelegt hatte, zu der dem armen Kind ein paar Dekagramm fehlten?"[1]. MARCOVICH begann „diese ‚mäßig Frühgeborenen' bei ihren Müttern zu belassen, mit bestem Erfolg und zur Freude der Eltern und Geburtshelfer"[2]. Sie förderte die frühzeitige Kooperation mit den Geburtsstationen, so daß bei Risikogeburten jederzeit fachlicher Beistand seitens der Neonatologen schon im Kreißsaal existierte.

So begann unmittelbar nach der Entbindung von Frühgeborenen deren Erstversorgung. „Wir versuchten zuerst einmal den Kindern das soeben verlorene wiederzugeben, nämlich Halt, Grenzen, Wärme, Geborgenheit. Wir wickelten die Neugeborenen in warme Stoffwindeln ein und trockneten sie sorgfältig ab, streichelten sie dabei liebevoll. Wir ließen ihnen Zeit, sich an die neue Situation zu gewöhnen. Wir stimulierten sie – wenn sie nicht ohnehin schon lebhaft waren – durch ein bißchen Hautmassage (die Schwestern kannten einen bestimmten Druckpunkt an der Fußsohle, um die Atmung anzuregen). Waren die Kinder blau, zeigten aber eine selbsttätige Atemtätigkeit, so hielten wir ihnen den Sauerstoffschlauch einfach vor die Nase. Nichts geschah heftig. Das Kind sollte das Gefühl einer liebevollen und ruhigen Begleitung bekommen. Setzte die eigene Atmung nicht gleich auf die Stimulation hin ein, wurden die Kleinen beatmet – allerdings nicht sofort über einen Beatmungsschlauch in der Luftröhre, sondern vorerst mit einer weichen Gummimaske. Das ersparte den Schmerz der Intubation und war zudem noch wesentlich ungefährlicher hinsichtlich einer Überblähung der Lunge. Ein paar vorsichtige Stöße mit dem Atembeutel über die Maske – das reichte oft schon, um die Lebensgeister des Kindes zu wecken. Ein weiterer Vorteil der Maskenbeatmung: man konnte die Maske jederzeit absetzen, um festzustellen, ob das Kind nicht inzwischen selbst atmete"[3].

Foto 20: Medizintechnische Geräte in der Intensivstation eines Perinatalzentrums.

In mehr als 90 % der Fälle wurde bei ihr schon gegen Ende der achtziger Jahre routinemäßig nicht mehr künstlich beatmet. Konnte dennoch auf die Beatmung nicht verzichtet werden, änderte sie auch hier wichtige belastende Merkmale (Verringerung des Beatmungsdrucks, der Beatmungsdauer, der Frequenz des Absaugens etc.). Die oben beschriebenen umfangreichen und negativen Folgen der künstlichen Beatmung kamen bei diesen Frühgeborenen somit erst gar nicht in Betracht.

Sie sorgte für die Abschaffung nicht zwingend nötiger Routineeingriffe, verlagerte andere Eingriffe auf einen späteren Zeitpunkt. „Keine Routineblutabnahme, keine Röntgen- oder Ultraschalluntersuchungen, die nicht nötig waren, kein grelles Licht, kein aufregendes Untersuchen durch neugierige Ärzte ..... Wichtig war, daß das Kind sich ganz auf sich selbst konzentrieren konnte, daß es sich stabilisierte"[4].

Sie überließ den Müttern ihre Babys, legte sie ihnen auf den Bauch und zwischen die Brüste, wo sie sich sehr wohl fühlten und sich sichtlich oft besser entwickelten als durch manche geplante medikamentöse Verabreichung. Sie beobachtete die Auswirkungen von Angst und Streß der Neugeborenen bei gelungenen und nicht gelungenen invasiven Eingriffen auf das vegetative Nervensystem und stellte den Zusammenhang zwischen der Höhe des Sauerstoffbedarfs und anderer physiologischer Parameter in Abhängigkeit der Angst – bzw. Entspannungssituation fest. Sie schaffte für die Neugeborenen eine Umgebungswelt, die den Bruch, der durch die plötzliche und vorzeitige Entbindung – den Einstieg in eine hektische, kalte und reizüberflutete Welt – minimieren sollte. Sie verhinderte die Unterbrechung des Mutter-Kind-Kontaktes, sorgte im Gegensatz für dessen Erhalt und Intensivierung, schaffte den Frühgeborenen im Wärmebettchen ein behagliches Nest in Form einer Liegeschale aus weichen Tüchern, z.T. mit Gummihandschuhen, die mit warmem Wasser gefüllt waren und zur Stabilisierung der leichten Seitlage dem Baby vor den Bauch und hinter den Rücken gelegt wurden. Kopf und Füße erhielten ebenfalls Begrenzungen, so daß die Frühchen sich nicht so verlassen vorkommen mußten, aber dennoch nötigenfalls mit Sauerstoff versorgt werden konnten („Sauerstoffdusche")[5].

MARCOVICH reduzierte nicht nur den Einsatz medizintechnischer Geräte auf ein Minimum oder verhinderte ihn, sondern sie reduzierte auch erheblich die sonst üblicherweise veranlaßte Medikamentenvielfalt und die durch Art der Verabreichung erforderlichen schmerzhaften Injektionen. Durch ihre und die Arbeit ihrer Mitarbeiterinnen wurde den Neugeborenen auch dadurch eine sehr berührungsfreundliche Umwelt zuteil. Sobald es ihr Status zuließ, wurden sie umgelagert, liebevoll gestreichelt und massiert und der Mutter – nicht nur zum Stillen – gebracht. Die für Frühgeborene typische

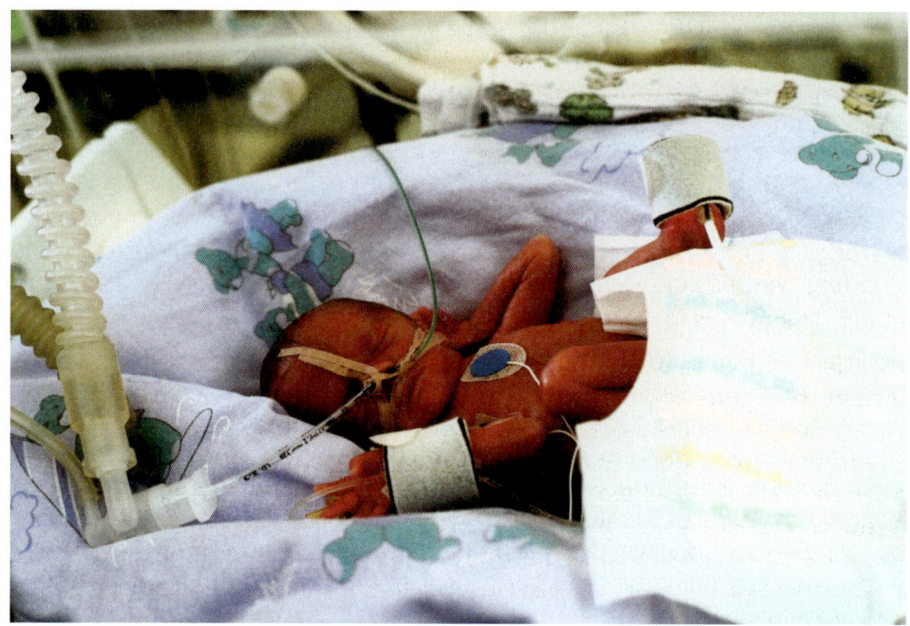

Foto 21: Schläuche und Nadeln sind schon in den Körper des Frühgeborenen eingedrungen. Mit Geräuschen wird es im Inkubator überflutet: Ticken, Klingeln, Piepsen in engen Zeitabständen sind Signale der Überwachungsgeräte, erschweren somit das Zur-Ruhe-Kommen der „Frühchen" (© Elvira Lammers).

Schädelabflachung (meist liegen sie fast 24 Stunden täglich und mehrere Wochen lang auf dem Rücken!), war bei von M. MARCOVICH behandelten Kindern nicht aufgetreten, womit ihnen wiederum schmerzvolle Behandlungen und somit negativ empfundene Berührungen und Untersuchungen erspart blieben.

Sie förderte die Ernährung der Neugeborenen mit der Milch der Mutter, da diese das beste Nahrungsmittel für die Kinder war. Wurde diese anfangs noch abgepumpt, konnten viele der Frühgeborenen auch angelegt werden. Sie widerlegte neben der These der „Atemunfähigkeit des Neugeborenen" nun auch die These der „Trinkunfähigkeit". Ihre Bereitschaft und Fähigkeit, zu saugen, war vorhanden und konnte durch die angeborene Lust auf Süßes, z.B. durch tröpfchenweise Zuführung von Zuckerlösung auf die Brust der Mutter, aufrecht erhalten und aktiviert werden. Es ist bekannt, daß auch das nicht-nutritive Saugen an der Brust der Mutter zu einer besseren Verdauung der (auf andere Weise zu sich genommenen) Nahrung bei Neugeborenen führt. So bestehen keine Gründe, die Mutter-Kind-Beziehung in der Frühgeborenenphase zu unterbrechen und die Kind-Mutter-Beziehung zu erschweren.

Der körperliche Kontakt und damit die körperlich-geistige Entwicklung des Frühgeborenen werden weiterhin intensiviert bzw. verbessert, so z. B. durch regelmäßiges Baden auch der schon 600-Gramm-Kinder. Nach MARCOVICH's Beobachtungen genießen die Frühgeborenen das über ihren Körper laufende warme Wasser oder den Aufenthalt im Wasserbad.

Sanfte Berührungen werden zur Förderung der oft erschwerten Darmentleerung in Form mehrmaliger täglicher Bauchmassagen eingesetzt. Die Wirkung wird sowohl der mechanischen als auch der seelischen Komponente zugeschrieben.

Um den zu früh verlorenen Kontakt zur Umwelt weiterhin auszugleichen, tragen die Eltern oder das Personal die Babys auch am Körper (auf dem Arm), die noch mit Sauerstoff zu versorgenden werden auf den Körper der Eltern oder anderer Personen in der Nähe des Inkubators gelegt. So gelingt es MARCOVICH u.a. die für die gesunde Entwicklung des Kindes so natürliche Mutter(Vater)-Kind-Beziehung gerade in der Frühgeborenenpflege aufrecht zu erhalten und die Bedeutung des Körperkontaktes für seine positive Entwicklung als integrativen Bestandteil in ihrer neonatologischen Arbeit zu manifestieren.

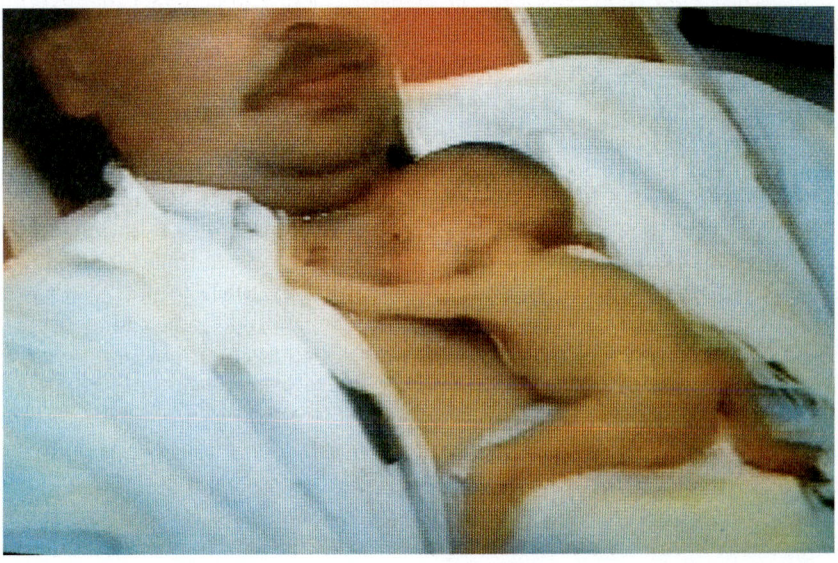

Foto 22: Känguruhen: Diesmal beim Vater. Gleich wieder warm zugedeckt, wird das Frühchen seinen Wärmehaushalt mit dem des Vaters regulieren (Standfoto aus dem Video: Zu früh geboren und dann? Ein Film von Hanni Vanhaiden NDR 1993).

Das 'Känguruhen' (cangurooing) wird mit ihrem Namen assoziiert, obwohl diese Methode in Bogota (Kolumbien) mangels Inkubatoren, aus einer Notsituation, entstanden ist, um die Säuglingssterblichkeit zu senken[6].

Foto 23: Känguruhmutter mit Baby. Der Tierwelt abgeschaut und Vorbild für das Känguruhen in einigen Geburtsstationen in der Frühgeborenenpflege (© John Cancalosi).

Seit einigen Jahrzehnten befassen sich zahlreiche Wissenschaftler mit dem ,Känguruhen' und der Frühgeborenen- bzw. Säuglingsentwicklung und -pflege. Sie diskutieren Vor- und Nachteile der individuellen Pflege und initiieren wissenschaftliche Untersuchungen. So belegen Ausführungen von LINDERKAMP (Heidelberg) beispielsweise die bei einer Beobachtungsstudie über die Känguruh-Pflege Frühgeborener stammenden Vorteile:

Wissenschaftlich ermittelte Ergebnisse aus Studien in Entwicklungsländern:
- Geringe Sterblichkeit (ca. 50 % geringer)
- Stabilere Temperatur und Atmung
- Weniger Infektionen
- Erfolgreicheres Stillen
- Bessere Mutter-Kind-Beziehung
- Mutter ist kompetenter und zufriedener
- Klinikaufenthalt ist kürzer
- Weniger Vernachlässigung zu Hause

Allgemein anerkannte Vorteile:
- Mehr Selbstvertrauen, weniger Selbstvorwürfe
- Frühgeburten werden häufiger gestillt
- Milch ist mehr vorhanden und besser
- Atmung und Herzfrequenz stabiler
- Kinder weniger aktiv, schlafen mehr

Diskutierte Vorteile:
- Seltenere Hirnblutungen, Durchblutungsstörungen des Gehirns
- Reifung des Gehirns verbessert
- 30 % weniger Schreien
- Weniger Verhaltensstörungen, die u.a. Folge besserer Mutter-Kind-Interaktionen sein können[7]

W. Ernest FREUD faßt die Auswirkungen des ‚MARCOVICH-Modells' auf die Eltern-Kind-Beziehung wie folgt zusammen:
- „Vermeidung einer frühen Trennung
- Grundbedürfnisse von Kindern und Eltern werden erfüllt
- Maximale Begleitung und Unterstützung zum frühestmöglichen Zeitpunkt
- Energieeinsparung durch Streßreduktion (optimal state)
- Beobachtung und Interaktion – Erkennen von Grenzen
- Kommunikation über den 6. Sinn
- Eltern sind aktiv Handelnde
- Glauben an das Kind – Steigerung des Selbstvertrauens
- Vertrauen in die Klinik – Angstreduktion
- Egosyntonicity – Einklang mit dem Ego[8]

SPRINGER sieht es nicht als alleinige Aufgabe der Mütter an, ihr Frühgeborenes 'Weiter zu bebrüten', sondern auch als wichtige Aufgabe der Väter, 'Känguruhen' zu praktizieren. Dadurch würde eine höhere Kontaktzeit für das Frühgeborene entstehen und sich auch die Beziehung zu Vater und Kind frühzeitig vertiefen können.

Außer dem „rooming-in" empfiehlt sie ein „bedding-in"[9], bei denen die Mütter ihre Frühgeborenen neben sich im Bett haben, so daß diese jederzeit gestillt werden können und das Känguruhen erleichtert wird. Die Wärmepflege kann somit auch im Bett und durch den Körper der Mutter erfolgen.

Im Perinatalzentrum der Universitätskinderklinik Leipzig hat sich die Verweildauer der durch „Känguruhen" betreuten Frühgeborenen erheblich verkürzt, eine hohe Stillrate (insbesondere durch „bedding-in") sowie eine verbesserte Mutter-Kind-Interaktion konnten verzeichnet werden.

Frühgeborene können selbst schon im Inkubator Lebenssituationen nachholen, die ähnliche oder gleiche Reizsetzungen wie im Mutterleib beinhalten. Unter Berücksichtigung ihres Ruhebedürfnisses und ihres Biorhythmus's können sie taktil-kinästhetisch stimuliert werden, indem sie gestreichelt, massiert, umgelagert (Bauch-Seit-Rückenlage), gebadet, gewickelt, aus dem Inkubator genommen und die taktilen Reize variiert werden durch Wechsel von Materialien beim Nestchenbau (Flanelltücher, künstliches Fell u.a.) und vestibulär stimuliert werden, durch Liegen / Schwingen in einer Hängematte (auch im Inkubator möglich), durch Getragen-Werden in verschiedenen Körperlagen. Derartig stimulierte Kinder erhalten die erforderliche 'Hirnnahrung' (J. AYRES), nehmen schneller an Gewicht zu und haben eine bessere Mineralisierung der Knochen.
Neben den zahlreichen schon genannten positiven Wirkungen soll aber ein eindrucksvolles – wenn auch seltenes – Beispiel aus einer Klinik wiedergegeben werden, in der ein Frühchen wegen drohenden Auskühlens und innerer Unruhe erneut beatmet werden sollte. Man entschloß sich, obwohl die Mutter nicht erreichbar war, fürs Känguruhen. Krankenhauspersonal, Studentinnen und Studenten känguruhten wechselweise insgesamt 24 Stunden; eine Intubation konnte somit vermieden werden.
Abschließend werden die Eindrücke und Gefühle der Mütter, die bei ihren extrem Frühgeborenen die tägliche Zeit des Känguruhens von 60 auf 120 Minuten innerhalb von 14 Tagen steigerten, wiedergegeben. Während sie sich am ersten Tag der Kontaktaufnahme als ‚wenig sicher' bezeichneten, fühlten sie sich nach 14 Tagen ‚sehr sicher'. Es nannten[10]

64 %   Glücksgefühle über das Zusammensein; sehr froh, es bei sich zu haben; das Gefühl, „daß bei mir der richtige Ort für es ist".

64 %   Freude über den direkten körperlichen Kontakt, „das Schönste war, die Nähe des Babys zu spüren; Geräusche zu hören, die es macht; es anfassen zu dürfen, es zu küssen".

43 %   Gefühl der Ruhe.

14 %   Sorgen um das Kind.

Wenn auch die tägliche Zeit des 'Känguruhens' wünschenswerterweise ausgedehnt werden sollte, so sind die mütterlichen Empfindungen als ein deutliches Zeichen der symbiotischen Beziehung zwischen Mutter und Kind zu werten. Den im Mutterleib gewachsenen Wurzeln der Mutter-Kind-Bindung (Bonding) wird durch Känguruhen im extrauterinen Leben des Kindes der Boden bereitet für die Fortsetzung des Bonding und die Entwicklung der Kind-Mutter-Bindung (Attachment).

RADTKE[11] *untersuchte die Darmflora von Frühgeborenen und betont die Erfordernis von Bifidusbakterien (u.a. zur Vermeidung von Gasbildung (Blähungen und Krämpfen)) für die Bifidusflora im Colon (Darm). Sie sind in der Muttermilch nicht enthalten, bilden sich aber in Milchresten nach dem Stillen an den Mamillen und werden beim folgenden Stillvorgang durch den direkten Mund-Brustkontakt aufgenommen. Somit entfällt eine Muttermilch-Supplementierung in diesem Punkte, die Sinnhaftigkeit des direkten Körperkontaktes beim Stillen erhält über seinen Sättigungsvorgang hinaus eine zusätzliche, gesundheitliche Bedeutung (abgepumpte oder abgespritzte Muttermilch enthält die Lactobazillen nicht); das Keimfreihalten der Mamillen würde die Entstehung von Bifidusbakterien verhindern.*

V. Der Einfluß der Berührung auf die Entwicklung spezifischer Persönlichkeitsmerkmale in verschiedenen Lebensphasen des Menschen

Berührungen sind an der Ausbildung wichtiger Funktionen und Fähigkeiten des Menschen beteiligt, die seine gesunde organische und psychische Entwicklung gewährleisten bzw. überhaupt erst ermöglichen. Diese entwickeln sich in verschiedenen Abschnitten oder Lebensphasen.

Die verschiedenen Lebensphasen

1. Die pränatale Lebensphase

Die Notwendigkeit der Berührung bzw. der taktilen Stimulierung läßt sich in der vorgeburtlichen Phase des Menschen bis zur Ausdifferenzierung der Zellen während der Embryonalzeit zurückverfolgen:
„Es ist eine grundlegende Tatsache der Embryologie, daß die Zelldifferenzierung vom Ort, von der räumlichen Lage und vom Kontakt mit Nachbarzellen abhängt. Der Kontakt der Zellen untereinander ruft die Differenzierung hervor. Die einzelne Zelle reagiert auf die Bedürfnisse der Zellgemeinschaft"[1].

Dem Körperkontakt kommt in der vorgeburtlichen Phase insofern eine wichtige Bedeutung zu, als er an der Ausbildung eines ersten vagen, sehr individuellen Entwurfes einer Körpereinheit[2] (Körper-Ich) bzw. eines Körperschemas[3] beteiligt ist.

Neue technische Möglichkeiten wie der Ultraschall und Videodokumentationen haben dazu verholfen, das Leben bzw. die Entwicklung des Fötus im Uterus besser zu verfolgen und zu verstehen.
So wird heute nicht mehr davon ausgegangen, daß das Leben des Fötus im Uterus der Mutter vollkommen geschützt ist.
Den Fötus erreichen vielmehr auch Gifte, Toxine, Drogen und emotionelle Krisen der Mutter. Desweiteren verfügt er bereits über vielerlei Fähigkeiten. Er bewegt sich im Mutterleib, springt, dreht sich, klettert, lutscht am Daumen, berührt seinen eigenen Körper oder schmiegt sich an der Wand der Gebärmutter an. Er kann seine Bewegungen auch einstellen und sich ganz ruhig verhalten oder schlafen. Desweiteren kann er schlucken, urinieren und seine Augen öffnen.
Er verfügt bereits über fetale Hörfähigkeit und fetalem Sehvermögen, denn er kann auf Lärm, Musik und Lichtreize reagieren.

Weiterhin können Föten Schmerz empfinden sowie Temperaturunterschiede wahrnehmen.

JANUS[4] beschreibt, daß seelische Prozesse wie Freude, Angst, Sorge und Streß über die Hormonausschüttung der Mutter vom Fötus wahrgenommen werden und Einfluß auf seinen Stoffwechsel, seine Herzfrequenz, seinen Atemrhythmus und seine Bewegungsabläufe haben.

CHAMBERLAIN[5] bezeichnet ihn als sensitives, aktives Wesen, welches Vorlieben hat und aus seinen Erfahrungen lernen kann.

Seinen Ausführungen nach ist das Kind vom ersten Augenblick seiner Existenz an ein aktives Wesen, das sich unter den jeweiligen Bedingungen seiner Umwelt entfaltet, wobei es dabei auch aktiv zu Umstellungen in der Umwelt beiträgt.

Wochen bevor die Wahrnehmung seiner Existenz die Lebensplanung und Gefühle seiner Eltern verändern wird, haben biochemische Signale, die von der befruchteten Eizelle ausgehen, eine hormonelle Umstellung bei der Mutter bewirkt.

Dadurch verändert sich das „biologische Klima" im Körper der Mutter, so daß diese Zellen überleben, sich einnisten und weiter differenzieren können. Sie finden also ihren Platz in dieser Welt und nehmen zunehmend Einfluß auf die Gestaltung des nun entstehenden Lebensraumes.

Werden nun die genannten Aspekte des intrauterinen Lebens im Hinblick auf möglichen pränatalen Körperkontakt betrachtet, ist leicht zu erkennen, daß der Fötus im Mutterleib bereits Körperkontakt in Form von Eigenberührungen (Berührung des eigenen Körpers; am Daumen lutschen) und auch in Form einer Art des interpersonalen Körperkontaktes, nämlich durch Berührungen seines Körpers mit der Gebärmutterwand des mütterlichen Körpers, erfährt.

SCHINDLER[6] geht davon aus, daß bei diesen Arten des Körperkontaktes Wachstumsprozesse und Bewegungen, die ab dem dritten Schwangerschaftsmonat möglich sind, in die Erfahrungswelt des Kindes miteingehen. So kann es geschehen, daß bei der Entwicklung der Hände der Daumen in die Mundspalte gleitet und die dadurch ausgelöste Rückmeldung über die sich entwickelnden Hautsinne dazu führt, daß diese Erfahrungen wiederholt werden.

Nach SCHINDLER beginnen diese Kinder dann, am Daumen zu lutschen, und es ist (vermutlich) aufgrund dessen schon vorgekommen, daß Kinder mit Schwielen an den Fingern geboren wurden.

Insbesondere AUCOUTURIER hebt hervor, daß die pränatalen Körperkontaktformen neben den Bewegungen des Fötus an der Entwicklung einer ersten (einheitlichen) Vorstellung vom Körper beteiligt sind, wobei er diese Vorstellung als Grundlage der späteren gesunden physischen und psychischen Entwicklung des Kindes betrachtet.

Im Gegensatz zu anderen Autoren wie z.B. AYRES oder WALLON, die eher vom Körperschema sprechen und damit den „realen" Körper, die Vorstellung vom Körper und seiner Anatomie meinen, verwendet AUCOU-TURIER den Begriff der Körpereinheit oder des Körper-Ichs.[7]

Wenn er vom Körper spricht, geht es ihm nicht ausschließlich um den „realen" Körper, von dem der Mensch eine bestimmte Vorstellung hat, die dem Bereich des Bewußten zugänglich ist und der an die neurophysiologische Reifung gebunden ist. Ihm geht es immer auch um den „imaginären" Körper mit seinen affektiv-emotionalen Aspekten[8]. Dieses Imaginäre bzw. diese Phantasmatik[9] sind die nicht bewußten Bilder vom Körper, welche aus den ersten körperlichen Beziehungen des Kindes hervorgegangen sind.

Die Vorstellung vom eigenen Körper hängt somit nicht nur mit seiner Anatomie bzw. seinen objektiven Gegebenheiten zusammen, sondern sie ergibt sich ebenfalls aus den Erfahrungen in der Primärbeziehung und aus dem, was die erste Bezugsperson dem Kind gespiegelt hat[10].

Das Körper-Ich bzw. die ganzheitliche Vorstellung vom Körper bildet nach AUCOUTURIER den Ausgangspunkt für die Entwicklung der Identität des Menschen, des Identisch-Seins mit sich, seiner Person und seinem Körper, wobei er diese Identität als Grundlage für jede weitere Entfaltung ansieht.

Der Körper befindet sich in einer ständigen Dialektik zwischen dem realen und imaginären Körper. Das Körperschema, der Körper an sich, kann dabei von der unbewußten, affektiven Geschichte des Kindes destabilisiert werden, so daß die für die Entwicklung des Kindes wichtige Ausbildung der Körpereinheit verhindert oder beeinträchtigt wird, was sich wiederum in Form verschiedenartigster Störungen ausdrücken kann.

Daraus kann gefolgert werden, daß die Ausbildung einer Körpereinheit wesentlich für die gesunde Entwicklung des Kindes ist. Aus AUCOUTURIERS tiefenpsychologischer Sichtweise wird diese Körpereinheit bereits vorgeburtlich vage entwickelt, wobei der pränatale Körperkontakt, den der Fötus erfährt, daran maßgeblich beteiligt ist.

Physiologische, anatomische und affektive Faktoren im Uterus bedingen die Qualität des Austausches zwischen Mutter und Kind.

Dieser Austausch ist so aufzufassen, daß das Kind von der Mutter versorgt wird, es aber auch Gifte und emotionelle Krisen der Mutter erreichen, und daß die Mutter ihrerseits von der Existenz des Kindes in ihrem Uterus beeinflußt wird (hormonelle Umstellungen, Freude, Ablehnung etc.).

Ab dem fünften Schwangerschaftsmonat gebraucht der Fötus seine motorische Anlage, d.h. er bewegt sich im Mutterleib, was Mütter wiederum unterschiedlich empfinden.

Bei guten Austauschbedingungen zwischen Mutter und Kind kann das Kind sein Bewegungspotential hinreichend entfalten und es kommt zu Bewegungen des Sich-Umwendens, der Drehung, des abgeschwächten oder ausgedehnten Fallens und zu Berührungen in Form der Reibung des Rückens bzw. der Haut an der uterinen Wand.

Aufgrund der Enge im Uterus in der späten pränatalen Phase verbindet sich dann beinahe jede Bewegung auch mit Berührungen.

Diese Bewegungs- und Berührungsformen begünstigen nach AUCOUTURIER eine Erotisierung der Bewegung, wobei durch lustvolle Bewegungserfahrungen – welche durch die mit den Bewegungen einhergehenden Berührungen ermöglicht werden – ein erster vager, sehr individueller Entwurf einer Körpereinheit entsteht.

Ungünstige Austauschbedingungen zwischen Mutter und Kind oder auch Erkrankungen während der Schwangerschaft können den Entwurf der Körpereinheit unter Umständen schwächen, da Bewegungen und auch Körperkontaktformen in diesen Fällen seltener vorkommen.

Dadurch erfolgt dann wiederum keine ausreichende Erotisierung der Bewegungen, wodurch die Entwicklung des ersten Entwurfs einer Körpereinheit beeinträchtigt wird.

Aber nicht nur aus tiefenpsychologischer Sicht kann die Beteiligung des pränatalen Körperkontaktes an der Ausbildung eines ersten vagen Entwurfes, einer Vorstellung vom eigenen Körper bzw. eines Körperschemas, erklärt werden.

Bereits 1794 kam DARWIN zu folgender Schlußfolgerung:

„Unsere ersten Wahrnehmungen werden uns durch das Tastgefühl vermittelt; denn der Fötus erfährt innerhalb des Uterus eine Reihe verschiedenartiger Bewegungen und muß zu einem bestimmten Grad von seinen Muskeln Gebrauch machen. Es ist sehr wahrscheinlich, daß er auf diese Weise eine eigene Vorstellung von seiner eigenen Gestalt, der des Uterus und der Beschaffenheit des Fruchtwassers erhält, das ihn umgibt ..."[11].

Über das Tasten kann ein Dialog zwischen Mutter (Vater) und dem Ungeborenen hergestellt werden, so z. B. durch die haptonomische Begleitung. Während die Hände der Mutter auf ihrem Bauch liegen und ruhen oder sich langsam bewegen, entwickelt sich eine (emotionale) Kontaktaufnahme zum Baby, welches darauf motorisch reagiert. Es kann – bei entsprechend erlernter, haptonomischer Begleitung – intrauterin in verschiedene Positionen gebracht werden, diesen Raum intensiver erleben und direkten Kontakt mit der berührenden Person (der Mutter, dem Vater) aufnehmen.

Die ruhige, konzentrierte, sensibel in den Körper spürende Berührung, reduziert den Muskeltonus, vergrößert den Bewegungsraum des Babys im Uterus durch Entspannung der mütterlichen Bauchdecke und wirkt im späteren Verlauf geburtserleichternd.[12]

2. Die perinatale Lebensphase

Der in der perinatalen Phase stattfindende Körperkontakt dient – außer der Anregung lebenswichtiger Organfunktionen – nicht unbedingt der Ausbildung spezifischer Fähigkeiten, wohl aber ist er wesentlich für die weitere soziale und emotionale Entwicklung und für das allgemeine Lebensgefühl des Menschen – je nachdem, in welcher Weise er erfolgt.

Körperkontakt in der perinatalen Phase kann sich z.B. ergeben durch:
– Geburtsbedingte Uteruskontraktionen um den Körper des Fötus.
  (Die Kontraktionen üben dabei einen Druck von etwa 25 kg aus.)
– Das Passieren des engen Geburtskanals und das Herausgestoßen-Werden aus diesem. Das Kind wird dabei so gegen die Beckenknochen der Mutter gedrückt, daß die sogenannte Geburtsgeschwulst entsteht.
– Die Hände der Geburtshelfer, die das Kind aus dem Geburtskanal holen.
– Das Abtrocknen des Kindes nach der Geburt mit Handtüchern
– Das Baden des Kindes nach der Geburt.
– Die (routinemäßigen) Handgriffe der Geburtshelfer, wie sie z.B. beim Wiegen, Messen, Feststellen des APGAR-Indexes[13a] erfolgen.
– Die Berührungen mit der Mutter. Zunehmend öfter wird das Kind direkt, nach dem es geboren wurde, auf den Bauch der Mutter gelegt.
– Das Durchtrennen der Nabelschnur.

Bei der Betrachtung dieser umfangreichen Formen des perinatalen Körperkontaktes und der Tatsache, daß durch die Geburt insgesamt eine Menge organischer und sensorischer Umstellungen auf das Kind einströmen, werden u.a. auch Assoziationen an Schmerzen und an das sogenannte Geburtstrauma geweckt.

FREUD, RANK und BERNFELD sprechen vom Trauma der Geburt, das sich ihren Ausführungen zufolge durch das Herausgestoßen-Werden aus dem Geburtskanal, der Enge des Geburtskanals, der vom Kind empfundenen Atemnot und der Trennung von der Mutter ergibt

Nach ihnen werden alle späteren Angst- und Schreckensreaktionen auf diese erlebte „Urangst" zurückgeführt.

Das Trennungserlebnis soll sich dabei in der späteren unbewußten Sehnsucht nach der Rückkehr in den paradiesischen Zustand des Lebens im Uterus fortsetzen, wobei sich diese Sehnsucht z.B. in der embryonalen Schlafhaltung manifestiert.

Der Konflikt zwischen dem Wunsch nach der Rückkehr und der Erinnerung an den Geburtsvorgang mit seinen Schrecken stellt den neurotischen Grundkonflikt dar, der das weitere Leben des Menschen bestimmt.

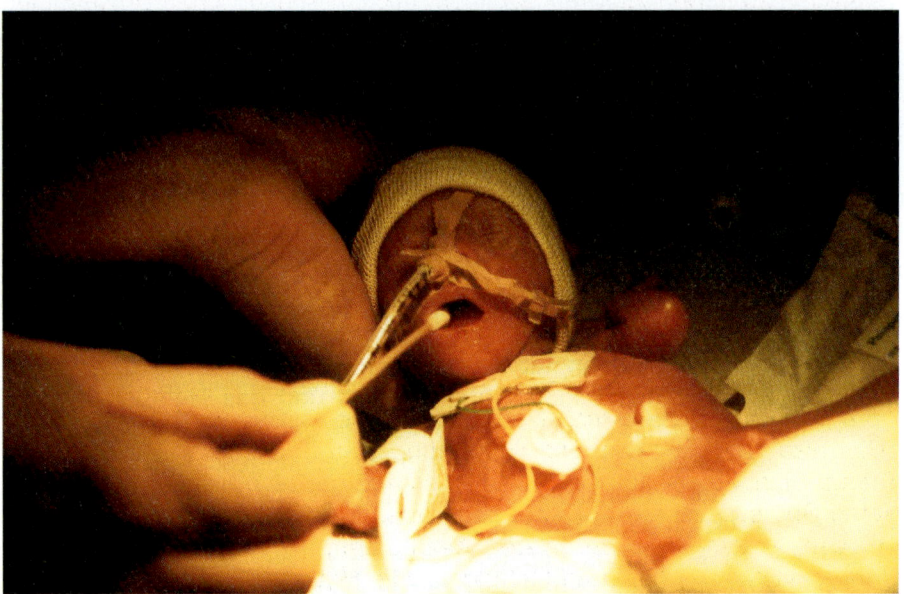

Foto 24 (© Elvira Lammers)

Ob die Geburt aber tatsächlich vom Kind mit Angst, Schrecken und Schmerzen erlebt wird und sich der Mensch ihrer später erinnern kann, ist immer noch umstritten, da auch angenommen wird, daß das Kind zum Zeitpunkt der Geburt weder über ein Bewußtsein, noch über ein Schmerzempfinden verfügt, und das Gehirn bzw. zumindest die höheren Gehirnfunktionen (die das Bewußtsein und die Speicherfähigkeiten umfassen) bei der Geburt noch nicht voll ausgebildet sind[13b].

Für das Fehlen des Schmerzempfindens während der Geburt werden in der Literatur mehrere Erklärungen bzw. Hypothesen angeführt.
Zum Zeitpunkt der Geburt nimmt die Oxygenversorgung des Fötus ab, wodurch sein Schmerzempfinden vermutlich verringert und auch sein möglicherweise schon vorhandenes Bewußtsein gedämpft sein können.[13c]
McGRAW stellte fest, daß wenige Stunden alte Säuglinge keine starke Reaktion auf kutane Irritationen wie z.B. Nadelstiche zeigen[14].
Dabei kann dieser Reaktionsmangel einerseits einem noch nicht entwickkelten sensorischen Mechanismus oder aber andererseits dem Umstand, daß die Verbindung zwischen sensorischen und somatischen Zentren oder

zwischen Rezeptoren und dem Mechanismus, der das Schreien auslöst, noch nicht hergestellt ist, zugeschrieben werden.

Nach GREENACRE kann die reduzierte Empfindlichkeit des Neugeborenen auch zum Teil auf einer nachgeburtlichen sensorischen Erschöpfung beruhen.

Aufgrund seiner Beobachtungen spricht sich auch McFARLANE gegen die Theorie des Geburtstraumas aus:

„Für mich, der ich Babies nach der Geburt sehr genau und aus der Nähe betrachtet habe, ist überraschend, wie untraumatisiert sie wirken. Oft beruhigt sich das Baby nach dem ersten lauten Schrei schnell und liegt dann still da, offenbar zufrieden damit beschäftigt, mit seiner neuen Umgebung zurande zu kommen."[15].

LEBOYER hingegen befürwortet die Theorie des Geburtstraumas. Er ist der Ansicht, daß jeder Mensch seine Geburt in Erinnerung behält und zwar in so schmerzhafter Weise, daß sie sich ins Unbewußte verdrängt und von dort aus beständig versucht, an die Oberfläche zu drängen.

„Das also ist die Geburt. Die Hinrichtung eines Unschuldigen. Welch ein Elend. Sind wir wirklich so naiv zu meinen, daß eine solche Katastrophe keine Spuren hinterläßt? Dabei findet man sie überall. Auf der Haut, am Rücken, in den Knochen, in den Alpträumen, im Wahnsinn, in unseren Wahnsinnstaten: Folter und Gefängnis. Die Mythen, die heiligen Schriften erzählen von nichts anderem als von dieser tragischen Odyssee."[16].

Bei der Suche nach Erklärungen für das Vorhandensein des Bewußtseins und der Schmerzempfindung des Kindes bei seiner Geburt wendet er sich jedoch von wissenschaftlichen Analysen ab und sucht die Belege dafür eher in dem, was an dem Kind bzw. in seinem Gesicht ablesbar ist.

„Das weiß doch jeder, daß das Gehirn oder zumindest die höheren Gehirnfunktionen noch nicht voll ausgebildet sind. Wir drehen uns im Kreis. Mag sein, daß das kindliche Gehirn bei der Geburt noch nicht ganz ausgereift ist. Aber das, was sich auf dem Gesicht des Kindes abspielt, zählt das etwa nicht?"[17].

Angst und Schmerzen, die das Kind bei der Geburt empfindet, drücken sich aus durch sein Schreien und Weinen, sein schmerzverzerrtes Gesicht, seine zusammengekniffenen Augen und seine verkrampften Hände.

Derartige Auffassungen über das Geburtstrauma bzw. über die Bedeutung der Geburt für die spätere Entwicklung des Kindes haben zu vielfältigen Diskussionen geführt.

Heute geht es in solchen Diskussionen nicht mehr so sehr um den Geburtsvorgang und das damit verbundene Trauma, sondern eher um die Art, wie das neugeborene Kind in die extrauterine Lebenswelt eingeführt wird.

Diesem Empfang wird große Bedeutung für die soziale und emotionale Entwicklung des Kindes, für den Aufbau der Eltern-Kind-Beziehung und für das allgemeine Lebensgefühl des Menschen zugeschrieben.

Dabei geht es insbesondere darum, dem Kind diesen Empfang mit möglichst wenig Angst, Schrecken und Schmerzen zu ebnen, so daß es mit einem positiven Lebensgefühl in die nachgeburtliche Welt eintreten kann.

Die Angst des Neugeborenen ergibt sich zum großen Teil aus dem Unbekannten und der Fremde der neuen Welt außerhalb des Uterus.

Das Kind kann in dieser Welt nichts mehr einordnen oder vergleichen; alles ist ihm unbekannt, und das macht ihm Angst.

Um ihm die Angst zu nehmen, müssen ihm Anhaltspunkte wie Erinnerungen und Empfindungen an seine Vergangenheit im Uterus ermöglicht werden, damit es sich langsam in seine neue Welt eingewöhnen kann.

Zur Verringerung und Verhinderung von Angst, Schrecken und Schmerzen entwickelte LEBOYER die Methode der „Sanften Geburt".

Folgende Rahmenbedingungen sollen dabei in spezifischer Weise gestaltet werden.

1. Da die Augen des Kindes nach der Geburt sehr empfindlich sind, sollte das Licht im Kreißsaal gedämpft werden.
2. Die Situation im Kreißsaal sollte durch Ruhe und Stille geprägt sein. Laute Anweisungen seitens der Geburtshelfer sollten vermieden werden, denn auch die Ohren bzw. das Gehör des Kindes sind sehr empfindlich.
3. Da der Weg durch den Geburtskanal sich für das Kind sehr langsam vollzieht, sollten die Geburtshelfer und auch die Mutter ihm in seiner Zeit begegnen. Dazu bedarf es der Geduld und inneren Ruhe.
4. Damit dem Kind Schmerzen und Atemnot erspart bleiben, sollte die Nabelschnur erst durchtrennt werden, wenn sie aufhört, zu pulsieren.
5. Um dem Kind Erinnerungen an das Leben im Uterus zu ermöglichen und ihm Angst und Schrecken nach der Geburt zu nehmen, sollte mit ihm in einer Sprache gesprochen werden, die es versteht:
   In einer Sprache, die alle Menschen jeden Alters kennen und verstehen; einer Sprache, die überall gilt und die keine Worte braucht.

LEBOYER bezeichnet diese Sprache als die Sprache der Liebe und mißt dem Körperkontakt dabei einen außerordentlich hohen Stellenwert zu. Diese Sprache zeichnet sich dadurch aus, daß in ihr weniger gesprochen als vielmehr berührt wird bzw. durch Berührungen gesprochen wird.

Da das Kind im Uterus bereits Erfahrungen mit Berührungen sammeln konnte, versteht es diese Sprache der Liebe, und sie ist ihm vertraut.

LEBOYER beschreibt die Situation von Liebenden etwa so: Liebende löschen das Licht oder schließen die Augen, finden sich in der Finsternis und berühren einander sacht.

Sie erschauern unter ihren Zärtlichkeiten, liegen einander in den Armen und versinken in wohliger Geborgenheit. Die Hände der Liebenden sprechen und ihre Körper verstehen.

Er betont, daß das Neugeborene genau diese Sprache braucht. In dieser Sprache der Liebe, der Berührungen sollte zu ihm gesprochen werden.

Die Hände, die zu ihm sprechen, sollten wach und voller Zärtlichkeit sein.

Die ersten Hände, die in seiner nachgeburtlichen Welt mit ihm sprechen, sind meistens die Hände, die es aus dem Geburtskanal befreien. Im allgemeinen sind es die Hände von Ärzten, Hebammen und Krankenschwestern. Auch diese Hände sprechen die „Ursprache", die der Säugling bereits kennt, nämlich die Sprache der Berührungen.

Oft sind diese Hände durch die Geburtssituation bedingt flink, rauh, unaufmerksam und führen routinierte Griffe aus.

Dabei sollten jedoch gerade diese ersten Hände – soweit es geht – auf Behutsamkeit und Zärtlichkeit achten.

Diese Hände sollten das Kind auch direkt nach der Geburt auf den Bauch der Mutter legen, damit Mutter und Kind sich ebenfalls über Berührungen austauschen können.

Der Bauch der Mutter hat nach der Geburt genau die Form und die Größe des Babys angenommen und ein wartendes Nest gebildet. Der Kontakt mit der Haut der Mutter, mit ihrer natürlichen Wärme, ist sanft, weich und dem Kind vertraut.

Hier kann sich das Neugeborene ausruhen, sich in seinem Tempo entfalten und sich öffnen.

Hier erfährt das Kind die Sprache der Liebe und der Berührungen wieder vollkommen.

Die neue Umgebung des Kindes wird durch solche Rahmenbedingungen während der Geburt an seine vorgeburtliche Welt angeglichen, so daß es sich mit weniger Angst, Schrecken und Schmerzen in seiner neuen Welt allmählich eingewöhnen kann.

Eine solche sanfte Geburt gleicht einem Erwachen aus einem guten Schlaf anstatt aus einem Alptraum.

Kinder gehen durch die sanfte Geburt nicht oder weniger traumatisiert in die Welt und ihr Lebensgefühl ist glücklicher und positiver Art[18].

3. Die postnatale Lebensphase und frühe Kindheit

„Etwas berühren und berührt werden, sind wichtige Vorgänge für das Kleinkind, und zwar für sein gesamtes Leben."[19].

Sowohl in der postnatalen Phase als auch in der frühen Kindheit beeinflussen zwischenmenschliche als auch Eigen-Berührungen maßgeblich die Entwicklung wichtiger Fähigkeiten und Funktionen des Kindes, d. h. Berührungen und Körperkontakte stellen die Grundlage dar, auf der sich diese Fähigkeiten aufbauen.

Mit der Geburt des Kindes endet die während der Schwangerschaft bestehende biologische Verbundenheit, die Symbiose, zwischen Mutter und Kind noch nicht. Sie hat vielmehr auch im postnatalen Stadium einen biologischen Auftrag, denn sie hat das Überleben des Kindes, das nach der Geburt sehr gefährdet ist, zu sichern.
Zu seinem Überleben und seiner weiteren Entwicklung ist das Kind von seiner „neuen" Umwelt abhängig und auf die Hilfe anderer angewiesen, denn es kommt im Zustand der Daseinsunreife als „physiologische Frühgeburt" zur Welt.

Die Geburt beendet zwar die Uterogestation, d.h. die Entwicklung des Kindes im Mutterleib, seine Entwicklung ist damit aber noch nicht abgeschlossen, denn sie setzt sich außerhalb der Gebärmutter als sogenannte Exterogestation weiter fort.
Die Unreife des Kindes zeigt sich dadurch, daß es sich nach der Geburt nicht allein versorgen und ernähren kann; erst nach 6 – 10 Monaten kann es kriechen und erst nach ca. 12 – 16 Monaten laufen und sprechen.
Bis es von anderen Menschen unabhängig wird und seine Existenz selbst sichern kann, muß es erst viele Fähigkeiten erlernen und ausbilden.
Zur Sicherung des Überlebens des Kindes nach der Geburt ist es daher notwendig, seine grundlegenden, fundamentalen Bedürfnisse zu befriedigen.
Die Befriedigung dieser Bedürfnisse (Bedürfnis nach Nahrung, Flüssigkeit, taktiler Stimulation, Zärtlichkeit, Ruhe etc.) vollzieht sich in der frühen postnatalen Phase in hohem Maße durch den engen körperlichen Kontakt zwischen der Mutter und ihrem Kind, der zugleich eine lebensnotwendige Fürsorgemaßnahme darstellt.
So wird das Bedürfnis nach Nahrung und Flüssigkeit beispielsweise durch das Stillen befriedigt, bei dem ein enger körperlicher Kontakt zwischen Mutter und Kind entsteht.
Die Natur sieht zur Unterstützung bzw. Erleichterung der Befriedigung dieses Bedürfnisses sogar vor, daß genau die Körperteile von Mutter und

Kind, die beim Vorgang des Stillens bzw. der Nahrungsaufnahme bedeutsam sind, besondere Empfindlichkeit bzw. Sensiblität zeigen. Bei der Mutter sind zu dieser Zeit die Areole und die Brustwarzen reizempfindlich, während beim Kind die Mundregion, die Lippen und die Zunge, von hoher Sensitivität geprägt sind.

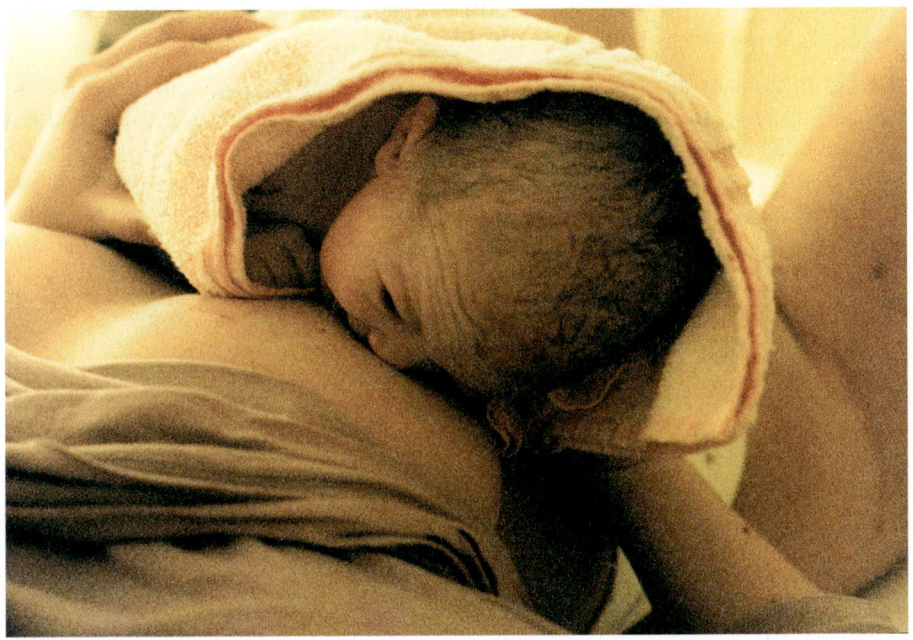

Foto 25

Das Stillen erfüllt aber nicht nur die Befriedigung des Nahrungsbedürfnisses, sondern durch den damit einhergehenden Körperkontakt auch das kindliche Bedürfnis nach Zuwendung, Liebe, Zärtlichkeit und taktiler Stimulation.
Das Kind wird als Gesamtwesen mit einem Gefühl der Sicherheit und Liebe umgeben, mit einer Atmosphäre, in der es sich gut entwickeln kann.
Nicht die Muttermilch und das Stillen allein spielen dabei eine Rolle, wesentlich ist vor allem die vollkommene Zuwendung der Mutter, die das Kind erfährt.

Diese körperliche Zuwendung und Nähe sollte auch dem Kind zukommen, das aus irgendwelchen Gründen nicht gestillt werden kann.

Denn „das Wesentliche ist nicht so sehr die Art der Ernährung als das generelle Verhalten der Mutter. Gefühlskalte Mütter, die das Kind stillen, beeinflussen seine spätere Entwicklung nicht so nachhaltig wie zärtliche und liebevolle Mütter, die dem Kind aus diesem oder jenem Grund die Flasche geben müssen. Das ergaben jedenfalls die Untersuchungen, die Dr. Martin I. Heinstein bei 252 Kindern in Berkeley in Kalifornien durchführte."[20].

Körperkontakt in der frühen postnatalen Phase ergibt sich über das Stillen (Ernähren) hinaus auch bei der pflegerischen Versorgung wie etwa beim Wickeln, Baden, Aufnehmen, Beruhigen, Herumtragen etc.

Auch hierbei werden die fundamentalen Bedürfnisse des Kindes wie etwa das Bedürfnis nach Freisein von Schmerzen, das Bedürfnis nach Ruhe, nach Bewegung, nach taktiler Stimulation und Zärtlichkeit befriedigt.

Da das Kind nicht aus eigener Kraft in der Lage ist, zur Homöostase seiner Triebbefriedigung zu gelangen, spricht auch MAHLER[21] von der „symbiotischen Beziehung" zwischen Mutter und Kind.

FLITNER beschreibt die Situation des unreifen Kindes bzw. die Symbiose zwischen Mutter und Kind folgendermaßen:

„Die bergende Höhle des Mutterleibes wird 'vorzeitig' verlassen, aber die bergende Höhle des mütterlichen Gefühls, der Liebe und Zuwendung muß an ihre Stelle treten. Ohne eine solche Ansprache und Geborgenheit ist das Kind von schnellem Verfall oder lebenslänglichem Schaden bedroht."[22]

Da die Symbiose insgesamt jedoch als das Zusammenleben verschiedenartiger Lebewesen zu beiderseitigem Nutzen definiert wird und bei einer echten (obligaten) Symbiose die Symbionten aufeinander angewiesen sind, muß berücksichtigt werden, daß nicht nur die Bedürfnisse des Kindes befriedigt werden müssen, sondern auch die der Mutter, denn nicht nur das Kind braucht die Mutter, sondern die Mutter braucht ebenso sehr das Kind.

Ihre eigenen kindbezogenen Bedürfnisse äußern sich u.a. dadurch, daß sie das Kind streicheln möchte, zärtlich mit ihm sprechen und es berühren möchte.

Sie freut sich, wenn sie das Kind sieht, seinen ersten Schrei hört und seine körperliche Nähe empfindet.

Sie fühlt Befriedigung, wenn sie das Kind an sich drückt und ihm physischen und psychischen Schutz verleiht, den es für sein Wachstum und seine Entwicklung braucht.

Unterscheidungsfähigkeit zwischen „Innen und Außen"

Direkt nach der Geburt ist das neugeborene Kind unfähig, ein Objekt vom anderen zu unterscheiden und es kann es nicht von seinem eigenen Körper abgrenzen. Zu diesem Zeitpunkt empfindet es die Umgebung bzw. die Außenwelt noch nicht als von sich getrennt und so wird selbst die ernährende Brust seiner Mutter als ein Teil seiner selbst wahrgenommen.
Beobachtungen ergaben, daß die Wahrnehmung des Kindes gegen die Außenwelt in den ersten Lebenswochen durch eine außerordentlich stark erhöhte Reizschwelle geschützt ist.
Aus diesem Grund kann das Kind nicht zwischen Innen und Außen, d.h. zwischen seiner Innenwelt und der es umgebenden Außenwelt differenzieren. Innen und Außen werden von ihm als zwei Elemente eines einzigen kontinuierlichen Raumes erlebt.

In der frühen postnatalen Phase sind alle Wahrnehmungen des Kindes auf das enterozeptive System beschränkt.
Reaktionen, die zunächst nur in Form von Reflexen erscheinen, erfolgen auf die Wahrnehmung von Bedürfnissen hin, die diesem System gemeldet werden.
Dies sind Bedürfnisse, die aus dem Innern des Kindes kommen wie Hunger und Durst.

Bis zu seinem zweiten Lebensmonat erkennt der Säugling daher den Reiz der Nahrung nur, wenn er hungrig ist, d.h. die Wahrnehmung des Reizes ist bis zu diesem Alter an das konkrete innere Bedürfnis gebunden.
Er erkennt bis zu diesem Zeitpunkt weder die Brust noch die Flasche oder die Milch.

Allmählich erkennt er dann aber die Brustwarze, die in seinen Mund eingeführt wird und auf dessen Berührung hin er mit saugenden Bewegungen beginnt. Zudem spürt er die Nahrung in seinem Mund. Aufgrund dieser taktilen Erfahrungen kann er dann schließlich den Hunger als aus seinem Inneren kommend, die Brustwarze als Grenze seiner Welt und die Nahrung als von außen kommend differenzieren[23].

Auch ANZIEU beschreibt, daß die Unterscheidungsfähigkeit zwischen Innen und Außen auf den frühen taktilen Erfahrungen des Kindes beruht.
Das Kind wird von der Mutter in den Armen gehalten und ist somit ganz nah an ihrem Körper. Es spürt ihren Körper, ihre Wärme, ihre Berührungen und Bewegungen.

„Diese Erfahrungen führen das Kind allmählich zur Differenzierung einer Oberfläche mit einer inneren und einer äußeren Seite, d.h. einer Grenzfläche (interface), die Innen und Außen differenziert und die gleichzeitig das

Gefühl eines umgebenden Raums entstehen läßt, in dem der Säugling quasi schwimmt."[24].

Gefühl der Sicherheit

Körperkontakt und Berührungsreize in der frühen postnatalen Phase sind auch entscheidend beim Aufbau des kindlichen Gefühls der Sicherheit und des Wohlbefindens beteiligt.
Das Sicherheitsgefühl benötigt das Kind zur Bildung seiner eigenen Selbstsicherheit und seines Selbstvertrauens und auch für seine spätere Unabhängigkeit.

Foto 26: Der Berührungsdialog spendet Vertrauen und Gefühle der Geborgenheit, Sicherheit und Ruhe.

Ohne dieses Gefühl der Sicherheit, daß es beschützt wird, daß sich jemand um es kümmert, daß es seiner Umwelt vertrauen kann, werden alle weiteren Entwicklungsschritte des Kindes erschwert; es würde dann regelrecht „unsicher" in seiner Welt heranwachsen.

Das Sicherheitsgefühl entsteht durch die körperliche Nähe des Kindes mit seiner Mutter.

Durch diesen physischen Kontakt tritt das Kind zum ersten Mal mit der „Welt" in Berührung, und es tritt dadurch in eine neue Erlebniswelt ein, denn es erlebt einen anderen Menschen[25].

Die Haut fungiert hier also als „Grenzorgan", durch welches das Kind einen anderen Menschen wahrnimmt.

Das Sicherheitsgefühl ergibt sich daraus, daß das Kind aufgrund der taktil bedingten Herstellung einer Grenze zwischen sich und der Umwelt spürt, daß jemand anderes da ist, der sich um es kümmert, der seine Bedürfnisse befriedigt.

„Die Haut ist die Grenze seiner selbst, und deshalb ist die Verarbeitung von Berührungsreizen eine erste Quelle des Gefühls der Sicherheit für das Kind." [26].

Den Zusammenhang von Hautwahrnehmung und Sicherheitsgefühl drückt MONTAGU[27] noch deutlicher aus:

„Daß das Kind die Mutter anfassen kann, gibt ihm ein tiefes Gefühl der Sicherheit, denn letzten Endes glauben wir an die Realität eines Dinges nur, wenn es greifbar ist."

Berührungen vermitteln dem Kind also die Bestätigung der Anwesenheit eines anderen Menschen.

Über die Haut empfindet es die zarten Berührungen und Bewegungen seiner Mutter, die Wärme ihres Körpers und die Mutterbrust, die sein Bedürfnis nach Hunger stillt.

Diese Empfindungen rufen im Kind Gefühle der Sicherheit und Geborgenheit hervor, die an seiner Ausstrahlung erkennbar werden.

So läßt sich beobachten, daß sich der Säugling durch Berührungen mit der Haut der Mutter, durch zartes Streicheln und Klopfen und durch die Wärme des mütterlichen Körpers beruhigen kann, wobei diese Beruhigung zum Ausdruck bringt, daß das Kind sich sicher und geborgen fühlt.

Auf Empfindungen der Kälte und des Schmerzes hingegen reagiert das Neugeborene mit Schreien und Weinen, womit es sein Unwohlsein ausdrückt.

Deutlich wird auch hierbei wieder, daß es gerade der warmherzige Körperkontakt ist, der das Gefühl der Sicherheit beim Kind entwickelt.

Sozialverhalten

Im körperlichen Kontakt zwischen Mutter und Kind gründet auch der Beginn der Entwicklung des Sozialverhaltens und des sozialen Lernens.

Da das Neugeborene den ersten Kontakt zu seiner Umwelt durch die Haut aufnimmt, vermittelt der enge körperliche Kontakt, wie er u.a. beim Stillen auftritt, die ersten grundlegenden, positiven Erfahrungen im Austausch zu anderen Menschen.

Positiv sind diese Erfahrungen deshalb, weil sie die Bedürfnisse des Kindes nach Zärtlichkeit und Zuwendung und im Falle des Stillens auch das nach Nahrung befriedigen.

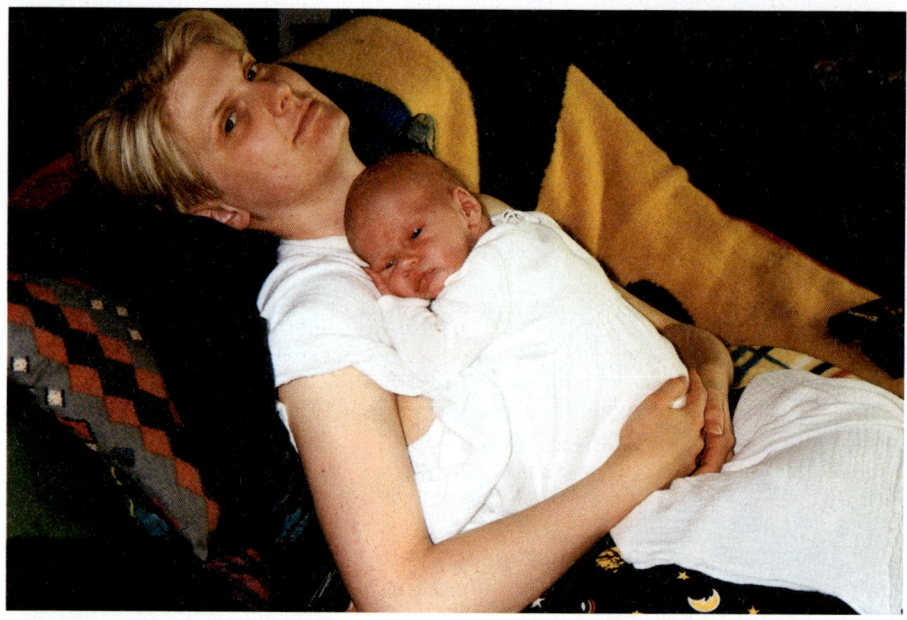

Foto 27

Das Neugeborene sammelt also in dieser frühen Lebensphase durch den Körperkontakt erste Erfahrungen im Umgang mit anderen Menschen.

„Das Erlebnis des an der mütterlichen Brust Gestillt-Werdens ist die Grundlage aller mitmenschlichen Beziehungen, und die Kommunikationen, die das Kind durch die Wärme ihrer Haut erfährt, sind die ersten, die es in die menschliche Gesellschaft eingliedern."[28].

Jegliches weitere soziale Verhalten und soziale Lernen baut auf diesen basalen Erfahrungen auf, und diese werden alle künftigen Kontakte zu anderen Menschen und das Verständnis des Kindes für ihr Verhalten prägen[29].

Entscheidend ist dabei, ob die ersten sozialen Erfahrungen positiver oder negativer Art waren.

Hinsichtlich der Sozialentwicklung ist das Neugeborene bereits ausgestattet mit einem Verhaltensrepertoire für die beginnende soziale Interaktion in der neuen Welt.

In diesem Zusammenhang wurde von BRAZELTON der Begriff der „Kompetenz des Neugeborenen" geprägt[30].

Damit sind alle Fähigkeiten gemeint, die das Kind vom ersten Tag an zeigt und mit denen es selber dazu beiträgt, sein Überleben zu sichern und sein Leben zu gestalten. Im sozialen Bereich sind dies z. B.

- Die Fähigkeit des Kindes, Signale aus der Umwelt, die eng mit sozialer Interaktion gekoppelt sind, bevorzugt zu beachten.
  Dazu gehört der Aspekt, daß das Kind sich beruhigt, wenn es aufgenommen wird und der Abstand seines Gesichts zu der Bezugsperson seiner optimalen Sehschärfe (ca. 22 cm) entspricht.
- Die Fähigkeit, Signale auszusenden, die von der Umwelt als sozial interpretiert werden. Hierzu gehört, daß das Kind auf die menschliche Stimme lauscht und auch das Anschmiegen und Ankuscheln an den Körper der Mutter.
- Die Fähigkeit, interaktions- oder kommunikationsähnliche wechselseitige bzw. gemeinsame Spiele mit anderen Menschen zu vollführen.
  Hierzu gehört, daß das Kind bereits nach wenigen Tagen die menschliche Sprache mit synchronen Bewegungen begleitet[31].

Trotz all dieser Kompetenzen bildet jedoch der körperliche Kontakt zur Mutter die grundlegenden Erfahrungen der sozialen Entwicklung. Die Kompetenzen kommen dem Säugling dabei zu gute, denn sie befähigen ihn, sein Bedürfnis nach körperlicher Zuwendung einzufordern: z.B. dadurch, daß er sich an den Körper der Mutter anschmiegt oder zu weinen beginnt, so daß die Mutter ihn aufnimmt und beruhigt.
Er verfügt also über Möglichkeiten, die beginnende soziale Interaktion mitzugestalten, wobei es für die weitere Entwicklung seines Sozialverhaltens entscheidend ist, wie seine Umwelt auf seine Forderungen eingeht (s.u. S. 99).

Der eigene Körper und die Umwelt

Auch zum Kennenlernen und Erkunden des eigenen Körpers und der Umwelt ist der Körperkontakt von großer Bedeutung. Einerseits ist es der intrapersonale Körperkontakt (über Berührungen werden „Daten" über den eigenen Körper und die Umwelt aufgenommen), denn das Kind be-greift seine Umwelt, indem es sie begreift, betastet und befühlt. Andererseits ist aber auch der interpersonale Körperkontakt wichtig, da dieser dem Kind das nötige Sicherheitsgefühl vermittelt, welches ihm erlaubt, sich diesen Erkundungen, insbesondere der Erkundung seiner weiteren Umwelt, hinzugeben .
Das Aneignen, Erkunden und Begreifen der Umwelt erfolgt beim Kind zunächst über die Lippen und Hände bzw. Finger. Sobald es ihm seine motorische Entwicklung ermöglicht (Abbau von Massenbewegungen zu Einzelbewegungen), führt es Gegenstände an bzw. in den Mund, da die Lippen eine Zeitlang die einzigen Körperstellen sind, durch die es einen Gegenstand in seiner Qualität beurteilen kann.

Körperteile wie z.B. die eigenen Hände oder Füße führt das Kind ebenfalls zum Mund bzw. steckt sie in den Mund und erkundet dadurch gewissermaßen seinen eigenen Körper (vgl. S. 28).

Beim Kennenlernen seiner selbst und seiner Umwelt ist der Säugling also zunächst von seinem Tastsinn abhängig, von dem, was ihm seine Lippen und darüber hinaus auch seine Hände, Finger und auch der ganze Körper vermitteln.

In diesem Zusammenhang sei daran erinnert, daß gerade die Lippen, die Finger und die Daumen in der Großhirnrinde am ausgeprägtesten abgebildet sind (Somatopie vgl. S. 31, 43, 44), daß die Größe einer Gehirnregion der Vielfalt der Funktionen entspricht, die ihr zufallen und daß dies wiederum auf die Wichtigkeit dieser Funktionen innerhalb der menschlichen Entwicklung deutet.

Bezüglich der Aneignung der Umwelt und des Kennenlernens des eigenen Körpers kann zusammenfassend gesagt werden, daß insgesamt die Modalitäten von Raum, Zeit, Wirklichkeit, Gestalt, Oberfläche, Tiefe, Eigenart und Struktur zu einem großen Teil auf der Grundlage der taktilen Erfahrung des Kindes entwickelt werden.

Foto 28: Die Umwelt mit allen Sinnen erfahren.

Sprachentwicklung

In der Literatur finden sich auch Hinweise darauf, daß die Entwicklung der menschlichen Sprache auf Berührungen bzw. auf Körperkontakten gründet.

Nach ARGYLE[32] und anderen Wissenschaftlern stellt die hautnahe Annäherung und Berührung die ursprünglichste Form der sozialen Kommunikation dar.

Nach LEBOYER[33a] ist die Sprache der Berührungen, die taktile Kommunikation also, die Kommunikationsform, die das Kind aufgrund seiner im Uterus gesammelten Erfahrungen mit Berührungsreizen zuerst versteht.

MONTAGU[33b] ist der Ansicht, daß sich die erste grundlegende Möglichkeit der Kommunikation des Kindes, seine erste „Sprache" also, aus dem bildet, was das Kind empfindet, wenn die Mutter es in ihren Armen hält und an sich drückt.

Foto 29: Liebevolles Gehaltenwerden, zärtliches Schmusen, Sprechen und Aneinanderschmiegen sind wesentliche Voraussetzungen für die Fähigkeit der Babys, dieses Verhalten später weiterzugeben. In der Phase der aktiven Wachheit erlebt es die von außen einwirkenden Reize sehr bewußt.

Für AUCOUTURIER und LAPIERRE[34] stellt das gesprochene Wort die am höchsten entwickelte oder zumindest die strukturierteste, kodifizierteste Form der Kommunikation dar.

Der Zugang zum gesprochenen Wort erfordert ihres Erachtens das vorherige Durchschreiten der urprimitivsten Kommunikationsmittel, ihre progressive Assimilierung und ihr progressives Überschreiten.

So zeigen Erfahrungen bei Kindern mit Sprechstörungen, daß diese auch oft Schwierigkeiten im Ausdruck und in der Kommunikation auf anderen Ebenen haben.

Bis zur Beherrschung der Kommunikation durch das gesprochene Wort muß das Kind ihren Ausführungen zufolge verschiedene Etappen durchlaufen, von welchen der Körperkontakt bzw. die taktile Kommunikation die erste bildet, so daß geschlußfolgert werden kann, daß jede weitere Art der Kommunikation auf der taktilen Kommunikation aufbaut.

1. Etappe: Körperkontakte
2. Etappe: Distanzierung durch das Übergangsobjekt
3. Etappe: Austausch durch den Schrei
4. Etappe: Austausch durch Instrumentallaute
   (akustische Objekte, akustische Gesten)
5. Etappe: Austausch von Gesten
6. Etappe: Strukturierung der Sprache

Das Durchschreiten der Etappen erfolgt dabei nicht stringent nacheinander, sondern weist wechselseitige Einflüsse und Überlagerungen auf.

Aus ihrer tiefenpsychologischen Sichtweise heraus betonen die Autoren, daß die wesentlichste Kommunikationsart die der unterschwelligen Übertragung ist, wobei diese affektive Ladung im Laufe der Anfangsphase der Entwicklung der Kommunikation, also überwiegend während bzw. aufgrund körperlicher Kontakte entsteht, sich entwickelt und strukturiert.

Sie ist mit körperlicher Lust (im Sinne FREUDS) verbunden, d.h. mit der diffusen und ursprünglichen Sexualität des Kindes.

Physiologisch ist sie mit den Spannungen der Artikulierung verbunden, mit dem subkortikalen sprachlichen Regulierungssystem, einem archaischen, animalischen System, das sich großteils der kortikalen Kontrolle entzieht, die dabei nur eine hemmende Funktion hat.

Die spätere Entwicklung der anderen Kommunikationsarten, ihre Kortikalisierung und Intellektualisierung sind nur Verfahren der Substitution, der Sublimation. Jede echte, tiefe, wahre Kommunikation, so rationalisiert und intellektualisiert sie auch sein mag, weckt nach Meinung der Autoren im Menschen diese ursprüngliche Lust und läßt zumindest einen rückbezüglichen Ansatz dieser Artikulierungsspannungen neu entstehen.

Sexualität

Die Fähigkeit, als Erwachsener adäquate Sexualkontakte einzugehen, findet beim Menschen ihren Beginn im frühen körperlichen Austausch zwischen Mutter und Kind, und zwar vornehmlich in der Phase der oralen Orientierung.

Nach FREUD findet sie dort ihren Beginn und durchläuft dann im Laufe der Kindheit und Jugend verschiedene Stadien, in welchen jeweils lustvoll erlebte taktile Stimulationen zur Entwicklung der späteren genitalen Sexualität beitragen.

Als Grundlage der Sexualentwicklung[35] sieht FREUD eine biologisch determinierte Sequenz der Reifung von Trieben oder Kräften an. Diese Kräfte beschreibt er als sexuelle Kräfte, wobei er den Begriff der Sexualität nicht auf die erwachsene Form der (überwiegend) heterosexuellen Genitalität beschränkt, sondern weiter faßt, indem darunter alle Regungen und Aktivitäten fallen, die auf Lustgewinn gerichtet sind.

Die sexuellen Kräfte bezeichnet er als Libido, worunter er eine Form psychischer Energie versteht, die darauf ausgerichtet ist, körperliche Lust zu gewinnen.

Die Libido durchläuft während der menschlichen Entwicklung verschiedene psychosexuelle Organisationsstufen, die gesetzmäßig und zu bestimmten Zeiten aufeinanderfolgen.

Insgesamt sind dies die orale, anale, phallische, latente und genitale Entwicklungsstufe.

Der Entfaltung der Libido liegt ein prädeterminierter physiologischer Reifungsprozeß zugrunde; sie manifestiert sich nacheinander in verschiedenen Körperzonen, den erogenen Zonen. Dies sind die für taktile Reize besonders empfänglichen, mit Schleimhaut versehenen Körperöffnungen des Mundes, des Anus und der Genitalien.

Die dort abrufbaren libidinösen Energien können bei Stimulationen der jeweiligen Region befriedigt werden[36].

Die Libido ist auf sogenannte Libidoobjekte (in der oralen Phase die Mutterbrust, in der genitalen Phase der Sexualpartner) angewiesen, die sich als Triebziele darstellen und die Befriedigung überhaupt erst ermöglichen.

An die verschiedenen erogenen Zonen sind in der frühen Kindheit zunächst relativ isolierte Partialtriebe gebunden. Die nacheinander dominierenden Partialtriebe werden jedoch – im Falle der normalen Entwicklung – schließlich unter dem Primat des Genitales vereinigt, so daß die unterschiedlichen Sexual- bzw. Libidoobjekte durch ein (heterosexuelles) Objekt (Sexualpartner) ersetzt werden.

Die erste Entwicklungsstufe wird nach FREUD als orale Phase bezeichnet. Sie umfaßt den Zeitraum von der Geburt bis zum ersten Lebensjahr.

Die frühkindliche sexuelle Energie richtet sich in dieser Phase auf den oralen Bereich des Kindes, d.h. der Lustgewinn zentriert sich auf den Lippen-Mundraum, welcher die erste erogene Zone beschreibt, und wird durch Saugen und Lutschen (frühe orale Phase) und später durch Kauen und Beißen (späte orale Phase) erreicht.

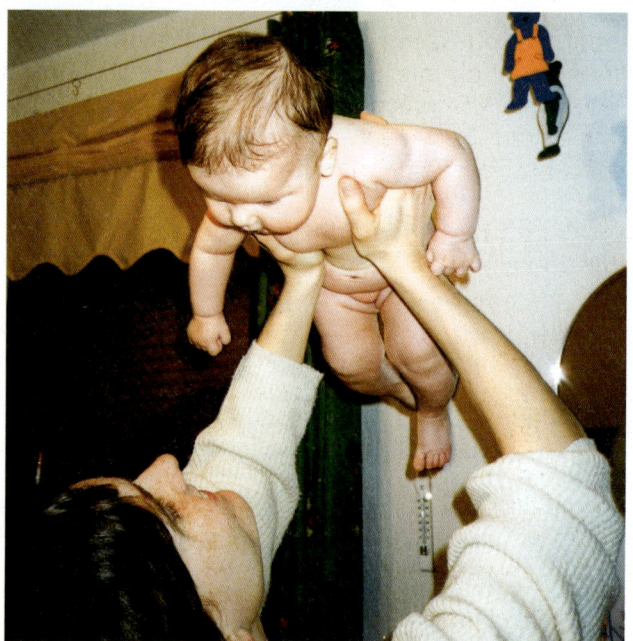

Foto 30

In der frühen oralen Phase (oral-rezeptive Phase), welche den Zeitraum von der Geburt bis zum sechsten Lebensmonat umfaßt, ist das lustvolle Empfinden des Säuglings im Lippen-Mundraum zunächst an die lebenswichtige Funktion der Nahrungsaufnahme gebunden. Durch die Berührung der Lippen mit der Mutterbrust und das Erspüren des warmen Milchstroms erlebt der Säugling Lust und Triebbefriedigung.

Später trennt er dann das Bedürfnis nach Wiederholung „sexueller" Befriedigung von dem Bedürfnis der Nahrungsaufnahme ab. D.h. er beginnt die Aktionen des Lustgewinns im Lippen-Mundraum zu wiederholen, ohne dabei jedoch Nahrung in Anspruch zu nehmen. Er löst den Lustgewinn von der Bedingung der Nahrungsaufnahme ab und ist bestrebt, diesen an anderen Objekten wie z.B. seinen eigenen Fingern oder Gegenständen, an denen er lutscht, zu erlangen (vgl. Foto S. 28).

Die Mutterbrust als das erste und wichtigste Libidoobjekt wird somit durch Objekte am eigenen Körper ersetzt, so daß die Triebbefriedigung auch autoerotisch erfolgt.

In der späten oralen Phase (oral-sadistische Phase), welche den Zeitraum vom 6. bis 12. Monat umfaßt, wird der Lustgewinn und die Triebbefriedigung im Lippen-Mundraum dann vor allem durch Beißen erreicht (nach dem Durchbruch der Zähne) (vgl. auch S. 140).

Gegen Ende der oralen Phase verlagert sich der Schwerpunkt der biologischen Empfindsamkeit auf die anale Zone, d.h. Lustgewinn und Triebbefriedigung sind auf die Körperzone des Anus bezogen.[37]
Die Beschreibung der Sexualentwicklung nach FREUD macht deutlich, welch fundamentale Bedeutung in dieser Entwicklung dem Körperkontakt zukommt.
In jeder Phase der Entwicklung sind der Lustgewinn und die Triebbefriedigung von einer Körperzone abhängig, die besonders für taktile Reize empfänglich ist.
Die taktile Stimulation erfolgt dabei zunächst über den körperlichen Kontakt zwischen Mutter und Kind und dann auch durch Stimulationen des Lippen-Mundraumes durch das Kind selbst, also durch Eigenberührungen und auch durch „Fremdberührungen", indem das Kind z.B. an Gegenständen lutscht und saugt.

Der Lustgewinn ist auch in jeder der nachfolgenden Phasen auf die Stimulation bestimmter Körperzonen angewiesen und somit immer vom Körperkontakt interpersonaler und intrapersonaler Art abhängig (vgl. Foto 38, S. 140).

Die Theorie über die Entwicklung der Sexualität nach FREUD hat viel kritische Aufmerksamkeit gefunden, gründliche Untersuchungen zur Folge gehabt und ist als Theorie nie ganz unangefochten geblieben (vgl. Foto S. 140).

Hinsichtlich der Beteiligung des Körperkontaktes an der Entwicklung der Sexualität des Menschen schreibt MONTAGU[38] jedoch, daß kein Zweifel darüber besteht, daß zwischen den oralen Erlebnissen des Kindes und der späteren sexuellen Entwicklung des Menschen ein dezidierter Zusammenhang besteht.

Nicht nur diese Entwicklung, die schließlich in der genitalen Sexualität als der geschlechtlichen Vereinigung von Mann und Frau ihren Abschluß findet, gründet im Körperkontakt der frühen Kindheit, sondern auch die Fähigkeit, einen anderen Menschen überhaupt zu lieben und ihm Zärtlichkeiten zukommen zu lassen. Dadurch, daß das Kind gestreichelt, liebkost und an die Mutter gedrückt wird, daß zärtlich zu ihm gesprochen wird, daß es geliebt wird, lernt es selbst zu streicheln, zu liebkosen, zu schmusen und zärtlich zu anderen zu sein.

Es lernt dadurch, sich mit einem anderen Menschen verbunden zu fühlen, Verantwortung für ihn zu übernehmen und dessen Bedürfnisse und Verwundbarkeit zu empfinden.

Diese Fähigkeiten werden dem Säugling bereits in seinen ersten Lebensmonaten, insbesondere durch körperliche Zärtlichkeiten, vermittelt und bilden die Grundlage für den Beziehungsaufbau zu einem Partner im Jugend- und Erwachsenenalter. Auch die Fähigkeit, den eigenen Kindern Liebe und Zärtlichkeiten zukommen zu lassen, findet hier ihren Ursprung.

Foto 31: Kinder, die geliebt werden, geben die Liebe auch gerne an Tiere weiter.

Ich-Bildung, Identität und Individuation

Die Ausbildungen des Ichs und einer eigenen Identität sind wesentliche Voraussetzungen des Menschen, sich zu einer individuellen, eigenständigen Persönlichkeit zu entwickeln, und so bilden diese Komponenten wichtige Bausteine im Leben des Menschen; auch sie beruhen weitgehend auf dem intensiven postnatalen Körperkontakt zwischen dem Kind und seiner Bezugsperson.

Nach der Geburt fehlen dem Kind zunächst eigene psychische Strukturen sowie auch psychische und somatische Begrenzungen.

So ist es nicht in der Lage, zwischen Innen und Außen, eigenem Körper und Körper der Mutter, Ich und Nicht-Ich zu differenzieren[39].

Nach MAHLER stellt sich die Mutter-Kind-Symbiose als eine halluzinatorisch-illusorische, somatopsychische, omnipotente Fusion mit der Mutterrepräsentanz dar[40], d.h. daß der Säugling sich aufgrund der bestehenden Symbiose so verhält und funktioniert, als seien er und seine Mutter ein allmächtiges System (eine Zweieinheit) innerhalb eines gemeinsamen Raumes, einer symbiotischen Membran sozusagen.

Der Verlust der vorgeburtlichen fusionellen Ganzheit führt zwar rein objektiv betrachtet zur Trennung zweier Körper bzw. zweier Personen, er führt aber im subjektiven Empfinden des Säuglings zunächst nicht zu einer Trennung von Ich und Nicht-Ich, und auch eine Trennung zwischen Innen und Außen kann er nicht vollziehen. Für das Kind besteht die Umwelt gleichsam aus einem einzigen Individuum, der Mutter oder ihrer Stellvertreterin, und sogar dieses Individuum wird vom Kind noch nicht als eine von ihm abgetrennte Einheit wahrgenommen, sondern ist für den Säugling vielmehr ein Glied in der Kette seiner Bedürfnisse.

Insgesamt gesehen befindet sich das Kind in einem Zustand, in dem es psychisch noch nicht unterscheiden kann.

Die für seine Entwicklung so wichtige Unterscheidungsfähigkeit bildet sich im ersten bis zum zweiten Lebensjahr weitgehend auf der Grundlage körperlicher Kontakte aus.

Der Verlust der vorgeburtlichen fusionellen Ganzheit mit der Mutter führt beim Kind zunächst nicht zu einer Trennung von Ich und Nicht-Ich.

Der Säugling ist vielmehr auf den intensiven Körperkontakt mit der Mutter angewiesen, um nach der Geburt ein einheitliches Körper-Ich entwickeln zu können (vgl. Esser, 1992, 23).

Dieses Körper-Ich stellt die Voraussetzung zur Herausbildung des „psychischen Ichs" dar, denn das Ich beruht auf dem Körper-Ich[41].

Aus psychologischer Sichtweise kennzeichnet das Ich die allgemeine Bezeichnung für den Kern oder die Struktur der Persönlichkeit. Mit „Ich" wird zudem auch das sich veränderbare, steuernde und wertende Prinzip bezeichnet, das eine Person befähigt, sich als von anderen Personen (und auch Dingen) verschieden wahrzunehmen, und das die Erlebnisse und Handlungen einer Person steuert.

Um sich aber als von anderen Personen und auch Dingen verschieden wahrzunehmen, bedarf es zunächst der Ausbildung eines Körper-Ichs, d.h. der Abgrenzung des eigenen Körpers von dem der Mutter, der Auflösung der körperlichen fusionellen Ganzheit mit der Mutter. Erst wenn sich das Kind körperlich getrennt von der Mutter erlebt, kann es sich als eigenständige steuernde und handelnde Person wahrnehmen.

Zur Ausbildung des Körper-Ichs führt AUCOUTURIER aus, daß der intensive körperliche postnatale Kontakt zwischen dem Kind und seiner Bezugsperson für das Kind ein erneutes Erleben einer verschmelzenden Ganzheit mit dem Körper des Erwachsenen darstellt und daß gerade dieses Erleben, welches stark mit taktilen (und auch propriozeptiven) Erfahrungen einhergeht, den Zugang zu einem einheitlichen und kohärenten Bild des Körper-Ichs begünstigt.

Zu einer einheitlichen Gestalt entwickelt sich das Körper-Ich dann um den achten bzw. neunten Lebensmonat des Kindes dadurch[42], daß es zwischen dem Körper der Mutter und seinem eigenen Körper zu unterscheiden beginnt.
Diese Unterscheidungsfähigkeit baut hauptsächlich auf interpersonalen (Berührungen des Körpers der Mutter) und intrapersonalen (Berührungen von Gegenständen) Berührungen, also auf taktilen Erfahrungen auf, denn das Tastgefühl, das über den ganzen Körper verteilt ist, unterscheidet sich von den anderen Sinneswahrnehmungen dadurch, daß es unbedingt die ungeteilte Gegenwart des Körpers erfordert. Es erfordert den Körper, den das Kind berührt (Körper der Bezugsperson oder auch Körper im Sinne von Gegenständen) und den eigenen Körper, mit welchem andere Personen oder Gegenstände berührt werden.
Die Berührungen seines Körpers mit anderen Körpern überzeugen das Kind von der objektiven Realität, also davon, daß außer ihm noch etwas anderes besteht, das nicht es selbst bzw. sein Körper ist.
Die taktilen Erfahrungen, die zur Unterscheidungsfähigkeit des eigenen Körpers von dem der Mutter führen, beginnen bereits mit dem Kontakt der kindlichen Lippen an der Mutterbrust, dem Griff nach dem mütterlichen Körper sowie dem Festhalten an der Mutterbrust mit Fingern und Händen.
Diese, wie auch schon pränatale Berührungen, vermitteln dem Kind zunächst vage Vorstellungen über den eigenen Körper. Zusammen mit vielen weiteren taktilen Erfahrungen in den nächsten Lebensmonaten kommt es dazu, daß das Kind ab dem achten bzw. neunten Lebensmonat allmählich seinen eigenen Körper von dem der Mutter getrennt erlebt und ein einheitlicheres Bild von seinem Körper bzw. sein Körper-Ich erfährt.

Mit dieser Trennung einhergehend erfolgt auch die Herausbildung des psychischen Ichs.
Den Zeitpunkt des Beginns der ersten vagen Erfahrung des psychischen Ichs datiert MONTAGU ebenfalls auf das orale Erleben des Kindes an der Mutterbrust.
„Das frühkindliche Bemühen, das eigene Ich zu erfahren, beginnt mit dem oralen Erleben an der Mutterbrust."[43]

Genauso wie in der Ausbildung des Körper-Ichs übernimmt auch in der Entwicklung des psychischen Ichs, die dann ab dem achten bzw. neunten Lebensmonat deutlicher erfolgt, der Körperkontakt wichtige Funktionen.

Dadurch, daß Berührungen dem Menschen das Vorhandensein eines anderen Menschen bestätigen, überzeugen sie das Kind von seiner eigenen subjektiven Existenz. Wenn es das objektive Andere außerhalb seiner Selbst, seines Körpers fühlt, erlebt es gleichzeitig sein Selbst; es fühlt dann gleichzeitig das Andere und sich selbst.

Das Hautsinneserleben durch die Berührungen vermittelt somit neben dem objektiven Sinnesreiz auch ein Erleben des eigenen Ichs, denn durch die Berührung der Haut erlebt sich das Kind auch als ein berührtes Subjekt.

Auch S. FREUD, der den Begriff des Ichs aus psychoanalytischer Sichtweise heraus maßgeblich bestimmt hat[44], führt aus, daß sich das Ich letztendlich von körperlichen Empfindungen ableitet, die von der Oberfläche des Körpers, also von der Haut, ausgehen. Seinen Ausführungen nach kann es als ein seelischer Entwurf bzw. Fortsatz der Oberfläche des Körpers betrachtet werden, so daß die Körperoberfläche auch den seelischen Apparat des Menschen verkörpert.

„The ego is ultimately derived from bodily sensations, chiefly from those springing from the surface of the body. It may thus be regarded as a mental projection of the surface of the body, besides (...) representing the superficies of the mental apparatus."[45]

Die Haut als physikalisches und psychisches Kontaktorgan stellt die Grenze des Ichs zu seiner Umwelt dar.

Nach den heute vorliegenden Ergebnissen der Säuglingsforschung scheint MAHLERs weit verbreitete und anerkannte These (der o. g. Mutter-Kind-Symbiose) jedoch nicht mehr vertretbar zu sein, da Fähigkeiten des Neugeborenen und des Säuglings zur aktiven auditiven, visuellen, olfaktorischen und Geruchswahrnehmung nachgewiesen werden konnten und Säuglinge differenziert über sie verfügen. Sie sind fähig, auf verschiedene Gerüche, Tonhöhen differenziert zu reagieren, Vorlieben für Formen, Farben und Klänge erkennen zu lassen, angenehme Reizwiederholungen zu veranlassen und aktiv zu kommunizieren. Säuglinge verfolgen mit ihren Augen schon nach der Geburt Objekte in verschiedenen Entfernungen, unterscheiden verschiedene Farbmuster und zwei- oder dreidimensionale Formen/ Körper. Offenbar gelingt es ihnen beispielsweise auch, eine Verbindung herzustellen „zwischen dem, was sie im Mund gefühlt haben und dem, was sie sehen." [45a]

DORNES bezeichnet diese Kompetenz als kreuzmodale Wahrnehmung. Die genannten vielfältigen Kompetenzen nutzt der Säugling von Anfang an und ist somit in der Lage, sein Selbstempfinden zu entwickeln, d.h. Verbindungen zwischen verschiedenen Ereignissen herzustellen, zwischen Selbst und Objekt, also der physischen Getrenntheit zu unterscheiden (womit sich DORNES von der Symbiose- These MAHLERs distanziert), sich vermutlich als Wesen mit einer Psyche zu verstehen und engere psychische Zustände und die anderer als „teilbar" anzunehmen und über solche Erfahrungen miteinander zu kommunizieren.[45b]

Das Körper-Ich und das psychische Ich bilden die Grundlagen für die Individuation und die Identität des Kindes, so daß dieses als eigenständiges, individuelles Wesen sein Leben gestalten und meistern kann.

Die Fähigkeit zur zunehmenden Individuation des Kindes erfordert auf der einen Seite das vorherige Erleben eines intensiven (befriedigenden) Körperkontaktes mit der Bezugsperson und auf der anderen Seite auch die Überwindung des engen körperlichen Kontaktes zu mehr distanzierteren Kontaktformen wie Blickkontakte und akustische bzw. sprachliche Kontakte, durch welche sich das Kind der ihm zunächst noch wichtigen Nähe zur Bezugsperson vergewissern und später von ihr lösen kann.
Nach MAHLER[46] sind die allerersten Anzeichen der Individuation bereits gegen Ende des dritten oder zu Beginn des vierten Lebensmonats des Kindes zu erkennen.
Anhand spezieller, von ihr entwickelter Methoden, konnte sie gewisse Veränderungen und Unterschiede in der Körperhaltung des Kindes der Bezugsperson gegenüber feststellen.
Durch Anschmiegen oder Versteifen des Körpers kann das Kind bereits auf dieser Altersstufe seinen „Willen" ausdrücken, was ein Anzeichen der beginnenden Individuation darstellt.

Ansonsten beschreibt sie die Erlangung der Fähigkeit zur Individuation anhand des Vollzugs primärer und sekundärer Identifikationen, zu dem taktile Erfahrungen wesentlich beitragen.
Während der ersten sechs Lebensmonate ermöglichen gerade taktile Erfahrungen die Entwicklung primärer Identifikationen des Kindes mit seiner Bezugsperson und bilden den Mechanismus der sekundären Identifikationen heran, die nach MAHLER zur Individuation bzw. zur Ausbildung der individuellen Eigenart des Kindes führen.
Die primären Identifikationen mit der Bezugsperson vollzieht das Kind auf der Basis taktiler Erfahrungen, indem es seine (taktilen) Bedürfnisse in Abhängigkeit des mütterlichen Körpers befriedigt und sich dadurch mit der Mutter identifiziert.

SPITZ[47] betont, daß es Kindern, die von ihren Müttern nicht die notwendige Befriedigung durch Berührung erhalten haben, nicht gelingt, die primären Identifikationen zu vollziehen.

Zum Erwerb des Gefühls, daß das Kind etwas anderes ist als seine Mutter, muß es diese jedoch vollziehen, sich von ihnen lösen und über sie hinwegleben.

Mit der Unterscheidungsfähigkeit zwischen sich und der Mutter erlangt das Kind schließlich auch die Fähigkeit, die sekundären Identifikationen zu vollführen, die ihm den Weg zur Autonomie und Unabhängigkeit bahnen.

Im Rahmen dieser Identifikationen, welche in der zweiten Hälfte des ersten Lebensjahres eintreten, ahmt das Kind dadurch, daß es von der Mutter geliebt und gepflegt wird, ihre „Methoden" nach. Es identifiziert sich mit ihnen und erwirbt dadurch Methoden und Geschicklichkeiten, die es letztendlich von der Mutter unabhängig machen.

Die Individuation beruht nach dieser Sichtweise also weitgehend auf den taktilen Erfahrungen des Kindes bzw. auf der Befriedigung seines Bedürfnisses nach Körperkontakt.

Auch nach AUCOUTURIER bzw. aus psychoanalytischer Sichtweise ist zur Erreichung der Fähigkeit zur Individuation des Kindes der vorherige Körperkontakt notwendig.

Für das Kind ist es sogar existentiell notwendig, die körperliche Beziehung mit der Bezugsperson als befriedigend und lustvoll zu erleben, denn nur dadurch kann es die zunehmende und unvermeindliche Auflösung des direkten Körperkontaktes meistern und über einen symbolischen Ersatz integrieren.

An die Stelle der vorwiegend körperlichen Kommunikationen müssen im Verlauf der kindlichen Entwicklung zunehmend mehr „symbolische" Kommunikationsformen treten, die dem Kind die Lösung von der Mutter und somit seine Individuation ermöglichen.

Der Kontakt mit der Mutter muß dann auch aus der Distanz über den Blick, die Stimme und die Geste aufrechterhalten werden können.

In der Wandlung vom körperlichen Kontakt zum distanzierten Kontakt spielt aus psychoanalytischer Sichtweise das sogenannte Übertragungsobjekt eine wesentliche Rolle[48].

Dieses Objekt ist ein Gegenstand, den die Mutter dem Kind reicht und welcher mit ihrer affektiven Präsenz behaftet ist. Dieser Gegenstand stellt gewissermaßen einen Ersatz bzw. ein Symbol der Mutter dar. Das Kind kann einen Teil seiner Gefühle auf ihn übertragen. Es trägt den Gegenstand überall mit sich herum und hält somit die Mutter gewissermaßen symbolisch in seiner Nähe, so daß ihm der Gegenstand eine echte Distanzierung von der Mutter und damit den ersten Schritt zur Selbstständigkeit ermöglicht.

Der Gegenstand fungiert also als Kontaktmittler und bewirkt, daß der direkte Körperkontakt allmählich aufgelöst werden kann, Kontakte in Form von Blickkontakten und akustischen Dialogen in den Vordergrund treten und daß das Kind sich zunehmend von der Mutter lösen kann.

Bei der Entfaltung des Menschen hin zu einer freien, autonomen und kreativen Persönlichkeit geht es nach AUCOUTURIER um ein Grundthema menschlichen Seins, das ein hohes Konfliktpotential in sich birgt.

Die Mutter-Kind-Beziehung muß seiner Ansicht nach als sensibles, aber auch fragiles Gebilde verstanden werden. Beide sind in ihrem gegenseitigen Verständigungsprozeß auf die Nähe des anderen angewiesen und müssen sich dennoch voneinander lösen.

Das Grundthema der menschlichen Beziehungen umfaßt demnach dabei Fragen wie:
Wie kann ich dem anderen nahe sein und dennoch meine Identität wahren bzw. entwickeln?

Nach AUCOUTURIER teilen sich alle menschlichen Beziehungen in zwei ambivalente Bedürfnisse auf: Einerseits in ein Bedürfnis nach Verschmelzung, das mehr oder weniger bewußt ist und sich ausdrückt über physisches (körperliches), affektives, intellektuelles, sexuelles Werben um den anderen; andererseits in ein Bedürfnis nach Identität, Unabhängigkeit und Freiheit, das stärker an das bewußte Ich gebunden ist und sich über Aggression, Opposition, Kreativität und Dominanz ausdrückt[49].

Foto 32: Sich umklammern lassen, der Enge aber auch wieder entkommen können.

Zusammenfassend kann festgehalten werden, daß zur Erreichung der Individuation und Selbständigkeit des Kindes einerseits der enge körperliche Kontakt mit der Bezugsperson und andererseits seine Lösung unabdingbare Voraussetzungen sind. In der „normalen" Entwicklung muß sich das Kind von der Mutter lösen, seine weitere Umwelt erkunden und nach und nach weitere Fähigkeiten erwerben, die es von der Hilfe der Bezugspersonen unabhängig machen.

Obwohl sich der Körperkontakt im Laufe der Individuation quantitativ reduziert, behält er im Leben des Menschen, insbesondere in bestimmten emotionalen Verfassungen (Angst, Trauer, Sorge, Unsicherheit, Liebe, Zuneigung) seine Bedeutung und bleibt für sein Wohlbefinden ein wesentliches Element.

Menschen haben ihr ganzes Leben lang das Bedürfnis nach Umarmungen; wenn ihre Gefühle – egal in welchem Alter – verletzt werden, wenn sie sich einsam, unsicher oder traurig fühlen oder ihrer Freude in besonderer Weise Ausdruck verleihen wollen.

Foto 33

Mit der Erlangung der Geschlechtsreife des Menschen gewinnt der Körperkontakt auch wieder an Quantität.

4. Die Lebensphasen der Kindheit, Jugend und Adoleszenz

Der Körperkontakt verliert zwischen Bezugsperson und Kind mit zunehmendem Alter des Kindes mehr und mehr an Quantität, wobei er seinen generellen Stellenwert und seine Bedeutung in bestimmten Situationen jedoch immer behalten wird.

Im Bereich des interpersonalen Körperkontaktes kann die für die emotionale Sicherheit des Kindes benötigte körperliche Nähe zur Bezugsperson zunehmend durch distanziertere Kontaktformen aufrechterhalten werden. Ungefähr ab dem dritten Lebensjahr ist das Kind in der Lage, längere Trennungen von der Bezugsperson zu ertragen; im Vertrauen darauf, daß sie unverlierbar ist und wiederkommt.

Auch wenn Körperkontakte nun seltener erfolgen, vermitteln sie dem Kind jedoch nach wie vor das Gefühl der Sicherheit und des Wohlbefindens und sind für seine physische und psychische Entwicklung weiterhin wichtig.

Im Bereich des intrapersonalen Körperkontaktes werden neben den taktilen Informationen Eindrücke durch die anderen Sinnesorgane des Kindes immer wesentlicher. Wahrnehmungen aller Sinnesorgane werden zunehmend integriert und liefern dem Kind vielfältige Informationen über sich, seine Umwelt und seine Mitmenschen.

Tastinformationen und taktiles Erleben sind zwar weiterhin wichtig, bilden aber nicht mehr die überwiegenden Grundlagen der kindlichen Erfahrungen. Trotzdem lassen sich auch in der Kindheit, Jugendzeit und Adoleszenz für die menschliche Entwicklung bedeutsame Fähigkeiten und Funktionen feststellen, die auf taktiler Grundlage aufbauen bzw. an deren Ausbildung taktile Stimulationen maßgeblich beteiligt sind.

Kindheit

In der Kindheit (zweites bis siebtes Lebensjahr) wirkt der Körperkontakt z.B. noch bei der Erkundung der weiteren Umwelt, der Entwicklung des Körperschemas, der Bewegungsplanung und an der Entwicklung kognitiver Fähigkeiten[50] mit.

In der psychosexuellen Entwicklung nach FREUD durchläuft das Kind in dieser Zeit die anale Phase (1,0 - 3,0 Jahre), in welcher die Afterregion die aktuelle erogene Zone bildet und die frühe genitale Phase (3,0 - 6,0 Jahre), in der die eigenen Genitalien zur erogenen Zone werden.

Spätere Kindheit

In der späteren Kindheit (7. - 12. Lebensjahr) dient der Körperkontakt in erster Linie der Erkämpfung von Rangpositionen innerhalb gleichaltriger

Gruppen oder Klassen, die überwiegend Jungen über Ringkämpfe und Raufereien, also meist negative Formen des Körperkontaktes, erlangen, und der Vorbereitung der Aufnahme heterosexueller Beziehungen. Mädchen nehmen gerne und unbefangener Kontakt zu Freundinnen auf, gehen eher händchenhaltend oder suchen die Nähe zu Tieren (Katzen, Hunden, Pferden), mit denen das Kontaktbedürfnis befriedigt werden kann.

Es kommt zu Körperkontakten im Rahmen von „gegenseitigen Hilfen, Quatschmachen, Neckereien, Ärgern und Zurechtweisen", die mit zunehmendem Alter verstärkt der Anbahnung sexueller Berührungen dienen[51].

Foto 34: Kuschelige Betten, beliebte Treffpunkte während einer Klassenfahrt.

OERTER faßt die Bedeutung körperlicher Kontakte bzw. Berührungen auf diesen Altersstufen folgendermaßen zusammen:

„Da körperliche Berührungen in unserer Kultur großenteils mit Zärtlichkeit und sexuellen Kontakten zusammenhängen, kann man annehmen, daß Körperkontakte in der 'Latenzphase' der schulischen Kindheit Vorformen des Vertrautwerdens mit dem anderen Geschlecht darstellen. Es gibt nach Beobachtungen der Autoren ein großes Repertoire an Berührungen zwischen Jungen und Mädchen: 'Vom leichten Streifen eines anderen beim Vorbeigehen bis zum verbissenen Kampf, vom Aneinanderkuscheln bis zum Wegschubsen wurde alles beobachtet' (OSWALD et al. 1985, S. 24). Im Jagdspiel der Zehnjährigen ist Berührung von Kindern des anderen Geschlechts notwendiger Bestandteil des Spiels und somit ein wichtiges Motiv, an dem Spiel teilzunehmen. Kitzeleien, Püffe und ernsthaftere Prügeleien müssen ebenfalls unter diesem Aspekt gesehen werden. Die Kinder schienen sich über mögliche sexuelle Deutung des Körperkontaktes zwischen Mädchen und Jungen klar zu sein, denn sie kommentierten diesbezügliche Körperkontakte und Raufereien entsprechend anzüglich. Im Laufe der Jahre scheint sich so etwas anzubahnen, wie ein 'Berührungsprivileg' des männlichen Geschlechts (STIER and HALL 1984). Mädchen können solche Berührungen zulassen oder ablehnen, sie müssen jeweils neu ausgehandelt werden.“[52].

Nach FREUD gelangt das Kind in diesem Alter in die sogenannte Latenzphase (6,0 – 12,0 Jahre), in welcher es zu einem scheinbaren Stillstand der libidinösen Impulse kommt. Tatsächlich kommt es jedoch nur zu einer Beruhigung, so daß sich in dieser Zeit Ansätze aus allen drei vorangegangenen Phasen in abgeschwächter Intensität vorfinden. Die sexuelle Entwicklung verlangsamt sich, wodurch die Aufrichtung einer Inzestschranke (diese schließt die geliebten Personen aus der Kindheit – Eltern – als Blutsverwandte ausdrücklich von der Objektwahl aus) und die Festigung des ödipalen Konfliktes (Geschlechterdifferenzierung) ermöglicht wird. Sexuelle Interessen treten gegenüber sachlichen zurück, wodurch diese Phase durch einen erheblichen Wissenserwerb in den Bereichen der Natur, der Gesellschaft, der sozialen Beziehungen und der eigenen Person gekennzeichnet ist. Die Latenzphase endet mit der Pubertät, welche dann die genitale Phase einleitet.

Körperkontakte in Form lustvoll erlebter taktiler Stimulationen spielen nach FREUD in dieser Phase nur eine untergeordnete Rolle. Sie kommen aber dennoch vor.

	Küssen		Brust-petting		Genital-petting		Koitus	
Alter	K	M	K	M	K	M	K	M
12 oder jünger	9	10	2	2	3	1	1	0

Selbstbefriedigung	Knaben	Mädchen
9 Jahre und früher	9	6
zwischen 10 und 12 Jahren	25	10 (Vorpubertät)

Abb. 11: Angaben über das Alter bei der Aufnahme verschiedener heterosexueller Aktivitäten in Prozenten (MECHLER 1977 in: SCHENK-DANZINGER 1991, 313).

Eine österreichische Studie von 1974 belegt z.B., daß ca. 10% der befragten Kinder bereits Erfahrungen mit Küssen aufweist und daß auch die Selbstbefriedigung bei 10-12jährigen einen ersten Höhepunkt erreicht.

Jugendalter
Im Jugendalter (12,0 – 20,0 Jahre), d.h. mit dem Beginn der Geschlechtsreife gewinnen Körperkontakte und taktiles Erleben wieder zunehmend an Bedeutung. Sie sind überwiegend sexuell ausgerichtet, wobei sich hier Masturbation als auch heterosexuelle Kontakte wie Küssen, Zungenküsse, Brustreizung über der Kleidung (leichtes Petting), Brustreizung unter der Kleidung, manuelle Reizung der Genitalien der Partner, genitale Apposition (wechselseitige Berührung der Geschlechtsteile) und geschlechtliche Vereinigung (Koitus) finden.
Nach SCHOFIELD bauen sich die heterosexuellen Beziehungen stufenförmig auf[53]:

1. Wenig oder gar kein Kontakt zum anderen Geschlecht.
2. Leichtes Petting: Zungenkuß und Brustreizung über der Kleidung.
3. Intensives Petting: Brustreizung unter der Kleidung, manuelle Reizung der Genitalien der Partner, genitale Apposition.
4. Koitus mit einem Partner.
5. Koitus mit mehr als einem Partner.

Die Abbildung zeigt das Alter bei Aufnahme verschiedener heterosexueller Aktivitäten (kumulative Verteilung) in Prozent auf.

Alter in Jahren	Küssen		Brust-petting		Genital-petting Junge aktiv		Genital-petting Mädchen aktiv		Koitus	
	J	M	J	M	J	M	J	M	J	M
12 (oder jünger)	9	9	2	2	3	1	3	1	1	0
13	23	28	10	8	7	5	6	3	1	1
14	44	53	25	22	19	14	12	9	4	3
15	66	73	45	45	37	32	28	22	11	10
16	76	83	59	63	52	50	41	39	23	22
17	82	87	65	71	58	60	48	50	32	31

Abb.12: Nach MECHLER 1977 in: SCHENK-DANZINGER 1991, 405.

Die Hauptfunktion der Sexualität wird von den meisten Jugendlichen in der Fortpflanzung und der Beziehung gesehen, wobei sich mit fortschreitendem Alter noch eine Verlagerung von der Fortpflanzungs- zur Beziehungsfunktion zeigt.
Mädchen bewerten die Beziehungsfunktion insgesamt höher als Jungen[54].

In der psychosexuellen Entwicklung nach FREUD gelangt das Kind im Alter von 12 Jahren in die genitale Phase (12,0 – 20,0 Jahre). Diese beginnt mit der Pubertät und leitet das Erwachsenenalter ein. Der Jugendliche sucht nun nach neuen potentiellen Liebesobjekten (bisher waren seine libidinösen Impulse auf die Eltern gerichtet), insbesondere nach Personen des anderen Geschlechts. In dieser Phase werden alle früheren erogenen Zonen wieder aktualisiert. Die Partialtriebe verschmelzen nun endgültig unter dem Primat der Genitalität und sind im normalen Fall der Entwicklung alle vorzufinden: Küssen, Beschauen, Betasten, Interesse an Körperöffnungen, Eindringen, Sich-Hingeben. Die typische Triebbefriedigung wird nun durch Koitus oder Masturbation erreicht. Der Autoerotismus des Sexualtriebes wird überwunden. Indem er nun auf ein Fremd-Objekt, den gegengeschlechtlichen Körper, gerichtet ist, wird er (in den meisten Fällen) heteroerotisch und die sexuelle Entwicklung des Menschen erreicht ihre endgültige Reife[55] .

Bei MONTAGU finden sich Hinweise darauf, daß sich das Tastempfinden in der Pubertät oder kurz darauf stärker denn je bemerkbar macht. Seinen Ausführungen nach besteht ein wesentliches Bedürfnis nun (wieder) darin, zu berühren und berührt zu werden, und zwar weniger, weil die Jugendlichen eine unpersönliche sensorische Anregung suchen, sondern vielmehr eine symbolische Erfüllung der Sehnsucht nach Nähe, Anerkennung, Beruhigung und Trost.

Foto 35: Bei der Ausschaltung des Gesichtssinnes verstärken sich die Tastempfindungen. Oft willkommene Spielformen für junge Leute, sich durch Nähe und Berührung wahrzunehmen.

Hier wird die Sexualität nicht nur als körperliche Lust oder in ihrer Funktion zur Fortpflanzung gesehen, sondern im Zusammenhang mit dem – wenn auch zeitweise nur latent – bestehenden Bedürfnis nach körperlicher Nähe, welches seinen Ursprung in der Kommunikation zwischen Kind und Bezugsperson hat.

„Man scheint Sexualität weitgehend als simples Medium, Triebspannungen zu lösen, nicht als tiefsten Akt der Kommunikation innerhalb einer differenzierten menschlichen Gemeinschaft zu betrachten. In mancher Hinsicht ist die sexuelle Verbindung eine Reproduktion der zärtlichen Liebe zwischen Mutter und Kind"[56].

Frühes Erwachsenenalter
Im Erwachsenenalter gehen viele junge Menschen feste Partnerbeziehungen ein, die eventuell in einer Elternschaft, d.h. Zeugung eigener Kinder münden[57].

Sexuell ausgerichtete Körperkontakte stehen dann (auch) im Dienst der Fortpflanzungsfähigkeit, behalten aber auch ihren Stellenwert für die Erfüllung des Bedürfnisses nach Nähe und Zuneigung.

Foto 36: In spielerischen Situationen wird bei jungen Leuten die Legitimation zum Küssen (z.B. durch Weiterreichen eines Eiswürfels) geschaffen.

Nach der Geburt eines Kindes ergeben sich Körperkontakte wieder in Form verschiedenartigster interpersonaler Berührungen zwischen Bezugspersonen (Vater/Mutter) und Kind (Stillen, Streicheln, Wickeln etc.).

Wenn die bisherige Sichtweise der Bedeutung des Körperkontaktes als vom Kind aus betrachtet wurde (die Bedeutung des Körperkontaktes für die Entwicklung des Kindes / Menschen), erfolgen sie dann gewissermaßen in „zweiter Generation".

5. Berührungen in der Entwicklung der Mutter-Kind-Beziehung (Bonding) während der Stillzeit

Da der zwischenmenschlichen Berührung von Mutter und Kind besondere Bedeutung zukommt, soll hier der psychosoziale Aspekt gerade in dieser frühen Phase gesondert dargestellt werden. Weiter oben wurde bereits anhand der Tierversuche HARLOW's und seiner Mitarbeiter beschrieben, daß angenehme Berührungsreize die Grundlage für den Aufbau einer befriedigenden Mutter-Kind-Bindung bilden, daß also auch die Fähigkeit, eine Bindung einzugehen, auf angenehmen körperlichen Kontakten zwischen dem Kind und seiner Mutter in der frühen nachgeburtlichen Phase beruht.

Der Prozeß der Mutter-Kind-Bindung wurde von den amerikanischen Pädiatrieprofessoren KLAUS, M. H. und John H. KENNELL seit den 70er Jahren wissenschaftlich erforscht und u.a. 1995 in ihrem Buch „Bonding. Building the Foundations of Secure Attachment and Independence" ausführlich beschrieben. „Bonding" ist zu verstehen „als eine einzigartige Beziehung zwischen zwei Menschen, die spezifisch ist und von langer Dauer". Es ist … „wichtig, zwischen Bund (bond) und Bindung (bonding) zu unterscheiden sowie zwischen Verbundenheit (attachment) und Verbundenheitsverhalten (attachment behavior). Elterliche Bande (bonds) können große zärtliche und räumliche Trennungen überdauern, obgleich oft äußere Anzeichen solcher Bande vielleicht gar nicht vorhanden sind [z.B. Küssen, Schmusen, liebevolles Betrachten, somit kontakbezogene Verhaltensweisen, die tiefe Zärtlichkeit für einen bestimmten Menschen ausdrücken, Anm. der Verf.]. Noch nach vierzig Jahren wird ein plötzlicher Hilferuf die Mutter zu ihrem Kind eilen lassen und sie wird eine Liebe und Nähe zu ihrem Kind spüren und zeigen, die so stark sind, wie im ersten Jahr seines Lebens"[59]. Zahlreiche Wissenschaftler, so u.a. der britische Kinderarzt und Psychoanalytiker D.W. WINNICOTT, befaßten sich mit der Beziehungsentstehung zwischen Mutter und Kind, ebenso René A. SPITZ, der die Folgen des ausbleibenden Kontaktes der Mutter zu ihrem Kind untersuchte. BOWLBY, WINNICOTT und Selma FRAIBERG stellten bei jungen Müttern enge Korrelationen zwischen selbsterlebter (bzw. entbehrter) mütterlicher, fürsorglicher Zuwendung und der Form der Weitergabe an ihre Neugeborenen fest; dieses „Modell"verhalten pflanzt sich auch nach Untersuchungen von Mary AINSWORTH in der nachfolgenden Generation fort.

Es ist selbstverständlich, daß wissenschaftliche Untersuchungen zur Entstehung der Mutter-Kind-Bindung (bonding) [und der Kind-Mutter-Bindung (attachment)] in der frühesten Lebensphase, also schon während der Schwangerschaft ansetzen, wobei der geburts- und postnatalen Phase bzw. der frühen Stillzeit besondere Aufmerksamkeit gewidmet wird. Zahlreiche Wissenschaftler (BRAZELTON, KLAUS und KENNELL, MARCOVICH u.a.) erläutern die damalige Ausgangssituation in den Kreißsälen und beklagen sie. „In dem Bemühen, sterile und sichere Entbindungstechniken für Mütter sowie technische und praktische Voraussetzungen für eine sichere und gründliche Betreuung der Neugeborenen zu entwickeln, umgaben wir den Entbindungsprozeß mit einer Aura der Pathologie, die medizinische Überwachung erforderte. Als allmählich Sicherheit und Sterilität bei der Geburt selbstverständlich wurden, wurde deutlich, daß wir die Bedeutung der Eltern dabei völlig außer Acht gelassen hatten"[60]

„Um das gesellschaftliche Klima z.Zt. unserer ersten Untersuchungen zu verstehen, muß man wissen, wie damals Entbindungsabteilungen und Neugeborenenstationen geführt wurden" .... Entbindungs- und Säuglingsstationen waren „aus Angst vor Infektionen räumlich voneinander getrennt" .... „Die Mikroben waren der Feind, deshalb wurden Eltern und andere Familienmitglieder, die sie einschleppen konnten, von den Säuglingen ferngehalten"[61].

Die unmenschliche Trennung von Mutter und Kind konnte jedoch nicht mehr lange aufrecht erhalten werden und mehrere Einflüsse (so die Unhaltbarkeit der Annahme bakterieller Infektionen durch frühen Kontakt des Neugeborenen mit den Eltern, die z.T. weniger rigiden Verfahren in Europa, die vom Bestreben der Kostensenkung herrührende erforderliche Kürzung der Verweildauer von Mutter und Kind in den Stationen, die Erkenntnisse namhafter Psychiater zur Bedeutung frühzeitiger Mutter-Kind-Kontakte") beschleunigten die Entwicklung und Akzeptanz neuer (im Prinzip natürlicher und selbstverständlicher) Wege in der Neonatologie. Für deren Entwicklung und Durchsetzung wurden wissenschaftliche Untersuchungen erforderlich. Im Rahmen solcher Forschungsarbeiten entwickelten KLAUS und KENNELL für die Mutter-Kind-Bindung beispielsweise folgende Stadien:
„– Planen einer Schwangerschaft
– Die Bestätigung des Schwangerseins

– Das Akzeptieren der Schwangerschaft
– Das Spüren der ersten Kindsbewegungen im Mutterleib
– Die Wahrnehmung des Fötus als separates Einzelwesen
– Die Erfahrung der Wehen
– Das Zur-Welt-Bringen
– Das Erblicken des Neugeborenen
– Das Berühren des Neugeborenen
– Das Sorgen für das Neugeborene
– Die Aufnahme des Säuglings als eigenständiges Individuum in die Familie" [62]

Für die Gestaltung der Mutter-Kind-Beziehung in den ersten Stunden des Lebens mit dem Neugeborenen kann die Kenntnis der kindlichen Biorhythmen wertvoll sein, da sich durch deren Berücksichtigung die Interaktionen besser gestalten lassen. Bei der Betrachtung der kindlichen Biorhythmen in der ersten Lebensphase des Neugeborenen lassen sich beispielsweise verschiedene Phasen erkennen. „Zwei Schlafstadien, ruhiger Schlaf und aktiver Schlaf, und drei Wachstadien, ruhig aufmerksam, aktiv aufmerksam und Schreien. Das sechste Stadium, Schläfrigkeit, bezeichnet den Übergang zwischen Schlaf und Wachsein"[63]. Das sensible Beobachten und Erspüren dieser Rhythmen sollte grundlegend für die Interaktionen der Mutter mit ihrem Neugeborenen werden, da die Bereitwilligkeit und die Fähigkeit des Neugeborenen zur Aufnahme externer Stimulationen (akustische, visuelle, taktile, gustatorische Reize) phasenabhängig sind und somit von demselben Neugeborenen gleichartige Reize in verschiedenen Phasen unterschiedlich intensiv oder gar nicht aufgenommen werden.

Das Neugeborene sammelt im ruhig-aufmerksamen Bewußtseinsstadium zahlreiche sensorische Eindrücke. Schon in den ersten vierzig Minuten nach der Geburt zeigt es diese Wachheit. Es schaut mit offenen Augen seine Eltern an und (er)tastet mit seinen winzigen Händchen den Körper seiner Mutter. Wenige Tage später erkennt es seine Mutter am Geruch. In diesem aufnahmefähigen Zustand befindet sich das Baby ca. 2 – 3 Stunden innerhalb eines kompletten Tages (24 Stunden); es ist seine Lernzeit und für seine Eltern die Gelegenheit, besonders bewußt und intensiv individuelle Beziehungen aufzubauen.

Nach der Entbindung angelegte Neugeborene – so hat die Hebamme R. LANG beobachtet – saugen nicht, sondern lecken an der Brustwarze. Sie erholen sich offenbar von den Anstrengungen der Geburt, sind aber offen für Sinneseindrücke aus der Umwelt. Schwedische Forscher beobachteten an Neugeborenen, die unmittelbar nach der (medikamentenfreien) Entbindung und nach dem zügigen Abtrocknen der Mutter auf den Bauch gelegt wurden, daß sie innerhalb von siebzig Minuten die Brust erreicht hatten und daran saugten. Man nimmt an, daß die Bewegungen des Kindes durch den Geruch der Brustwarze ausgelöst wurden (wurde die eine Seite mit Wasser und Seife gewaschen, kroch es zur anderen Seite, und umgekehrt).

Die enge Beziehung zwischen Mutter und Kind zeigte sich auch bei Müttern, deren Babys in der ersten Stunde nach der Entbindung ihre Brustwarzen mit den Lippen berühren konnten. Diese Mütter wollten ihre Neugeborenen länger auf den Zimmern behalten als Mütter, die diesen Kontakt erst später hatten. Neugeborene, die innerhalb der ersten neunzig Minuten nach der Geburt direkten Hautkontakt zu ihrer Mutter hatten, weinten sehr viel weniger als jene, die nach der Geburt ins Kinderbettchen gelegt wurden. Inwieweit die Entwicklung interaktiver Beziehungen zwischen Mutter und Kind von der Frühzeitigkeit des engen Körperkontaktes zur Mutter abhängt, zeigen Untersuchungen, bei denen Müttern zusätzliche Gelegenheit gegeben wurde, ihre Neugeborenen über das Stillen hinaus häufiger bei sich zu haben als jene, die ihre Kinder im Vierstundenrhythmus für eine zwanzigminütige Stillzeit bekamen.

Die Mütter, die ihre Babys in den ersten drei Tagen nach der Geburt sechzehn zusätzliche Stunden bekamen, „fütterten ihr Baby mit zärtlicherer Aufmerksamkeit und gingen auch liebevoller und geduldiger mit ihnen um als die Kontrollgruppe ..."[64]. Zudem erkannte man, daß das Anlegen des Babys an die Brust schon in der ersten Stunde nach der Entbindung zu erheblicher Reduzierung oder zum Ausschluß von Stillproblemen führte im Vergleich zu den Müttern, die diese Gelegenheit nicht hatten.

Die besonders positiven Bindungen durch die enge Kontaktaufnahme unmittelbar nach der Entbindung und in den ersten zwei Tagen danach stellten die Untersuchungen von Susan O'CONNOR heraus. Sie untersuchte ca. 277 Frauen aus einem sozial schwachen Umfeld: Während sie der einen Gruppe (134 Frauen) zusätzlich zwölf Stunden Kontakt zu ihren Babys in den ersten zwei Tagen nach der Geburt ermöglichte, wurde der anderen Gruppe (143 Frauen) der nur übliche Kontakt zugestanden. Die Untersuchungen ergaben, daß nach siebzehn Monaten in der Kontrollgruppe „ohne zusätzlichen Kontakt Mißhandlungen, Aussetzen und Vernachlässigungen der Kinder signifikant höher aufgetreten waren, als in der Gruppe, die den zusätzlichen Kontakt gehabt hatte, und zwar in dem Verhältnis 10 : 2[65].

Die Entwicklung der Mutter-Kind-Bindung vollzieht sich neben der taktilen Anregung auch über andere sensorische Stimuli, wie vestibuläre, auditive und olfaktorische. So riecht das Baby die mütterliche Brust während des Saugens und identifiziert dadurch seine Mutter. Es hört ihr Herz klopfen, da ein Ohr an der mütterlichen Brust anliegt: Liegt der Säugling an der

Herzseite der Mutter an, ist zudem sein linkes Ohr für den akustischen Schall offen, mit dem es die mütterliche Sprache wahrnimmt. Diese wird im limbischen System (in der rechten Gehirnhälfte) verarbeitet und mit Gefühlen gekoppelt. Die Bedeutung der gesprochenen Worte kann (von der linken Gehirnhälfte) nicht erkannt werden, weswegen dem emotionalen Ausdruck (Lautstärke, Tonfall etc.) eine besondere und prägende Funktion in der Beziehungsentwicklung zukommt. Neben den sensorischen und emotionalen finden sich auch zahlreiche physiologische (neurologisch-hormonelle) symbiotische Vorgänge, die in ihrer Gesamtheit interaktiv wirken und somit nur ganzheitlich betrachtet werden sollten. Dieser komplex gestaltete wechselseitige Beziehungsaufbau (bonding und attachment) hat in den ersten Stunden nach der Geburt prägenden Charakter und scheint nach bisherigen Erkenntnissen die Mutter-Kind-Beziehung auch für die folgenden Jahre maßgeblich mit zu beeinflussen.

KLAUS und KENNELL verweisen „auf eine kritische Phase, die für die Bindungserfahrung (bonding experience) besonders wichtig ist". Das bedeutet jedoch nicht, „daß alle Mütter und Väter innerhalb von wenigen Minuten gleich beim ersten Kontakt ein inniges Band (close tie) zu ihrem Neugeborenen entwickeln. Die Reaktion der Eltern ist nicht vorhersagbar und hängt nicht nur von individuellen Unterschieden zwischen den Betreffenden, sondern auch von den verschiedensten Einflüssen aus ihrer Umgebung ab. Wenn Eltern jedoch in der ersten Stunde nach der Geburt mit ihrem Neugeborenen allein sein können, wenn sie sich während des gesamten Krankenhausaufenthaltes nicht von ihm trennen müssen, wenn ihnen Unterstützung und Zuwendung zuteil wird, dann wird so eine Umgebung geschaffen, in der der Bindungsprozeß (bonding process) die besten Chancen hat" [66].

Für das leib-seelische Wohl und die Entwicklung des Säuglings ist die qualitative Gestaltung des symbiotischen Kontaktes während und nach dem Stillen von grundlegender Bedeutung. So wird die sensible Mutter im Anschluß an die Stillphase oder auch zu anderen Anlässen ihr Baby wiegend auf dem Arm oder an die Schulter gelehnt tragen, es leicht und sanft schaukeln und ihm die (vestibulären) Stimulationen geben, die es in der pränatalen Zeit im Leib der Mutter erleben durfte; sie umgibt den Säugling mit einer schützenden, wärmenden Hülle: ihren Armen, ihrer Brust und ihrem zugeneigten Gesicht. Sie wird es ansehen, vielleicht mit Worten oder Melodien besänftigen – sofern es nötig ist – und es stets dabei in ihren Armen wiegen. Der Säugling fühlt sich dabei geborgen, getragen, bei seiner Mutter wohl aufgehoben; Erinnerungen und Empfindungen aus der intrauterinen Entwicklungszeit werden dabei wachgehalten und vermitteln jene fundamentalen Eindrücke, die auch im späteren Leben aufrecht erhalten bleiben (vgl. Foto S. 172).

Beendet die Mutter ihre fürsorglichen Rituale und legt ihren Säugling in das Kinderbettchen, wird er diese Umstellung als plötzlichen Verlust der Bezugsperson Mutter empfinden können. Vor mehreren Generationen pflegten die Mütter daher ihre Babys in eine Wiege zu legen, die durch ihre gelegentliche oder regelmäßige Hin- und Herbewegung dem Kind das Gefühl vermittelte, nicht allein zu sein und ähnliche Reize setzte, wie sie beim Getragenwerden vorkommen. Taktile und vestibuläre Stimulationen bewirken häufig dasselbe: sie beruhigen und spenden Trost. Leider finden wir heute die Wiege eher als dekoratives Möbelstück und betrachten sie seltener als eine entwicklungspsychologisch wertvolle Hilfe.

Foto 37: Neben den sanften taktilen Reizen erhält der Säugling in der Federwiege auch vestibuläre Stimulationen, die durch vertikale und rotatorische Bewegungen der Wiege verursacht werden.

6. Zusammenfassung

Das taktile Bedürfnis bzw. taktile Erleben und auch die Bedeutung des Körperkontaktes in der Entwicklung und für die Entwicklung des Menschen verändern sich im Laufe fortschreitender Lebensabschnitte qualitativ und quantitativ.

Taktiles Bedürfnis und Erleben durchlaufen in Bezug auf Qualität, Quantität und richtiger zeitlicher Einteilung beim Neugeborenen, Säugling, Kind, Heranwachsenden und Erwachsenen gewissermaßen eine Skala verschiedener Intensitäten.

„Das Bedürfnis nach peripherer Hautstimulation dauert so lange wie das Menschenleben, aber es ist am intensivsten und wesentlichsten in der frühen Phase der reflektiven Verbindung. (...) Gewiß ist, daß das noch kleine Kind in dieser Phase einer optimalen Befriedigung seiner sinnlichen – oralen oder taktilen – Nöte bedarf. Darum sind die Jahre, in denen das Kind noch nicht spricht, als eine kritische Periode innerhalb des taktilen Lernens zu betrachten. Von diesem Zeitpunkt an nehmen die taktilen Kontaktbedürfnisse ab, trotzdem aber muß diese Stimulation, dem Alter und den sich entwickelnden Bedürfnissen entsprechend, weiterbestehen."[69].

Das taktile Kontaktbedürfnis ist in der frühen Kindheit besonders ausgeprägt, und in dieser Lebenszeit ist der Körperkontakt auch an der Entwicklung zahlreicher Fähigkeiten und Funktionen, die für das Kind lebensnotwendig sind, beteiligt.

Foto 38

Aus diesem Grund schlagen GISS et al. sogar vor, die erste Phase der menschlichen Entwicklung als „dermatale Phase" zu bezeichnen[70].

Im Laufe der Kindheit reduziert sich das Berührungsbedürfnis, und das Kind wird immer weniger vom physischen Kontakt mit seiner Bezugsperson abhängig. Das Gefühl der Sicherheit, welches ihm der enge körperliche Kontakt mit der Bezugsperson gab, kann immer mehr durch distanziertere Kontaktformen aufrechterhalten werden.

Mit fortschreitender Entwicklung des Kindes nimmt das taktile Erleben und die Beteiligung des Körperkontaktes an der Ausbildung von Fähigkeiten und Funktionen ab; die Informationen durch andere Sinnesorgane gewinnen zunehmend an Bedeutung.

Während in der sogenannten Latenzphase taktiles Erleben und Körperkontakte kaum noch von Bedeutung sind, erfahren sie einen neuen Höhepunkt mit dem Beginn der Pubertät meist in Form sexueller bzw. zärtlicher Körperkontakte.

Im Erwachsenenalter bleiben diese Kontakte von relativ gleichbleibender Bedeutung, erfahren mit der Geburt eigener Kinder wieder eine qualitative Änderung; sie erfolgen dann intensiv zwischen Bezugsperson und Kind.

Berührungen behalten stets ihren generellen Stellenwert im Leben des Menschen und sind und bleiben für sein Wohlbefinden von großer Bedeutung.

„Es gibt (...) keinen vernünftigen Grund für die Annahme, daß Erwachsene keinen Körperkontakt mehr benötigen."[71].

LEIBOLDS Ausführungen zufolge wird auf Grund der bisherigen Erkenntnisse sogar angenommen, daß viele seelische und körperliche Krankheiten wie z.B. Krebs oder die verbreitete soziale Vereinsamung auf einem Mangel an Körperkontakt im Erwachsenenalter beruhen.

VI. Der Mangel an Berührungen und seine Folgen

In den vorherigen Kapiteln wurden bereits Auswirkungen genannt, die sich bei fehlendem oder zu geringem Körperkontakt und taktilen Stimulationen im Leben des Menschen, insbesondere in der Kindheit, zeigen können. Zur Verdeutlichung der vielseitigen Folgen des in der Kindheit erlebten Mangels an Berührungen sollen diese in nachstehender Übersicht dargestellt werden.

Analog der Einflußnahme des Körperkontaktes auf die organische und psychische Entwicklung des Menschen lassen sich organische und psychische Folgen unterscheiden, wobei sich diese schon in der Kindheit manifestieren können.

Der hier stets positiv verstandene Körperkontakt beinhaltet sowohl taktile Stimulationen als auch soziale und emotionale Komponenten (Elternliebe, Zuwendung, Körpernähe etc.).

Die Aufstellung erhebt keinen wissenschaftlichen Anspruch: Sie faßt die Schwerpunkte, mit denen sich die genannten Autoren befaßt haben, tabellarisch zusammen. Die folgenden organischen bzw. psychischen Mängelerscheinungen können im Zusammenhang mit reduziertem oder fehlendem Körperkontakt auftreten; sie stehen aber nicht zwingend in einem nachweisbaren, wissenschaftlich begründeten Zusammenhang.

Organische Folgen	Quellenhinweise
– Störungen bzw. Erkrankungen der Atemwege, des urogenitalen und gastrointestinalen Systems (z.B. Erkrankungen und Leiden des Nasen-Rachenraumes, spätere Beherrschung der Darm- und Blasenschließmuskeln, Ernährungsschwierigkeiten	SHIRLEY 1939; DRILLIEN 1959 in: MONTAGU 1992, 46 f.
– Hyalinmembrankrankheit	KIMBALL and OLIVER 1964 in: MONTAGU 1992, 48
– flache Atmung, Asthma	z.B. MONTAGU 1992, 76
– Koliken, Ausscheidungs–schwierigkeiten, Erbrechen	RIBBLE 1941 in: MONTAGU 1992
– Retardierungen in der sprachlichen und manuellen Entwicklung sowie in der Fortbewegung und der Haltung	SHIRLEY 1939 in: MONTAGU 1992, 47

Organische Folgen	Quellenhinweise
– sprachliche Defekte	z.B. PIEPER et al. 1964
– Erkrankungen der Lymph- und Blutgefäße	GREENE 1958 in: MONTAGU 1992, 104
– biochemische Folgen: weniger Serumeiweiß und Serumcalcium, höherer Kaliumspiegel bei Kindern nach Kaiserschnittentbindungen	OLIVER et al. 1961, in: MONTAGU 1992, 49
– Anfälligkeit gegenüber Infektionen und anderen Erkrankungen bzw. verminderte Immunität	MONTAGU 1992; SOLOMON et al. 1968 in: JORASCHKY 1983
– geringes Gewicht und schlechtere Gewichtszunahme bei Frühgeburten	AYRES 1992; FREEDMAN et al. 1960, in: MONTAGU 1992, 105
– schlechtere Gewichtszunahme bei schon älteren Kindern	TEMERLIN 1967
– gestörtes Knochenwachstum und Wachstumsretardierungen	PATTON und GARDNER 1968 in: MONTAGU 1992, 148
– schlechtere neurologische und geistige Entwicklung bei Frühgeburten	AYRES 1992
– Hauterkrankungen	GIELER 1986; MONTAGU 1992
– keine rosige und feste, sondern schlaffe Haut	SPITZ 1965, in: MONTAGU 1992, 147
– Allergien	ROSENTHAL 1952, in: MONTAGU 1992, 160

Psychische Folgen	Quellenhinweise

– anaklitische Depression,
  Hospitalismus-Syndrom,
  Marasmus
	z.B. SPITZ 1945 / 1946 a, b, / 1967;
	MOOG / MOOG 1972;
	MONTAGU 1992
	RAUH 1987;

– geringe Konzentrationsfähigkeit,
  Erregbarkeit, Nervosität,
  Furchtsamkeit, Schüchternheit,
  übersteigerte Aktivität, Daumen-
  lutschen, Überempfindlichkeit
  gegenüber Geräuschen, negatives
  Verhalten als Folgen der nicht
  vorhandenen Hautstimulationen
  durch die Uteruskontraktionen
  bei Frühgeburten.
	SHIRLEY 1939
	in: MONTAGU 1992, 47

– Trägheit, Reaktionsschwäche
  als Folgen der Kaiserschnittent-
  bindung
	Mc KAY et al. 1959
	in: MONTAGU 1992, 48

– geringere vitale Schreikapazität
  bei Babys nach Kaiserschnitt-
  entbindungen
	MONTAGU 1992, 48 in:
	SEGAL in: OLIVER 1966

– Unbeständigkeit in der
  Mutter-Kind-Beziehung
  bzw. Mutter-Kind-Bindung
	RAUH 1987;
	MONTAGU 1992
	SCHENK-DANZINGER 1993

– Angsterscheinungen und emotionelle Schwierigkeiten	MONTAGU 1992

– Mutterfixierungen, Regressionen,
  Trichotillomanie
  (krankhaftes Haareausreißen)
	LACOMBE 1959
	in: MONTAGU 1992

– Gemütskrankheiten	MONTAGU 1992, 100
– Schlafstörungen	FREUD, A. 1954; in: MONTAGU 1992, 123 f.

– Ersatzhandlungen
  (Masturbation, Zehen-, Finger-,
  Daumenlutschen, Spielen an
  Ohren und Nase)
	MONTAGU 1992, 134

– gestörtes taktiles Verhalten	SHEVRIN und TOUSSIENG 1965; in: MONTAGU 1992, 146 f.

Psychische Folgen	Quellenhinweise
– mangelndes Sicherheitsgefühl	MONTAGU 1992; AYRES 1992
– Schwierigkeiten beim Vollzug der primären und sekundären Identifikationen	SPITZ 1965 MONTAGU 1992, 154
– Schizophrenie	MONTAGU 1992
– Mangel an Kontakt- und Empfindungsfähigkeit, Fehlen an Identität, Absonderung, Gefühlsschwäche, Gleichgültigkeit	MONTAGU 1992, 160
– Kasper-Hauser-Komplex (Ausdruck einer Kontaktstörung bei mangelnder Kommunikation, auch taktiler Kommunikation)	GIELER 1986
– Beeinträchtigungen in der sexuellen Entwicklung	MONTAGU 1992
– mangelnde Fähigkeit, anderen gegenüber Liebe und Zärtlichkeiten zu zeigen	MOOG / MOOG 1972; MONTAGU 1992
– Grobheit und Ungeschicklichkeit des Mannes bei sexuellen Annäherungen	MONTAGU 1992, 134
– sexuelle Abnormitäten (Exhibitionismus, Homosexualität, übersteigertes Verlangen nach sexuellen Kontakten)	MONTAGU 1992
– autistisches Verhalten	JUHAN 1997; MONTAGU 1992
– depressives Verhalten	JUHAN 1997
– Hyperaktivität	
– Drogenmißbrauch	
– Gewalttätigkeit	
– Aggression	

In Anbetracht der vielfältigen Folgen des Mangels an positivem Körperkontakt stellt sich auch die Frage nach den konkreten Auswirkungen überwiegend negativ erfahrenen Körperkontakts, wie er z.B. bei körperlichen oder sexuellen Mißhandlungen von Kindern vorkommt.

Nach ENGFER[1] umfaßt körperliche Mißhandlung von Kindern („child abuse") Schläge oder andere gewaltsame Handlungen wie Stöße, Stiche, Schütteln, Verbrennungen etc., die beim Kind zu körperlichen Verletzungen führen können.

Unter sexuellem Mißbrauch von Kindern („sexual abuse") versteht sie die Beteiligung abhängiger, noch unausgereifter Kinder und Jugendlicher an sexuellen Aktivitäten, denen sie deshalb nicht verantwortlich zustimmen können, weil sie diese in ihrer Tragweite noch nicht voll erfassen können.

Von sexuellem Mißbrauch wird ihrer Ansicht nach vor allem deshalb gesprochen, weil in der Regel ein mit den Kindern bekannter oder verwandter männlicher Erwachsener die Kinder und Jugendlichen zur eigenen sexuellen Stimulation benutzt und das vorhandene Macht- und Kompetenzgefälle zum Schaden der Kinder mißbraucht[2].

Der sexuelle Mißbrauch kann dabei von Berührungen bis zur Vergewaltigung gehen und unter Zwang, Gewalt und Erpressung stattfinden[3].

Mit negativen Formen des Körperkontaktes wie körperlichen und sexuellen Mißhandlungen gehen Schmerzen, negative Gefühle und Empfindungen bzw. körperliche und seelische Qualen einher, so daß sich diese Formen negativ auf die Entwicklung des Menschen auswirken.

Als Folgen dieser Formen des Körperkontaktes wurden bereits der Aufbau von Angstgefühlen, Unsicherheit und Mißtrauen genannt.

In ihrer Definition der körperlichen Mißhandlung nennt ENGFER als direkte Folge der Mißhandlung weiterhin körperliche Verletzungen. Dies können z.B. Knochenbrüche, Hämatome, Brandwunden oder Striemen sein. Auch bei der sexuellen Mißhandlung können derartige Verletzungen auftreten.

Mittel- bis langfristige Folgen körperlicher und sexueller Mißhandlungen sind:
- bleibende körperliche Beeinträchtigungen als Folge der zugeführten Verletzungen
- körperliche und geistige Retardierungen bis hin zu manifesten Behinderungen
- psychosomatische Beschwerden wie diffuse Schmerzen, Unterleibsschmerzen, Hautkrankheiten, Allergien
- Auswirkungen auf die sozial-emotionale Entwicklung, die sich in Form verschiedenartigster Verhaltensauffälligkeiten zeigen:

- extreme Schuldgefühle
- zwanghafter Selbstbeschuldigungsdrang
- tiefgreifende Beeinträchtigung der Lebensfreude und des Selbstwertgefühls
- Anpassungsbereitschaft, Angst, Unruhe, Erregbarkeit, Überempfindlichkeit, Gehemmtheit, Apathie bis hin zum pseudoschwachsinnigen Verhalten, Wutanfälle, Hyperaktivität, Ticks, Enuresis, Depressionen
- Bindungsunfähigkeit, aggressives Verhalten, sexualisiertes Verhalten, Prostitution, Vermeiden intimer Beziehungen, gehemmter Umgang mit eigenen Kindern, Magersucht oder Fettleibigkeit

Eine weitere Auswirkung körperlicher und sexueller Mißhandlung, die sowohl die erlittenen körperlichen als auch die seelischen Qualen miteinschließt, ist die Posttraumatische Belastungsstörung (engl.: Posttraumatic Stress Disorder).
Dabei handelt es sich um eine Angstreaktion aufgrund eines (oder mehrerer) belastenden Ereignisses, das sich außerhalb des Bereichs der gewöhnlichen menschlichen Erfahrung befindet und das für fast jeden eine starke Belastung darstellen würde[4].
Nach CONRAD sind von dieser Störung u.a. mißhandelte Kinder, Opfer von Vergewaltigungen und Überlebende einer Folter betroffen.
Die Störung äußert sich hauptsächlich durch die in folgender Übersicht dargestellten Symptome (siehe Abb. 13).

Bezüglich des negativen Körperkontaktes und den damit einhergehenden Schmerzen behauptet MONTAGU, daß das Schlagen die Haut im Empfinden des Kindes bzw. des Menschen in ein Organ des Schmerzgefühls statt in eines des Behagens verwandelt. Durch die mit dem Schlagen einhergehenden Schmerzen wird dem Kind seiner Meinung nach das Behagen und das angenehme Gefühl, das ihm die Haut vermittelt, geraubt.

An anderer Stelle führt er aus, daß durch körperliche Züchtigung die Haut nicht nur zum Ziel und Medium schmerzlicher Erfahrung wird, sondern zum Organ, das direkt mit Ärger, Strafe, Sünde, Angriffslust und Unart in Verbindung gebracht wird.
„Prügeln und Schlagen werden oft benutzt, um ein Kind zu strafen, wobei man seine taktuelle Empfindlichkeit benutzt, um ihm Leiden zuzufügen, ihm sein gewöhnliches emotionales Gleichgewicht zu nehmen und statt dessen Schmerz zu bereiten."[5]
Als Folge massiv erlebter negativer Formen des Körperkontaktes, die mit starken Schmerzen einhergingen, ist gerade von Überlebenden einer Folter bekannt, daß diese häufig Teile ihres Körpers, die besonders starken Schmerzen ausgesetzt waren, nicht mehr als dazugehörig wahrnahmen.

Kriterien und Folgen

Die Person hat ein Ereignis erlebt, das „jenseits der normalen menschlichen Vorstellung liegt und für nahezu jeden außergewöhnlich quälend ist".

Das traumatische Ereignis wird dauernd wiedererlebt: wiederkehrende und eindringliche, quälende Erinnerung an das Ereignis, wiederkehrende, quälende Träume über das Ereignis

- Plötzliches Verhalten oder Fühlen, als würde sich das traumatische Ereignis wiederholen (einschließlich Illusionen, Halluzinationen und Flash-Back-Erlebnissen, auch beim plötzlichen Erwachen oder in der Betäubung)
- intensive psychologische Leiden, wenn man Ereignissen ausgesetzt ist, die an Aspekte des traumatischen Ereignisses erinnern oder dieses symbolisieren.

Langes Vermeiden von Reizen, die mit dem Trauma in Verbindung gebracht werden oder generelle Abstumpfung. Bemühungen, Gedanken und Gefühle zu vermeiden, die mit dem Trauma in Zusammenhang stehen.

- Berührungen, Handlungen oder Situationen zu vermeiden, die Erinnerungen an das Trauma hervorrufen. Unfähigkeit, sich an einen wichtigen Aspekt des Traumas zu erinnern (psychogene Amnesie)
- Deutlich vermindertes Interesse an bedeutsamen Aktivitäten
- Gefühl der Einsamkeit oder der Isolation, begrenzte Fähigkeit, Gefühle auszuleben, wie z.B. Liebesunfähigkeit
- Gefühl einer geringen Zukunftsperspektive.

Anhaltende Symptome der erhöhten Erregbarkeit (die vor dem Trauma nicht da waren)

- Einschlaf- oder Durchschlafstörungen
- Reizbarkeit oder plötzlich auftretender Zorn (Jähzorn)
- Konzentrationsschwierigkeiten, überhöhte Wachsamkeit
- Körperliche Reaktionen auf Ereignisse, die an Aspekte des traumatischen Ereignisses erinnern oder dieses symbolisieren.

Abb. 13: Posttraumatic Stress Disorder, nach: DSM-IV-R-Kriterien für die Posttraumatic Stress Disorder der Amerikanischen Psychiatrischen Vereinigung, 1996. Aus: CONRAD 1997, 460.

Werden Überlebende der Folter gebeten, ihren eigenen Körper zu zeichnen, kommen häufig starke Störungen des Körperschemas zutage. Körperteile, auf die dauerhaft starke Schmerzen einwirkten, werden nicht mehr als zum Körper zugehörig empfunden; sie werden in den Zeichnungen des Körpers einfach ausgelassen.

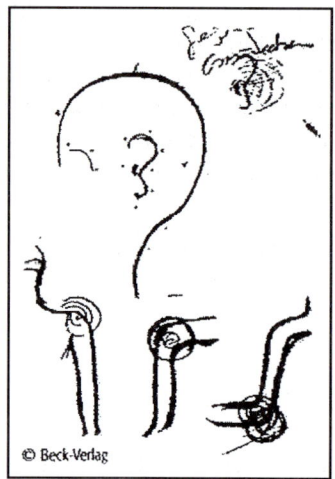 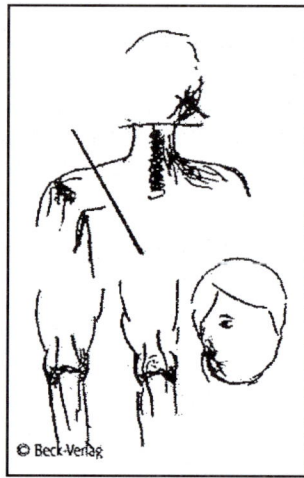

Abb. 14: Körperzeichnungen von Folteropfern (aus: CONRAD 1997, 462).

Diese Menschen sind – im wahrsten Sinne des Wortes – körperlich und psychisch gebrochen.

Die Störung kann prinzipiell als Auswirkung massiv und dauerhaft erlebter Formen negativen Körperkontaktes betrachtet werden. Sie steht in direktem Zusammenhang mit erlittenen Schmerzen, und so kann sie grundsätzlich auch bei körperlicher und sexueller Mißhandlung von Kindern auftreten.

Die beschriebenen Folgen körperlicher und sexueller Mißhandlung zeigen, daß negative Formen des Körperkontaktes, die vom Kind massiv und überdauernd (manchmal reicht jedoch auch schon ein Erlebnis der Gewaltanwendung) erlebt werden, gravierende negative Folgen sowohl für die organische als auch für die psychische Entwicklung der Kinder haben.

VII. Berührungen in pädagogisch-therapeutischen Bezügen

Die Tatsachen, daß Körperkontakte bzw. kutane Stimulationen für die gesunde organische und psychische Entwicklung des Menschen unabdingbar sind und daß das Fehlen bzw. ein Mangel an in der Kindheit erfahrenem Körperkontakt oder überwiegend negativ erfahrener Körperkontakt zu gravierenden Folgeschäden in der Entwicklung des Menschen führt, verlangt nach der Beantwortung der Fragen, ob ein Mangel an Körperkontakt kompensierbar ist, ob die Folgen des Mangels an Körperkontakt bzw. negativen Körperkontaktes therapeutisch neutralisiert werden können und ob und wie Körperkontakt in therapeutischen Bezügen genutzt wird.

1. Möglichkeiten der Kompensierbarkeit des Mangels an Berührungen

Kompensierbarkeit ist zu verstehen als ein „Aufholen" bzw. Beheben der durch mangelnden Körperkontakt verursachten Folgeschäden mit einfachen „Mitteln" wie z.B. durch nachträgliches Zuführen von positiven Körperkontakten.
Bei den oben beschriebenen Tierversuchen (vgl. S. 56f) wurde aufgezeigt, daß die Ratten aus HAMNETT'S Kontrollgruppe (wenig oder gar nicht kutan stimulierte Tiere), die nach der Entfernung der Nebenschilddrüsen in die Versuchsgruppe (kutan stimulierte Tiere) übergeben wurden, sich in der Folge des dort erfahrenen Körperkontaktes dann ebenfalls als widerstandsfähiger gegenüber den Auswirkungen der Drüsenentfernung erwiesen; ähnlich wie die Tiere, die von vornherein zärtlich gehandhabt wurden.

Auch am Verhalten der nicht-kutan stimulierten Tiere wurde sichtbar, daß diese zuvor verängstigten, furchtsamen, angespannten Ratten aufgrund der zärtlichen Behandlung, die sie nach der Übergabe in die Versuchsgruppe erfuhren, zunehmend zahmer und entspannter wurden.
Der Mangel an Körperkontakt und seine Folgen war bei diesen Tieren also kompensierbar; die Folgeerscheinungen konnten durch das nachträgliche Zuführen von Körperkontakt behoben werden.

Erkenntnisse der Kompensierbarkeit des Berührungsmangels beim Menschen liegen aus zahlreichen Untersuchungen und Beobachtungsstudien vor.
Bei Frühgeborenen, die ohne vorherige Wehentätigkeit zur Welt kommen, fehlen – wie schon erwähnt – die Hautstimulationen um den Körper des Fötus, die sonst mit dem normalen Geburtsprozeß einhergehen.

Frühgeborene Kinder, die in Inkubatoren versorgt werden müssen, sind i. d. R. sensorisch unterstimuliert. Normalerweise hätten sie im Mutterleib noch wichtige Berührungs-, Gleichgewichts- und Bewegungsreize erhalten.

In Bogota waren Ärzte aus purer Not gezwungen, Babys zu zweit in einem Brutkasten zu pflegen. Alternativ versuchten sie, Frühgeborene der Mutter zur ständigen Fürsorge an die Brust zu geben[1] (vgl. Kapitel IV, S. 87ff).

Der Erfolg dieser Methode erwies sich als erstaunlich: die Säuglingssterblichkeit ging zurück; Atempausen, die das Leben Frühgeborener gefährden, traten bei diesen in engem Körper- und Hautkontakt lebenden Kindern seltener auf.

Der durch das Leben im Brutkasten und durch die Geburtssituation (z. B. Kaiserschnitt) hervorgerufene Mangel an Haut- und Körperkontakt kann also einen Ausgleich erfahren, so daß Entwicklungsverzögerungen oder -störungen verhindert, reduziert oder ihnen vorgebeugt werden können[2].

Auch die Hospitalismuserscheinungen bzw. Entwicklungsrückstände, die aufgrund emotionaler, sozialer und sensorischer (taktiler) Deprivation im Zusammenhang mit Muttertrennungen bzw. Heim- oder Krankenhausaufenthalten auftraten, erwiesen sich als bis zu einem gewissen Grad kompensierbar, wobei die Kompensationsfähigkeit bzw. die Reversibilität des Pflegeschadens von der Dauer und der Intensität der erfahrenen Deprivation abhängig war bzw. ist.

Nach SPITZ's[3] Beobachtungen erholt sich ein Säugling nach nur drei Monate andauernder Mutterentbehrung (ohne adäquaten Ersatz in Form einer „Bemutterung" durch eine Ersatzperson) rasch wieder.

Die Zeit vom vierten bis fünften Monat nach der Trennung stellt für SPITZ ein Übergangsstadium dar, in welchem sich die Symptome des Kindes stetig verschlimmern. Wird das Kind in dieser kritischen Periode in die Obhut der Mutter zurückgegeben oder erfährt es einen adäquaten „Mutterersatz", verschwindet die Störung jedoch wieder.

Irreversible Schäden treten bei einer Mutterentbehrung auf, die fünf Monate übersteigt. Die Folgen einer derart langen Trennung können seiner Ansicht nach durch Wiederherstellung eines engen persönlichen Kontaktes zwar etwas gebessert werden, aber nicht mehr völlig ausheilen.

Zu den Ausführungen von SPITZ wenden MOOG / MOOG[5] ein, daß diese von ihm erfaßte „Regel" nur für jene Fälle schwerster Deprivationen gilt, wie sie von SPITZ untersucht wurden.

In Anlehnung an GLASER und EISENBERG[5] und unter Bezugnahme auf weniger schwere Fälle von emotionalen, sozialen und taktilen Deprivationen betonen sie, daß die Milderung der Entwicklungsstörungen durch die

Herstellung eines engen und dauernden Kontaktes zu einer Bezugsperson auch dann noch möglich ist, wenn die Trennung von der Mutter / Bezugsperson länger als fünf Monate gedauert hat. Irreversible Schäden treten ihren Ausführungen zufolge erst sehr viel später auf.

Die Untersuchungsergebnisse zur Reversibilität sozialer, emotionaler und sensorischer Deprivationsfolgen fassen sie wie folgt zusammen:

„Je nach dem Grad und der Dauer der Deprivation können alle Ausprägungsgrade von Schädigungen entstehen. Die Entwicklungsstörungen, die sich aus einer wenige Wochen dauernden Muttertrennung ergeben, können im allgemeinen durch anschließende Bemutterung behoben werden. Wird ein Kind schon in den ersten Lebensmonaten in ein Heim eingewiesen und bleibt es dort für mindestens drei Jahre, ohne zu einer Pflegeperson eine dauerhafte und enge emotionale Bindung aufzubauen, können Entwicklungsschäden im konativen und kognitiven Bereich entstehen, die in der Regel nicht völlig ausheilen."[6]

Der Mangel an Körperkontakt ist also, sofern er ein bestimmtes Maß an Dauer und Intensität nicht überschreitet, prinzipiell kompensierbar. Die genannten Belege weisen darauf hin, daß die Kompensation des erfahrenen Mangels bzw. die Reversibilität von Folgeschäden durch ein späteres Erleben von Körperkontakt erfolgen kann.

Zur Behebung bzw. Aufarbeitung der Folgen schwerer Formen von Deprivationen und negativer Formen des Körperkontaktes wie sie u.a. mit körperlichen und sexuellen Mißhandlungen einhergehen, reicht ein „Nachholen" des Erlebens positiver Körperkontaktformen meist nicht aus. Hierzu bedarf es gezielter therapeutischer Hilfen.

2. Therapeutische Aufarbeitung der Folgen negativ erlebten Körperkontaktes

Die Folgen sexueller und körperlicher Mißhandlungen versucht man schon seit langer Zeit mit Hilfe therapeutischer Methoden aufzuarbeiten. Als mögliche Therapieformen werden z.B. Verhaltenstherapien, Spieltherapien, Familientherapien, Körpertherapien[7] angewendet.

Die Beschreibung der therapeutischen Aufarbeitung gravierender Folgen des in der Kindheit nur mangelhaft erlebten Körperkontaktes erweist sich als schwierig, da die zahlreichen genannten Folgen auch durch andere Ursachen bedingt sein können.

Die therapeutische Einflußnahme bei derartigen Störungen bedarf einer genauen Anamnese bzw. der Suche nach den Ursachen. Daran anknüpfend kann die Wahl einer geeigneten Therapieform erfolgen, die neben anderen therapeutischen Vorgehensweisen, Themen und Inhalten auch den Mangel an Körperkontakt thematisieren und Körperkontakt auch therapeutisch nutzen kann.

„WAAL berichtete über die Massage-Therapie bei einem offensichtlich autistischen Jungen. Der Therapeut massierte den Patienten zart, beinah mütterlich mit den zusätzlichen Stimuli rhythmischen Tätschelns, sehr zartem Streicheln und Kitzeln. (...) WAAL stellte fest, daß die Therapie zu einer wesentlich rascheren Reife und zum Durchbrechen des autistischen In-sich-zurück-Ziehens führte. Die Therapie scheint eine schnellere Wirkung zu haben als alle bisher angewandten Methoden."[8]

Auch AYRES[9] benutzt in der Behandlung autistischer Kinder taktile Stimulationen. Sie betont, daß starke Druckberührungen die Art von Tastempfindungen sind, die oft eine positive Reaktion bei autistischen Kindern erzeugen. Ihren Ausführungen nach mögen es autistische Kinder, zwischen zwei Matten zu liegen oder einen schweren Gegenstand wie z.B. ein großes Polster über sich hinwegrollen zu lassen. Der starke Druck veranlaßt die Kinder offenbar, sich insgesamt besser zu fühlen.

Die IOWA-Studien, die u.a. von SKEELS und HARMS (1948) veröffentlicht wurden, zeigten, daß Waisenkinder bei täglicher pädagogischer Anleitung die Leistungen der in der Familie aufgewachsenen Kinder gleicher sozialer Schichten hinsichtlich ihres Schulwissens und ihrer Fertigkeiten im Rechnen erreichen und sogar überflügeln konnten.

Die Studien zeigten ferner, daß nicht nur intellektuelle Minderleistungen, sondern auch Persönlichkeitsstörungen und Retardierungen in der Motorik, die im Verlauf einer mangelhaften Betreuung in den ersten Lebensjahren entstanden sind, durch geeignete therapeutische Maßnahmen behoben (bzw. gebessert) werden konnten (vgl. MOOG/MOOG 1972, 53f).

3. Nutzung des Körperkontaktes in therapeutischen Bezügen

Die Ausführungen haben verdeutlicht, daß Körperkontakt bzw. kutane Stimulationen in der Behandlung unterschiedlicher Störungen genutzt werden. Überblickt man verschiedene Möglichkeiten therapeutischer Behandlungsformen, läßt sich feststellen, daß unterschiedliche Formen des Körperkontaktes darin Anwendung finden.

So gibt es beispielsweise folgende berührungsorientierte Maßnahmen:

– Massagen
– Krankengymnastik
– Körpertherapien

- Eutonie
- Fußreflexzonenmassage
- Akupressur

Foto 39

- Sensorische Integrationsbehandlung
- Psychomotorische Therapie
- Festhalte-Therapie
- ärztliche und zahnärztliche Behandlung
- Krankenpflege
- Frühstimulation bei Koma-Patienten
- Therapie von Folteropfern

Eine Unterscheidung hinsichtlich des eigentlichen Nutzens des Körperkontaktes und der taktilen Stimulationen im Bereich der einzelnen Therapien
sollte jedoch getroffen werden. So stellt der Körperkontakt in der Krankengymnastik, der ärztlichen und zahnärztlichen Behandlung und in der Krankenpflege lediglich ein „Mittel zum Zweck" dar. Im Falle der Krankengymnastik würde dies z.B. bedeuten, daß der Therapeut den Patienten berühren muß, um dessen verletzten Gliedmaßen zu bewegen.
Das Ziel der Therapie wäre hierbei z.B. die Erreichung der freien Beweglichkeit eines Gelenkes. Der Körperkontakt erfolgt nur „indirekt" oder „se-
kundär" und soll der Erreichung des beschriebenen Ziels dienen („Mittel
zum Zweck"), wobei das Ziel in einigen Fällen auch durch therapeutische

Geräte erreicht werden kann, die den Körperkontakt zwischen Therapeut und Patienten überhaupt nicht verlangen.

Die indirekte bzw. sekundäre Nutzung des Körperkontaktes bedeutet in diesem Zusammenhang, daß der Körperkontakt nicht im Hinblick auf seinen eigentlichen (primären) therapeutischen Nutzen bzw. um der Wirkung taktiler Stimulationen erfolgt.

In der Literatur finden sich heute – in Abgrenzung zur indirekten Nutzung des Körperkontaktes – zahlreiche Therapieformen, in denen Körperkontakt direkt, also mit dem Ziel, den Patienten mit taktilen Stimulationen und Berührungen zu behandeln und eventuell auch zu heilen, zur Anwendung kommt.
Zu ihnen zählen z.B.:
- die heilende Berührung (BROWN 1984)
- die gesunde Berührung (WEIDENBACH 1996)
- die therapeutische Berührung (JUHAN)
- Eutonie (GLASER 1990; LEIBOLD 1986)
- verschiedene Körpertherapieformen (vgl. LEIBOLD 1986; WEIDENBACH 1996; JUHAN 1997)
- Massagen (LEBOYER 1996; LEIBOLD 1986; WEIDENBACH 1996)
- Baby-Massage (LEBOYER 1996; HEINL 1982)
- Einsatz taktiler Stimulationen in der sensorischen Integrationsbehandlung (AYRES 1992; KESPER / HOTTINGER 1994)
- die taktile Frühstimulation bei Komapatienten (vgl. LIPPERT-GRÜNER et al. 1997)
- Therapie von Folteropfern (CONRAD 1997)
- Berührungstherapie bei Frühgeburten (WEIDENBACH 1996)
- Fußreflexzonenmassage (LEIBOLD 1986)
- 'Känguruhen' (MARCOVICH/DE JONG 1999)
- Haptonomie (F. Feldman)

WEIDENBACH[10] beschreibt beispielsweise die positiven Wirkungen von Massagen und Berührungen auf das Wohlbefinden des Menschen.
Ihren Ausführungen nach ist die westliche Medizin in den letzten Jahren besonders im Bereich der Psychosomatik erneut auf die heilende Wirkung von Massagen aufmerksam geworden – nachdem Anfang des Jahrhunderts der Gründer der Psychosomatik GEORG GRODDECK die Massage in die ärztliche Arbeit eingeführt hatte.
GRODDECK sah als direkte physische Einwirkung der Massage eine gesteigerte Sensibilität des Kranken, der durch die Massage ein vertieftes leibliches Verständnis für sein eigenes Befinden gewinnt. Für ihn war es erwiesen, daß kranke Menschen durch die Massage ihren Körper wieder

als „gesundes Zuhause" entdecken und ihre natürlichen Selbsthilfepotentiale entfalten können.

Nach WEIDENBACH nehmen im Rahmen klinisch-psychosomatischer Arbeit körperbezogene Methoden der Massagen, der Feldenkrais-Arbeit, der Eutonie oder des Biofeedbacks heute einen breiten Raum ein.

Sie unterstützen und ergänzen klassische medikamentöse und psychotherapeutische Behandlungsverfahren und können bei vielen Patienten deren Selbsthilfe- und Selbstheilungspotentiale erheblich stärken. Gerade die Berührung ist ein Hauptelement der körperlichen Bewußtwerdung, welche das Ziel vieler körperorientierter Therapien und Massagen ist. Sie ermöglicht das Gefühl der Nähe, vermittelt zwischen Innen und Außen, macht die Existenz des Menschen zur leibseelischen Ganzheit und läßt innere und zwischenmenschliche Grenzen durchlässig werden.

WEIDENBACH folgert:

„(...) weil sie unter die Haut geht und das emotionale 'Leibgedächtnis' eines Menschen direkt anspricht, kann die Massage neue Gesundungs- und Heilungswege eröffnen." [11]

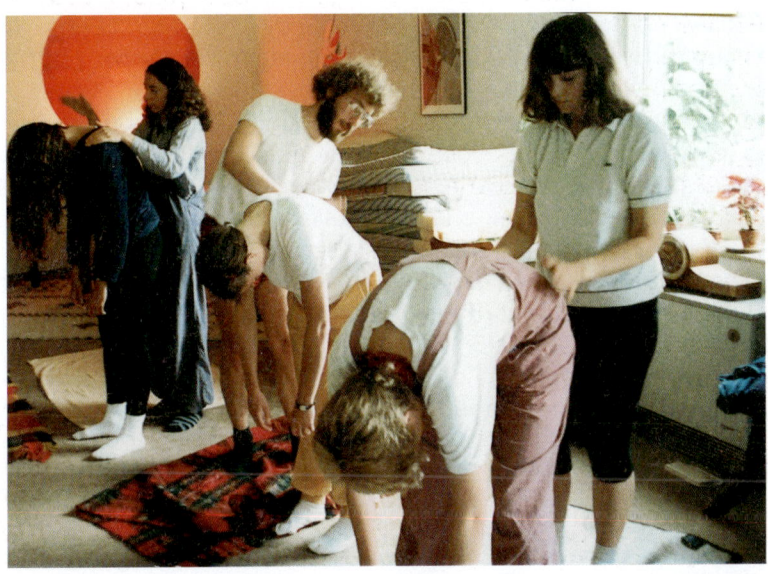

Foto 40

Auch LEIBOLD[12] betont, daß die Hautberührung bei der Massage zu seelischen Reaktionen führt. Das Körperbewußtsein wird durch die Massage verbessert, seelisch-geistige Verspannungen lösen sich, innere Ruhe und Entspannung stellen sich ein und positive Gefühle werden geweckt.

In Studien an kranken und gesunden Säuglingen konnten ebenfalls vielseitige Wirkungsmöglichkeiten der Massage verdeutlicht werden.

So wurde festgestellt, daß Babys, die regelmäßig massiert werden, schon nach wenigen Wochen eine größere Aufnahmefähigkeit zeigen, aufgeschlossener, aufmerksamer und leistungsfähiger reagieren, bessere motorische Fähigkeiten entwickeln und sich schneller in ihrer Umgebung zurechtfinden als nicht massierte Babys. Sie sind umgänglicher, weinen weniger, schlafen schneller ein und sind leichter zu beruhigen.

In der Therapie von sexuell mißbrauchten Kindern kann die Massage dazu beitragen, daß die Kinder ein positiveres Verhältnis zu ihrem Körper und zu Berührungen aufbauen können. Auch bei magersüchtigen Jugendlichen kann die Massage dazu verhelfen, ein positiveres Körperbild zu entwickeln.

Kinder, die an Depressionen oder den Folgen traumatischer Erfahrungen leiden, können ebenfalls von Massagen oder berührungsintegrierenden Körpertherapien profitieren. Sie können dadurch Angst- und Spannungszustände abbauen und sich gleichzeitig ihrer Umgebung gegenüber offener und kooperativer verhalten.

WEIDENBACH führt weiterhin aus, daß die neueren Befunde über Massage und Berührungen zeigen, daß sie sich auch bei Kindern mit Krebs, Diabetes und Asthma positiv auswirken.

So läßt die regelmäßige körperliche Entspannungsmassage die Kinder weniger ängstlich und angespannt reagieren, was den weiteren Krankheitsverlauf positiv beeinflußt. Asthmakranke Kinder, die von ihren Eltern regelmäßig massiert werden, erleben deutlich weniger Angstzustände und erleiden gleichzeitig weniger Asthmaanfälle als nicht massierte Kinder.

Sie betont weiterhin, daß nicht nur die erkrankten Kinder von der Massage profitieren, sondern auch die Eltern, die ihre Kinder massieren. Die Massage vermittelt ihnen das Gefühl, auf positive Weise zur Genesung ihrer Kinder beizutragen und führt dazu, daß auch die Eltern weniger Angst- und Spannungszustände erleben[13].

Auch JUHAN[14] kommt zu dem Schluß, daß therapeutische Berührungen, wie sie in Techniken wie Feldenkrais, Rolfing, Shiatsu, Alexander, Trigerpoint und verschiedenen Massageformen vorkommen, ein breites Spektrum von Krankheiten und sogar verfestigte Verhaltensmuster positiv beeinflussen können.

Bei Folteropfern, die auf massiv erlebte Schmerzen mit Körperschemastörungen reagieren, hat sich die atemstimulierende Einreibung nach BIENSTEIN[16] bewährt. Die rhythmischen Bewegungen auf dem Rücken der Klienten, ermöglichen es, diesen und damit den ganzen Körper wieder als eine intakte Einheit zu erleben.

Ein weiterer neuerer Therapieansatz, der neben anderen sensorischen Anregungen die Wirkung taktiler Stimulationen nutzt, ist die sogenannte Frühstimulation.

Sie kennzeichnet einen Bestandteil des frührehabilitativen Behandlungskonzeptes auf der neurochirurgischen Intensivstation und wird vorrangig bei komatösen Patienten nach schweren Schädelhirntraumen eingesetzt.

Ziele der Therapie sind die Unterstützung und Förderung der spontanen Genesung, die Minderung der Früh- und Spätkomplikationen sowie die intensive Nutzung der Regenerationsfähigkeit der verbliebenen Plastizität des Gehirns.

Die Grundlage der Therapie basiert weitgehend auf den Erkenntnissen, daß äußere Einflüsse wie akustische, taktile oder visuelle Reize zu Veränderungen in der neuronalen Struktur und Funktionsweise des Gehirns führen können.

Der Anteil der taktilen Stimulationen innerhalb dieses Therapieansatzes soll durch die Qualitäten der Berührung, des Druckes und der Temperatur erfolgen und wird überwiegend durch die Anwendung physikalischer Therapieverfahren ermöglicht. Dabei kommt es zum Einsatz von Streich- und Berührungsmassagen an den Extremitäten, Kälteanwendungen (Eisabreibungen) an den Extremitäten sowie von Wärmeapplikationen (Fangopackungen, heiße Rolle etc.) am Rumpf[17].

Bezüglich der eingangs getroffenen Unterscheidung zwischen direkter und indirekter Nutzung des Körperkontaktes in verschiedenen Therapieverfahren betont GROSSMANN-SCHNYDER[18], daß das Augenmerk auch bei Berührungen in therapeutischen und pflegerischen Bezügen, in denen Körperkontakt eher indirekt (als „Mittel zum Zweck") genutzt wird, nicht zwangsläufig nur auf der Anwendung der jeweiligen Technik oder Methode (Lagerungsmethoden, krankengymnastische Bewegungen etc.) liegen muß.

Ihr ist es ein Anliegen, daß sich jeder, der mit Menschen in Berührung kommt bzw. Menschen berührt, der Wirkung seines Berührens bewußt ist oder wird, denn ihrer Ansicht nach drückt sich in jeder Berührung die Beziehung des Berührenden zum Berührten aus und jede Berührung wirkt auf den Berührten ein.

Es hängt wesentlich von der Art des Berührens ab, ob Patienten oder Klienten das jeweilige „therapeutische" Angebot – sei es Krankengymnastik, Krankenpflege oder Massage – annehmen und umsetzen können, ob sie sich dabei wohlfühlen und ob es zu einer Besserung ihres Zustandes kommt.

Das für den Gesundungsprozeß des Patienten wichtige Gefühl des Angenommenseins und Wohlempfindens kann ihren Ausführungen zufolge durch eine „gute Berührungsqualität" seitens des Berührenden vermittelt werden. Dieses „gute Berühren" bzw. das bewußte Variieren der Berührungsqualität kann durch die von GLASER begründete Psychotonik, der Lehre von der Identität von Emotionalität und Muskulatur (Psyche und Tonus), welche sich mit der Wirkung verschiedener Berührungsqualitäten bzw. dem Zusammenhang von Einstellung und Berührung beschäftigt, gelernt werden.

Dieses „gute Berühren" hilft jedem Pflegenden, Therapeuten und Pädagogen dann

- sich selbst und den Patienten besser wahrzunehmen;
- die Qualität des Berührens wahrzunehmen und bewußt zu variieren;
- einen umfassenden Begegnungsraum zu schaffen, in dem der Patient Eigenaktivität und Selbständigkeit zu entwickeln vermag;
- einen Menschen „zu meinen", ihn zu berücksichtigen, seine Befindlichkeit und seine Reaktion auf die Berührung wahrzunehmen und sich danach zu richten.

Qualitative und quantitative Merkmale interpersonaler Berührung

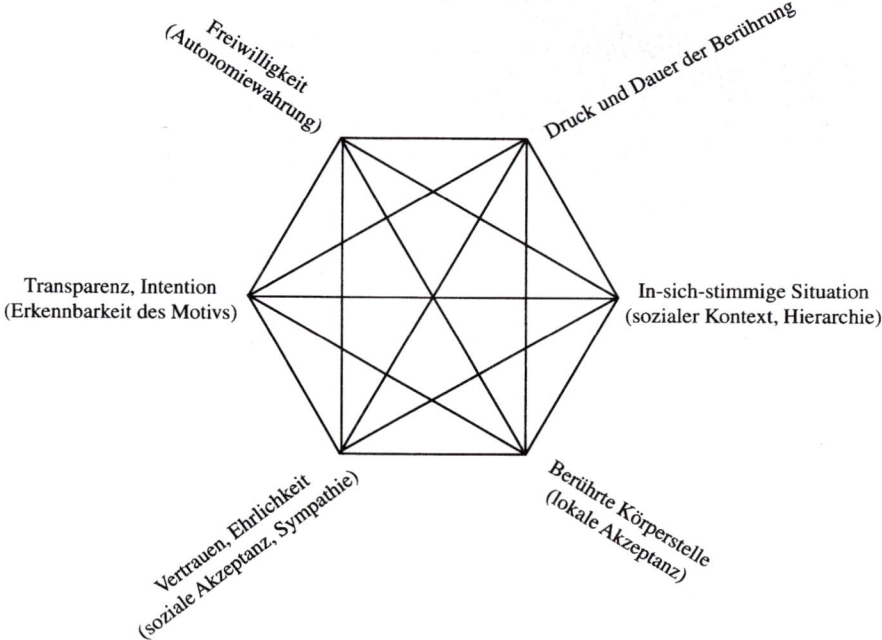

Abb. 15: Für eine gute Berührung ist jedes der genannten Merkmale als positiv, angenehm einzustufen; erhält ein Merkmal eine negative Bewertung, so reduziert dies die Qualität der Berührungsempfindung (Anders 2001).

Die Realisierung des „guten Berührens" bzw. des bewußten Variierens der Berührungsqualität macht eine Unterscheidung zwischen direktem und indirektem Nutzen des Körperkontaktes (dann) überflüssig. Durch diese Realisierung wird das Berühren eines Menschen in jedem therapeutischen, pflegerischen und pädagogischen Prozeß direkt bzw. primär, nämlich um der Wirkung der Berührung willen, genutzt. Über Berühren und Berührt-Werden kann demgemäß stets Wohlbefinden und Begegnung angestrebt werden[19].

Teil B:

Berührungen in der Praxis

Körperkontakt im Praxisfeld

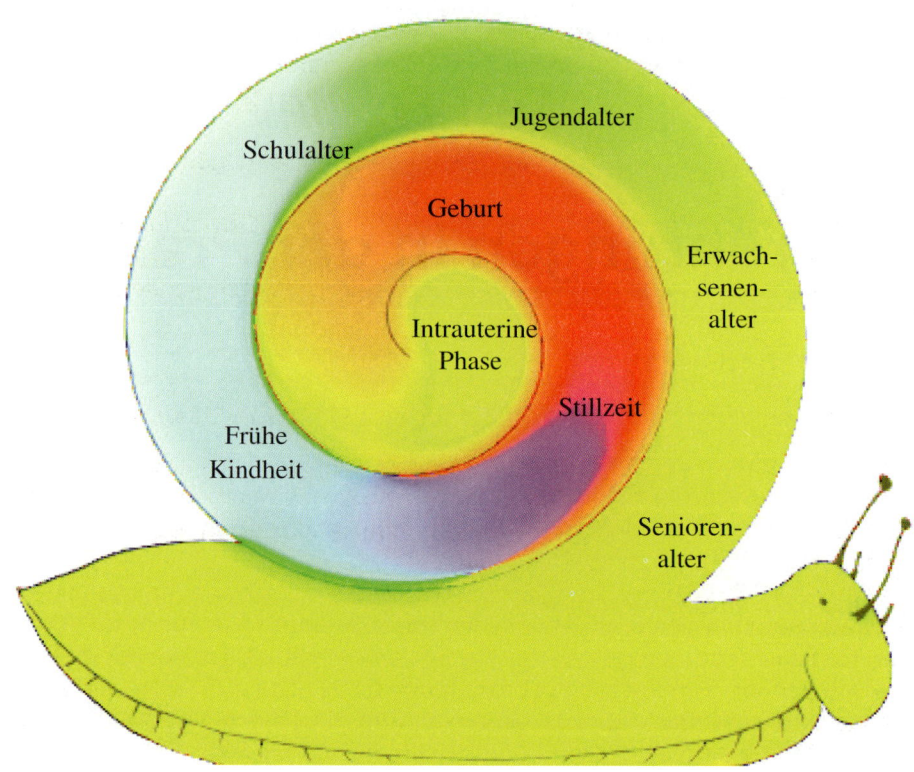

VIII. Berührungen im (pädagogischen) Alltag

Da sich die Entwicklung des Menschen in aufeinander aufbauenden Lebensabschnitten vollzieht, kommen der Berührung in diesen Phasen entsprechende und spezifische Bedeutungen zu. In jeder Phase gibt es Bedingungen, die wünschenswert für eine gesunde Entwicklung sind und Einflüsse, die eine gesunde Entwicklung gefährden können.

Aus „wünschenswerten" und „gefährdenden Bedingungen" lassen sich konkrete pädagogische und therapeutische Konsequenzen und Einflußmöglichkeiten ableiten, die präventiv und kompensatorisch genutzt werden können.

Im folgenden werden die einzelnen Lebensabschnitte aufgeführt und unter den Aspekten

„Wünschenswerte Voraussetzungen für eine gesunde Entwicklung",
„Risikofaktoren für eine gesunde Entwicklung"
und „Pädagogische und therapeutische Konsequenzen" strukturiert.

1. Intrauterine Phase

Wünschenswerte Voraussetzungen für eine gesunde Entwicklung

Schon mit dem ersten Monat beginnt das innige Verhältnis zwischen Mutter und Kind. Für die folgenden Monate werden sie nicht nur Sauerstoff, Nahrung, Krankheiten und Wohlbefinden miteinander teilen, sondern auch Heiterkeit und Trauer und Lebensfreude.

Der menschliche Embryo reagiert am Ende des 2. Schwangerschaftsmonats auf Berührungsreize in der Region um den Mund. Das bedeutet, daß der Tastsinn schon lange vor der Geburt entwickelt ist. Im Verlauf des 3. Monats dehnen sich Reiz- und Schmerzempfindlichkeit auf die Mundhöhle, Hände und schließlich auf die gesamte Körperoberfläche aus. Am Ende des 6. Monats empfindet der Fötus mit seinen Händen Vibrationen, Druck, Schmerz und Temperatur[1].

Wenn die Mutter ein Gefühl dafür entwickelt, kann sie erfahren, wie ihr Ungeborenes auf die Welt reagiert: *„[...] auf Stimmen, besonders auf ihre, auf plötzliche Geräusche, auf ein Tätscheln ihres Bauches und auch auf ihre eigenen Emotionen wie Vergnügen, Aufregung oder Angst"[2]*.

Normaler Alltagsstreß der Mutter kann das Ungeborene erregen. Wenn die Mutter z.B. sehr müde ist, sich aber trotzdem keine Ruhe gönnt oder wenn sie erregt ist, neigt es zu verstärkter Bewegung. Die Adrenalinausschüttung beim ungeborenen Kind steigt, wenn die Mutter Aufregung erfährt.

„Streß und Anspannung der Mutter können vielleicht durch heftigere Bewegungen der Mutter, durch allgemeine Muskelspannung ihres Körpers,

durch den Tonfall und die Lautstärke ihrer Stimme sowie durch Veränderungen ihres Herzschlags übertragen werden"[6] .

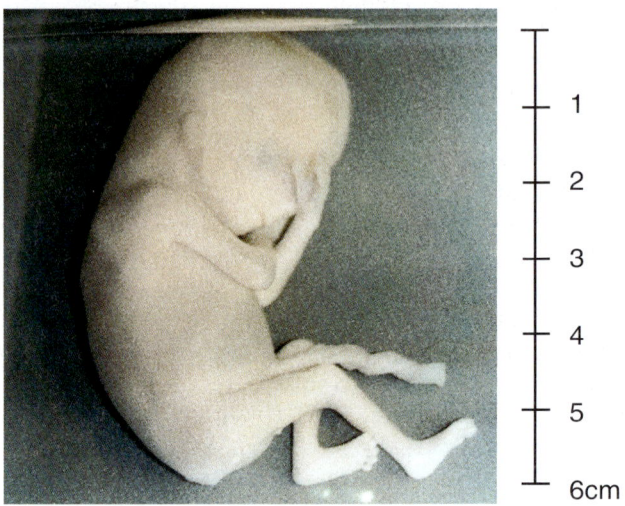

1
2
3
4
5
6cm

Foto 41: Fötus (im 3. Monat 'sitzend', ca. 6 cm groß). An Fingern und Füßen sind die individual-spezifischen Papillarlinien schon präzise angelegt und erkennbar.

Im 5. Monat ist das Baby circa 25 cm lang und ungefähr 400 Gramm schwer. *„Es fühlt die Zärtlichkeit von außen und strebt einer streichelnden Hand auf der Bauchdecke entgegen"*[4] . Im sechsten Monat öffnet das Kind seine Augen, wobei das Sehvermögen aufgrund des diffusen Dämmerlichtes ungeschult bleibt. Im Gegensatz dazu ist das Gehör des Kindes schon voll im Einsatz. Das mütterliche Herz schlägt gleichmäßig und gibt dem Kind einen vertrauten Rhythmus, wodurch ihm Sicherheit und Geborgenheit vermittelt werden. Ferner nimmt es Darmgeräusche, Magengrummeln, den rauschenden Blutstrom, die brodelnde Plazenta wahr. Die Außenwelt vermittelt dem Ungeborenen ebenfalls diverse Sinneseindrücke. *„Laute Musik wird als störend empfunden, sanfte Weisen von Mozart dagegen scheinen angenehm zu sein"*[5] .

Ab dem 7. Monat wird es immer enger im Mutterleib. Das heranwachsende Baby braucht immer mehr Platz, weshalb sich in dieser Zeit das Fruchtwasservolumen von einem Liter auf knapp die Hälfte reduziert. Es verliert somit seine bisherige Freiheit, es kann nicht mehr im Fruchtwasser schweben und sich nicht mehr so frei wie zuvor bewegen. Der Körperkontakt wird immer intensiver und erreicht während der Geburt die höchste Intensität.

Risikofaktoren für eine gesunde Entwicklung

Bis zu dem Zeitpunkt, an dem sich die Eizelle eingenistet hat (1.- 2. SSW), ist der Embryo vor der schädigenden Wirkung von Alkohol, Medikamenten, Nikotin und Krankheitskeimen geschützt. Danach ist allerdings Vorsicht geboten. Wenn sich die Eizelle in der Gebärmutter eingenistet hat und somit an den Kreislauf der Mutter angeschlossen ist, ist sie nicht länger sicher vor schädigenden Faktoren abgeschirmt. Die dünne Haut, die in der Plazenta schützend zwischen mütterlichem und kindlichem Kreislauf liegt, läßt bestimmte schädliche Substanzen durch [6].Dazu gehören neben Alkohol und Medikamenten verschiedene Schadstoffe wie Blei, Cadmium und Nickel, welche die Mutter über nicht einwandfreie Nahrung zu sich nimmt oder mit ungesunder Luft einatmet. Auch einige Krankheitserreger z.B. von Röteln, können ungehindert passieren und schwere Schäden anrichten. Nikotin verengt die Blutgefäße und beeinträchtigt die Sauerstoffversorgung des Kindes, somit erhöht sich die Gefahr einer Fehlgeburt.

Wenn die Mutter die meiste Zeit der Schwangerschaft liegend verbringen muß, reduziert sich die taktile und vestibuläre Stimulation des Babys auf ein Minimum.

Pädagogische und therapeutische Konsequenzen

Komplikationen und Gefährdungen während der Schwangerschaft können heute schon sehr früh erkannt und behandelt werden. Von daher sollten alle Vorsorgetermine regelmäßig eingehalten werden. Es ist aber auch wichtig zu wissen, daß eine pränatale Diagnostik zwar Klärung geben kann, aber auch Streß für die Mutter und dadurch auch für das Kind bedeutet. Um eine optimale Entwicklung des Kindes zu begünstigen, sollten nach Möglichkeit Streß und andere schädigende Faktoren gemieden werden (vgl. Risikofaktoren). Sanfte Musik (Mozart oder Vivaldi) und Bewegungen tragen dazu bei, daß das Kind die für seine Entwicklung wichtigen Reize erfährt. Bei Babys, deren Mütter während der Schwangerschaft viel liegen müssen, könnte man versuchen, dieses Stimulations- und Bewegungsdefizit durch sanfte Massage oder vorsichtiges Drehen und Wenden, d.h. Veränderung der Liegepositionen auszugleichen.

2. Geburt

Wünschenswerte Voraussetzungen für eine gesunde Entwicklung

Natürliche Geburt
– Voll ausgetragen (40 SSW) und ohne „Gewalt" –
Die natürliche Geburt geht wesentlich langsamer und unkomplizierter vonstatten als die Kaiserschnittgeburt. Babys, die auf dem natürlichen Weg

das Licht der Welt erblicken, sind durch die Massage oftmals fitter und lebhafter. Durch die Kontraktionen des Uterus wird die Haut des Fötus sehr kräftig stimuliert. Ferner regen diese Kontraktionen die peripheren sensorischen Nerven an. Wehen sind die ersten Streicheleinheiten für das Neugeborene. Diese bewirken, ähnlich wie in der Tierwelt, wo die Mutter das Jungtier nach der Geburt zu lecken beginnt, eine Förderung der lebenswichtigen Organe (Verdauungs- und Ausscheidungsorgane) durch die Stimulation der Haut. Durch die kutane Stimulation während des Geburtsvorgangs wird die Funktionsfähigkeit der lebenserhaltenden Systeme Atmung, Kreislauf, Verdauung und Ausscheidung, Nervensysteme und innere Sekretion aktiviert[7] (vgl. auch S. 60f). Bei einer normalen Geburt übernimmt der Kopf in den meisten Fällen die führende Rolle. Dieser hat im Vergleich zum übrigen Körper den größten Durchmesser. Wenn der Kopf, welcher durch seine fünf – noch nicht zusammengewachsenen – Schädelplatten sehr anpassungsfähig ist, den Geburtskanal passiert hat, folgt der übrige Körper leicht nach[8]. Dieser Geburtsvorgang kann als non-verbaler Dialog angesehen werden, durch welchen die Mutter-Kind-Beziehung geprägt wird. *„Das Kind erwirbt in der engen Symbiose mit der Mutter seine ´emotionale Bindungsfähigkeit´* (SCHENK – DANZINGER) *und sein ´Urvertrauen´* (ERIKSON*) in die Umwelt"*[9]. Im Augenblick der Geburt ist ein Baby mit vielfältigen Empfindungen überflutet. So wird z.B. das Licht überraschend hell, es erlebt bekannte Töne, aber auch neue Geräusche und die Wirkung der Schwerkraft. Nachdem die Lungen bei der Geburt eingedrückt wurden, füllen sie sich anschließend mit Luft und der Blutkreislauf beginnt sich selbständig, d.h. kurzfristig mit und später ohne Nabelschnur, seinen Weg zu bahnen. Zu dem erfährt das Kind einen deutlichen Temperaturunterschied. Nach einer Temperatur von fast 38 Grad Celsius im Mutterleib weht ihm nun eine ziemlich kühle Luft um die Nase. Es ist darauf angewiesen, daß ihm zusätzliche Wärme entgegengebracht wird. *„Wenn ihm seine Umgebung mit Wärme begegnet, wird seine Kontaktfähigkeit erblühen. Die Menschen, in denen es wahrscheinlich die wärmsten Gefühle wachruft, sind seine Eltern, so daß ein Dialog beginnen kann, durch den gegenseitige Gefühle geweckt werden"*[10].

Risikofaktoren für eine gesunde Entwicklung

Frühgeburt
Kinder, die vor der vollendeten 37. Schwangerschaftswoche zur Welt kommen, werden als Frühgeburten bezeichnet. Je niedriger das Geburtsgewicht ist, desto schwieriger ist es für das Neugeborene, seine Lebensfunktionen, wie regelmäßige Atmung, Nahrungsaufnahme und Verdauung, Regulierung der Körpertemperatur und die Abwehr von Infektionen, selbständig zu bewältigen[11].

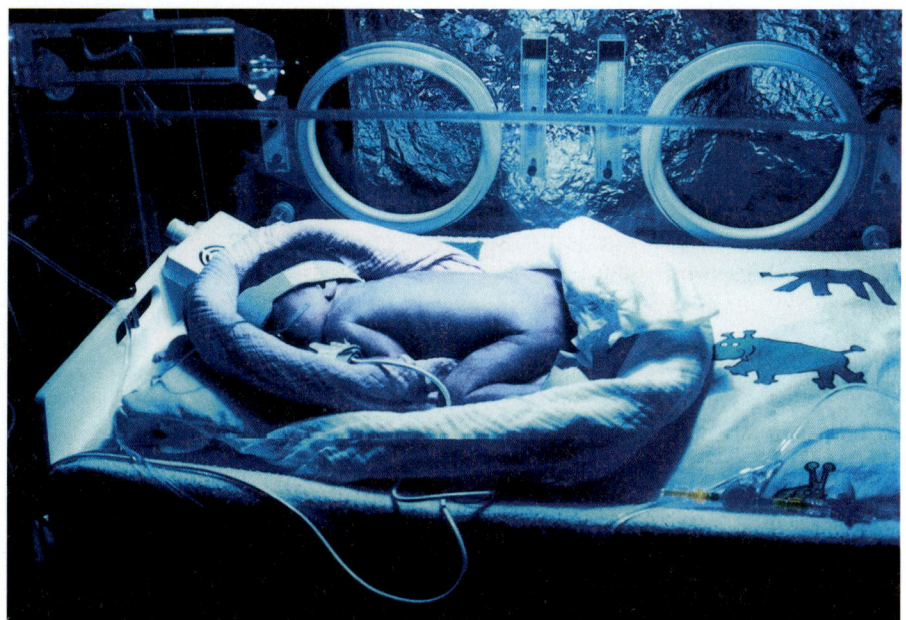

Foto 42: *Säugling kurz nach der Entbindung im Inkubator im Nestchen liegend. Die Augen sind gegen die UV-Bestrahlung geschützt, welche der Prophylaxe der Neugeborenengelbsucht dient.*

In den meisten Fällen werden frühgeborene Babys in Inkubatoren betreut, überwacht, warm gehalten und über eine Magensonde ernährt, d.h. sie erfahren sehr wenig Berührungs- und andere Reize. Untersuchungen ergaben, daß bei Frühgeborenen in den ersten Jahren häufiger Erkrankungen und Leiden des Nasen- Rachen-Raumes auftraten als bei normal ausgetragenen Kindern (vgl. S. 62). Als Folgen der reduzierten kutanen Stimulation wurden bei Frühgeburten folgende Merkmale beobachtet:

– Beeinträchtigung der Lungenfunktion
– Retardierung in sprachlicher u. manueller Entwicklung, in Haltung und Fortbewegung
– Konzentrationsschwäche
– Übersteigerte Aktivität,
– leichte Erregbarkeit, Nervosität, Angst und Schüchternheit
– Größere Ernährungsschwierigkeiten
– Überempfindlichkeit gegenüber Geräuschen[12] .

„Eine besonders angenehme Erfahrung für ein solches 'Frühchen' ist es, wenn es – nach der 'Känguruh-Methode' gekuschelt –, mit der notwendigen Wärme versorgt wird" [13] .

Kaiserschnitt

Der Kaiserschnitt ist der größte geburtshilfliche Eingriff (nach dem Frauen-arzt Pfannenstiel). Circa 10 – 15 % aller Babys kommen in Deutschland durch diese operative Schnittentbindung zur Welt. Der Kaiserschnitt stellt medizinisch längst kein Problem mehr dar, ist aber psychologisch nicht unproblematisch. Aus psychologischer Sichtweise wird durch den engen Kontakt beim Passieren der Geburtswege der Grundstein für eine enge Mutter-Kind-Bindung gelegt. *„Obwohl die chirurgische Entbindung für das Baby eine schonende Art ist, das Licht der Welt zu erblicken, so begünstigt jedoch die lange und anstrengende Passage des Geburtskanals die Ent-faltung seiner Lebensfunktionen nach der Geburt. Der Druck, den die Ge-burtswege auf das Kind ausüben, und die rhythmisch massierenden We-hen pressen nämlich das in der Lunge und den Atemwegen befindliche Fruchtwasser heraus. Den Kaiserschnittbabys fehlt diese natürliche Kom-pression, sie haben darum nach der Geburt nicht selten Atemstörungen...“*[14].
Aufgrund des Mangels an kutaner Stimulation sind Kaiserschnitt – Babys oftmals träger, reaktionsschwächer und schreien weniger häufig als vagi-nal entbundene Kinder.

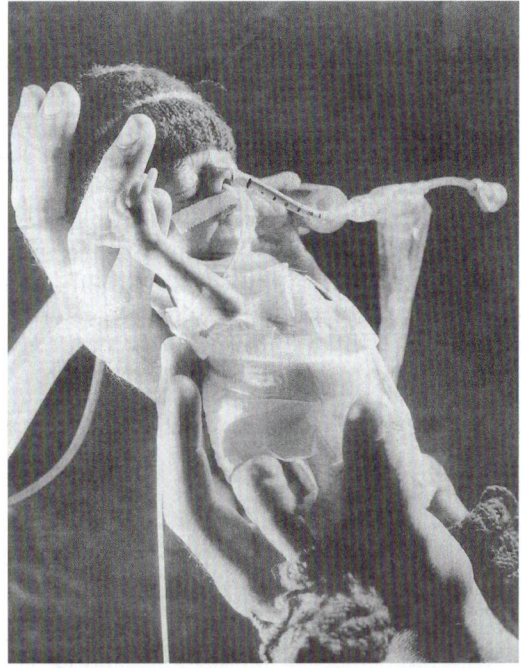

Foto 43: Kaiserschnittentbundenes Baby mit einem Geburtsgewicht von 350 Gramm (aus: Bonner General-Anzeiger vom 29./30.5.99)

Mit „*Gewalt*"

Der Unterschied zur natürlichen Geburt besteht darin, daß das Kind während der Geburt durch den Einsatz von „Hilfsmitteln" (z.B. Saugglocke, Zange etc.) nahezu passiv aus dem Mutterleib herausgeholt wird. Während sich der Säugling bei der natürlichen Geburt mit Hilfe des Streckreflexes im oberen Uterusbereich abstößt, ist es dem Kind bei einer Geburt mit „Gewalt" nicht möglich, selber mitzuarbeiten.

Pädagogische und therapeutische Konsequenzen

In einer Wiener Klinik versucht die (ehemalige Leiterin und) Neonatologin Dr. M. MARCOVICH den angeborenen Erwartungen des Neugeborenen (schon ab der 26.SSW mit z.T. um 500 g Geburtsgewicht) nach Körperkontakt durch das sogenannte „Känguruhen" zu entsprechen. Die „Frühchen" verbringen die ersten Wochen ihres Lebens ohne künstliche Beatmung auf dem Körper der Mutter (oder des Vaters).

Mutter und Kind haben auf diese Weise die Möglichkeit, sich über alle Sinnesorgane kennenzulernen. Im Körperkontakt mit der Mutter erlebt das Frühgeborene Liebe und Zuneigung. Das Baby erfährt die Begrenzung seines Körpers, Stabilität und Geborgenheit wie zuvor im Mutterleib. In der übrigen Zeit werden die Babys zwischen zwei mit warmem Wasser gefüllten Gummihandschuhen gebettet. Dadurch wird den Kindern die Begrenzung vermittelt, die sie im Mutterleib noch drei Monate hätten spüren können. Durch den frühen intensiven Mutter (Vater) – Kind – Kontakt können die „Frühchen" aus dieser Wiener Klinik viel eher nach Hause entlassen werden (Entlassungsgewicht ab 1100 g).

Auch die Umstellung vom Klinikalltag auf den Alltag zu Hause ist wegen der geringen medikamentösen und technischen Versorgung wesentlich einfacher. Bei Kindern, die in Inkubatoren betreut wurden, treten dagegen im ersten Lebensjahr häufig Entwicklungs- und Anpassungsstörungen auf. Eine Untersuchung von 42 Kindern ein bis zwei Jahre nach dem Entlassungstermin ergab folgendes:

– Keines der Kinder hatte Augenschäden oder war erblindet;

– Keines der Kinder hatte Lungenschäden durch maschinelle Beatmung;

– Keines der Kinder hatte einen – für „Frühchen" typischen – abgeflachten Schädel (man kann vermuten, daß dies mit dem Liegen und Bewegen auf dem menschlichen Körper zu tun hat).

Mütter, die ihre zu früh hergegebenen Babys weiter „bebrüten" können, kommen so ihrer Verantwortung dem Baby gegenüber aktiv nach und erhalten und behalten ihre mütterliche Würde[15].

Durch diese enge Beziehung, welche durch intensive Babymassage (z. B. nach LEBOYER) zusätzlich verstärkt werden kann, wird das „Urvertrauen" erhalten.

3. Stillzeit

Wünschenswerte Voraussetzungen für eine gesunde Entwicklung

Direkt nach der Geburt sollte das Baby an die Brust der Mutter gelegt werden; die somit erfahrene kutane Stimulation hilft dem Säugling bei der Atmung und der Mutter durch die Produktion des Hormons Oxytocin während der dritten Phase der Geburt (Nachgeburt) (vgl. S. 75). Die Milch der Mutter ist genau auf die physiologische Entwicklung des Verdauungstraktes des Kindes abgestimmt. *„Neben lebenswichtigen Vitaminen und Mineralstoffen enthält Muttermilch Abwehrstoffe, die das Kind vor Krankheiten schützen und ihm eine erhöhte Widerstandskraft geben"*[16] .

Das Saugen an der Mutterbrust sorgt für eine gesunde Entwicklung von Kiefer und Zähnen. Es werden Wachstumsreize ausgesandt, so daß die Kiefer geweitet werden und die später durchbrechenden, bleibenden Zähne ausreichend Platz haben. Durch das Stillen wird aber auch die Gesundheit der Mutter gefördert. *„Die Ausschüttung des Hormons Oxytocin wird angeregt und bewirkt eine bessere Rückbildung der Gebärmutter. [...] Für Mütter, die gestillt haben, ist das Risiko, später an Brustkrebs zu erkranken, geringer als für andere Frauen"*[17] .

Stillen bedeutet für das Baby nicht nur Nahrung, sondern auch Körperkontakt, Zuwendung und Trost. Der Hautkontakt und die enge Verbundenheit

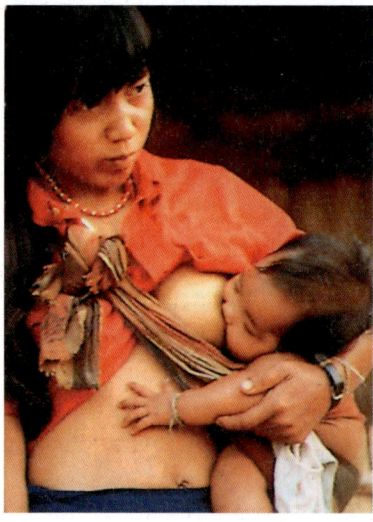

Foto 44: Säugling im Tragetuch während des Trinkens. Fast der gesamte Körper des Kindes wird von Tuch, Arm und Hand der Mutter sowie ihrer Brust umfaßt.

setzen die innige Gemeinschaft zwischen Mutter und Kind fort, die in der Schwangerschaft entstanden ist. Aus Untersuchungen geht hervor, daß die Mehrzahl der gestillten Kinder den „Flaschenkindern" physisch und geistig überlegen ist. Zudem schützt Muttermilch kurz – und langfristig vor zahlreichen Infektionen und Allergien[18] . Auch die emotionale und soziale Entwicklung werden elementar beeinflußt, wie es Untersuchungen von HAR-LOW (s.u. Schulalter) und von SPITZ belegen.

Es entwickelt sich eine Mutter – Kind – Bindung durch Triebbefriedigung (saugen an der Mutterbrust) und Befriedigung der „stammesgeschichtlich entwickelten und angeborenen Reaktion nach körperlichem Kontakt mit der Mutter"[19].

Risikofaktoren für eine gesunde Entwicklung

„Flaschenkinder"
In vielen Fällen kann es bei Flaschenkindern wegen des Saugens an nicht kiefergerechten Saugern zu Verformungen des Gaumens und Kiefers kommen mit der Folge von Sprachentwicklungsstörungen.

Zudem ist es bei Flaschenkindern wichtig, daß sich der Dialog zwischen Mutter (Eltern) und Kind nicht nur auf den Akt der Nahrungsaufnahme beschränkt. HARLOW zeigt mit seiner Versuchsreihe die Bedeutung des physischen Kontakts zwischen Affenmutter und Affenjungen für eine gesunde Entwicklung auf: Es gab zwei Mutterersatzgestalten, eine aus Plüsch und eine aus Draht, letztere war milchgebend (vgl. S. 83f). Die Affenbabys hielten sich bei der Plüschmutter die meiste Zeit auf und gingen nur zur Nahrungsaufnahme zur milchgebenden Drahtmutter[20]. Selbst in Angstsituationen flüchteten sie zu der Plüschmutter, obwohl diese sie nie ernährt hatte. Auch wenn angsteinflößende Gebläse auf sie gerichtet wurden, klammerten sich die Babys an diese.

Hier wird die kausale Beziehung zwischen Körperkontakt, Wärme, Schutz und Sicherheit deutlich (vgl. Psychoneuroimmunologie und Tiefenpsychologie). D.h. entscheidend ist in jedem Fall die emotionale und körperliche Zuwendung, welche die Mutter dem Kind entgegenbringt (auch bei gestillten Kindern). *„In einer vergleichenden Untersuchung der Entwicklung von 173 gestillten und Flaschenkindern von der Geburt bis zum zehnten Lebensjahr kam man zu dem Ergebnis, daß Flaschenkinder viermal mehr an Infektionen der Atemwege, zwanzigmal mehr an Diarrhoe, zweiundzwanzigmal mehr an Infektionen anderer Art, achtmal so viel an Ekzemen, einundzwanzigmal mehr an Asthma und siebenundzwanzigmal häufiger an Heufieber litten"[21].*

Die meisten Frühgeborenen werden nicht nur nicht gestillt, wodurch ihnen der wärmende Kontakt zur Mutterbrust vorenthalten wird, sondern werden in Inkubatoren versorgt, welche das Maß an Berührungslosigkeit und Kontaktarmut noch steigern.

MARCOVICH erklärt, daß die orale Ernährung des Frühgeborenen schon wenige (2-3) Stunden nach der Geburt des Kindes beginnen sollte. Um den Saugreflex des „Frühchens" zu stimulieren, wird ihm mit Hilfe einer großen Pipette eine Zuckerlösung auf die Lippen bzw. in den Mund getröpfelt. Durch den Zucker wird die angeborene Vorliebe für süße Geschmacksrichtungen genutzt und somit der Saugreflex ausgelöst. Ein wenig später wird das Kind dann an die Brust der Mutter angelegt.

Pädagogische und therapeutische Konsequenzen

Körperkontakt und Berührung sind in der frühen Kindheit sehr bedeutsam. Über den frühen zärtlichen Hautkontakt zwischen Eltern und Kind werden dem Kind nicht nur angenehme taktile und emotionale Eindrücke vermittelt, sondern es assoziiert darüber hinaus auch für eine aktuelle und zukünftige Entwicklung fundamentale und lebensnotwendige Werte und Zuschreibungen wie Nähe mit Wärme, Geborgenheit, Sicherheit, (Ur-) Vertrauen, Liebe.

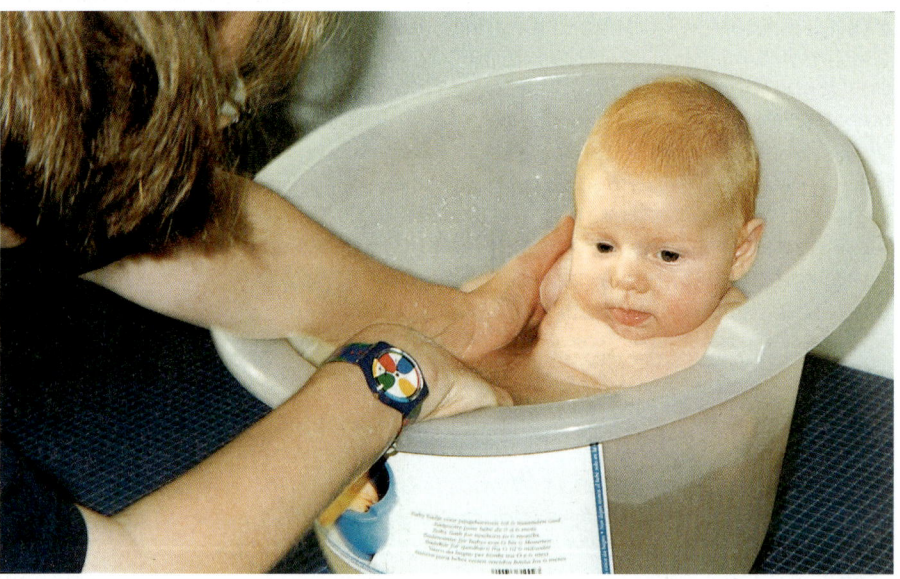

Foto 45a: Im Babybadeeimer ist der Babykörper nahezu vollständig von Wasser umgeben, vergleichbar mit der intrauterinen Situation.

Dem Kind wird somit das Gefühl vermittelt, daß es geliebt und angenommen wird. *„Dadurch, daß es gestreichelt, geliebkost, in den Armen getragen und an die Brust der Mutter gedrückt wird, daß man zärtlich zu ihm* spricht, *es liebt, lernt es zu streicheln, zu liebkosen, zu 'schmusen', zärt-lich zu anderen zu sprechen und sie zu lieben*"[22]. Um zärtliche Liebe und Fürsorge geben zu können, sollte der Mensch diese erst einmal selbst empfangen, und zwar von Geburt an (vgl. S. 119f).

Bei Frühgeburten ist es aufgrund der frühzeitigen Herauslösung aus dem Mutterleib besonders wichtig, daß eine enge persönliche Bindung zum Kind aufgebaut wird, in der Körperkontakt eine wesentliche Rolle spielt. Ein Beispiel dafür ist die oben genannte Vorgehensweise nach MAR-COVICH[23]. Dabei werden den Eltern die frühgeborenen Kinder auf die Haut gelegt und mit einem Fell warm gehalten („Känguruhen"). Auf diese Weise erfahren die Babys sowohl den Herzschlag (Rhythmus) als auch die Wärme auf ähnliche Art und Weise wie zuvor im Mutterleib.

4. (Frühe) Kindheit

Wünschenswerte Voraussetzungen für eine gesunde Entwicklung

„Wiegen und Gewiegt-Werden"
Berührungen aus der Kindheit „brennen" sich ins Gedächtnis ein, d.h. wer z.B. Berührungen in dieser Zeit positiv erfahren hat, kann sie unverkrampft weitergeben.

Die Zuneigung, Berührung und Wärme, die Kinder von Geburt an erleben, sind außerdem lebenswichtig für ihre kognitive und psychische Entwicklung.

Das Wiegen des Kindes in den Armen der Mutter oder in einer Kinderwiege soll einen nahtlosen Übergang von der vorgeburtlichen zur nachgeburtlichen Erlebniswelt ermöglichen. *„So haben L. OURTH u. K. BROWN (1961) in ihrer Untersuchung festgestellt, daß Neugeborene, welche von ihren Müttern nach jeder Fütterung noch in den Armen gehalten und gewiegt worden waren (sogenanntes „Handling"), signifikant weniger schrieen und sich wohler fühlten als jene, die diese zusätzliche kinästhetische Stimulation nicht erfahren hatten"*[24] (vgl. S. 51).

Dabei kommt dem Wiegen, Schaukeln und Schwingen in allen Lebens-

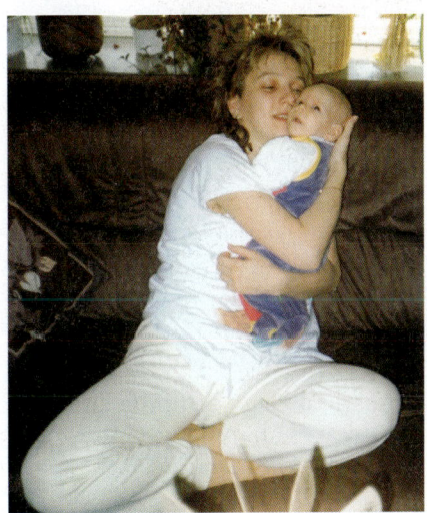

Foto 46: Wiegende Bewegungen und Singen der Mutter beruhigen das Kind.

abschnitten eine besondere, nämlich beruhigende und selbstregulierende Funktion zu.

„Die Mutter, die ihr Kind schaukelt und streichelt, vermittelt ihm die Anregung durch ihren Atem- und Pulsrhythmus, durch Rhythmen also, die ihm vor der Geburt wesentlich waren und ihm nun das Sicherheitsgefühhl einer vertrauten Umgebung vermitteln, die es so sehr braucht [25].

Um die Jahrhundertwende (19./20.Jh) wurde in den USA unter dem Einfluß der strikten Lehre des Dr. HOLTs von dem Gebrauch der weitverbreiteten Wiege und des Wiegens der Kinder generell abgeraten. *„Wiegen und alle ähnlichen Praktiken, die Schlaf herbeiführen sollen, sind nutzlos und können sogar von Schaden sein. Mir wurde ein Fall bekannt, in dem das Kind bis weit ins zweite Jahr während des Schlafens gewiegt wurde. Es wachte in dem Augenblick auf, in dem man mit dem Wiegen aufhörte“* [27]. Schreiende Kinder solle man lieber nach genauen Uhrzeiten nähren und sie nicht dadurch verwöhnen, daß man sie zu häufig anfasse oder streichele. *„Innerhalb dieser Welt betrachtete man natürlich zärtliche Liebe und Fürsorge nur als unhygienisch und 'unwissenschaftlich' “* [28] (vgl. Foto 55a, S. 190).

„Der Aufstieg und Fall der Wiege ist eine typische Geschichte vom Einfluß modischer Marotten und Irrtümer und der Neigung des Menschen, schlecht informiert und irregeleitet einer starren Autorität zu folgen“ [26].

Im Gegensatz dazu sorgte J. BRENNEMANN in den zwanziger Jahren dafür, daß in seinem Krankenhaus jeder Säugling regelmäßig auf den Arm genommen, gewiegt, spazierengetragen und 'bemuttert' wurde. *„Es geht uns hier um eben das Anfassen, Tragen, Streicheln und Liebkosen, denn anscheinend konstituiert es eine beruhigende Grunderfahrung, die dem Kind zukommen muß, wenn es trotz dem Mangel an vielem anderen einigermaßen gesund weiterleben soll. Wenn die Haut taktil stimuliert wird, kann es andere extreme sensorische Entbehrungen, wie den Mangel an Licht und Geräuschen, überstehen“* [29].

Die Wiegenbewegungen bzw. das Schaukeln regen stets Herz- und Kreislauftätigkeiten an, führen zu besserem Durchatmen, verhindern übergroßen Blutandrang zur Lunge, senken den Muskeltonus und erhalten und entwickeln das Gefühl mit etwas (Wiege oder Person) in Berührung zu sein. *„Ein Kind, das gewiegt wird, weiß, daß es nicht allein ist“* [60].

Wiegen ist eine vertrauensbildende, beruhigende Bewegung, auf die der Mensch später zurückgreifen kann, um sich oder andere zu trösten.

In diesem Entwicklungsabschnitt kommt außerdem dem Spiel mit Puppen, Kuscheltieren, Schmusetüchern oder Kuschelkissen eine sehr große Bedeutung zu. Mit den Puppen und Kuscheltieren reagieren Säuglinge und Kinder (übrigens auch Erwachsene) entsprechend dem Angeborenen –

Auslöse – Mechanismus (Kindchenschema). Säuglinge brauchen die Gewißheit, mit ihren Aktionen (weinen, schreien, lächeln) Kontaktaufnahmen (zur Mutter) zu veranlassen von Kontaktbindung über individuelle Bindung zum Fremdeln [31]. *„Verhaltensauslösende Merkmale des Kindes („Kindchenschema") sichern diesem die konstante schützende Zuwendung der mütterlichen Bezugsperson"* [32].

Risikofaktoren für eine gesunde Entwicklung

Entbehrung der körperlichen Nähe und Berührung sowie Ausbleiben des „Wiegens und Gewiegt – Werdens" können zu physischen und psychischen Störungen (fehlendes Lächeln, allgemeine Depressivität, verlangsamte Entwicklung, geringe Spielneigung, verzögerte Sprachentwicklung und Intelligenz, Nicht-Ansehen menschlicher Gesichter)[33] in der späteren Entwicklung führen, insbesondere auch dann, wenn mehrere Bezugspersonen eine Kontakt- und somit Gefühlsbindung verhindern.

Wenn Berührungen auf reine Versorgung reduziert sind, verkümmern Phantasie, Intelligenz und Gefühlswelt. Hospitalismus oder Selbstverletzungen sind verzweifelte Versuche, sich selbst zu spüren. In solchen Fällen reagieren Kinder mit Eigenstimulationen wie z.B. Schaukelbewegungen, welche im kindlichen Hirn die gleichen Reize auslösen, als wenn ihre Haut positiv berührt würde (autoerotische Bewegungen). Gewaltsame Berührungen sind schmerzhaft und hinterlassen Angst, Mißtrauen, Regression oder Aggressionen. Dadurch erleidet das Selbstwertgefühl folgenschwerere Schäden als der Körper [34]. Die Bildung von Urvertrauen wird stark behindert oder gar verhindert.

Menschen, bei denen das Urvertrauen fehlt und sich deswegen Verlassenheitsängste entwickelt haben, können diese vertrauensbildenden, troststiftenden Berührungen i.d.R. nicht weitergeben. Weitere Beeinträchtigungen können sich zeigen in der Hirnentwicklung, der kognitiven und psychischen Entwicklung, dem Stabilitäts- und Sicherheitsgefühl, der körperlichen Gesundheit und schlimmstenfalls durch vorzeitiges Sterben.

Beobachtet man Kinder, bei denen es an solch wichtigen Berührungen mangelt, so fällt auf, daß sie diese fehlenden Reize bzw. die Abwesenheit der Bezugsperson durch Autostimulation zu ersetzen versuchen (heftiges Kopfschlagen, Hospitalismus). Diese verzweifelten Aktivitäten sind die sichtbare Sprache des Körpers und der Seele und der oft aussichtslose Versuch, beides in Einklang und Harmonie zu bringen.

Pädagogische und therapeutische Konsequenzen

Kindern, denen die zuvor genannten Voraussetzungen ganz oder teilweise vorenthalten wurden, sollten vielfältige Möglichkeiten erhalten, positive und warmherzige Berührungserfahrungen durch sich selbst und andere zu erleben. In dieser Phase bieten sich z.B. spielerische Formen der basalen Stimulation an, der sanften Massage sowie die im Säuglingsalter üblichen, hier verstärkt auszudehnenden, zu intensivierenden und auf die Bedürfnisse des älter werdenden Kleinkindes zugeschnittenen „Pflegehandlungen", wie z.B. Babymassage. Ferner brauchen Kinder in diesem Alter kuschelige Spielmaterialien sowie Gelegenheit und Raum, mit anderen Kindern zu kuscheln, schmusen und zu rangeln. Durch den physischen Kontakt des Kindes zur Mutter (Eltern) wird seine spätere Persönlichkeitsentwicklung geprägt. Auch Schwing- und Schaukelgeräte unterstützen diese Ziele, können aber warmherzige Körperkontakte zu vertrauten Personen nicht ersetzen.

5. Schulalter

Wünschenswerte Voraussetzungen für eine gesunde Entwicklung

Neben dem allmählichen Ablöseprozeß von den Eltern gewinnen Kontakte zu Gleichaltrigen, die sozialisationsbedingt in dieser Phase geschlechtsspezifische Unterschiede aufweisen, zunehmend an Bedeutung. Sie unterscheiden sich in Qualität und Quantität, wobei Mädchen sanftere und fürsorglichere Berührungen bevorzugen und pflegen, während Jungen sich eher an ihren älteren Geschlechtsgenossen orientieren und deren Einstellungen und Verhaltensmuster zu imitieren versuchen. Diese geschlechtsspezifischen Unterschiede im Verhalten und Erleben lassen sich sozialpsychologisch und biologisch begründen.
Überbehütung und Vernachlässigung verhindern eine gesunde Persönlichkeitsentwicklung, führen zur Beeinträchtigung angemessener sozialer Kontaktaufnahmen oder emotional-sozialen Desorientierung. Kinder brauchen sowohl die warmherzigen und verständniszeigenden Berührungen der Eltern als auch die Möglichkeit, Berührungen zu Gleichaltrigen zu initiieren und von diesen auch zu empfangen. Dabei bieten sich Tummelspiele mit den Eltern und Klassenkameraden (auch im Wasser möglich) an, Ring- und Raufspiele bis hin zu partnerschaftlichen Kampfsportarten (z.B. Judo), Tanz, Akrobatik, Reiten sowie entspannende, ruhige Übungen durch Massage. Auch das ruhige Sich-anschmiegen-Dürfen bei der Mutter oder dem Vater, Auf-dem-Schoß-Sitzen und Gehalten-Werden oder Sich-anklammern-Dürfen, sind weiterhin vertrauenerhaltende und beziehungsstabilisierende Begegnungen.

Risikofaktoren für eine gesunde Entwicklung

Stark überbehütende und z.T. „erdrückende" Erziehungsformen können Kinder in ihrer Gesamtpersönlichkeit, geistig-seelisch wie körperlich, stark beeinträchtigen.

In gleicher Weise wirken sich gegenteilige Erziehungsformen nachteilig auf die Persönlichkeitsentwicklung aus. Vernachlässigung, d.h. ein Mangel an körperlicher und emotionaler Zuwendung, sowie kognitiver Anregung behindert eine gesunde Entwicklung . Aus den von HARLOW et. al. durchgeführten Versuchen an Rhesusaffen gehen deutlich die Folgen von früher Kind-Mutter-Trennung sowie mangelnder kutaner Stimulation hervor.

In seinem ersten Affenversuch wurden die Affenjungen 10 Tage von der Mutter getrennt. Die Affen wiesen danach körperliche und psychische Auffälligkeiten wie Niedergeschlagenheit, erhöhte Körpertemperatur, Schlafstörungen, Schwäche, Traurigkeit und Hilflosigkeit auf. Nach diesen 10 Tagen kamen die Jungen wieder mit der Affenmutter in Berührung. Die psychischen Auffälligkeiten verschwanden durch den Kontakt zur Mutter wieder, wobei die physischen bestehen blieben.

Foto 47: Die in Lianen schaukelnde Affenmutter bildet mit ihrem Körper ein behaglich warmes und weiches Nest für ihr Baby (© Daniel J. Cox).

In dem zweiten Affenversuch wurden 14 Tage die Jungen
der Gruppe A
durch eine Glaswand von der Mutter getrennt, d.h. sie konnten sich sehen, hören und evtl. riechen, aber nicht berühren;
der Gruppe B
durch ein Gitter von der Mutter getrennt, d.h. sie konnten sich sehen, hören, riechen und sehr eingeschränkt berühren.
Nach 14 Tagen wurden die Jungen in ihrem Gruppenverhalten beobachtet. Die Jungen aus der Gruppe A wiesen eine erhöhte Aggressivität und Gewalttätigkeit auf, wogegen sich bei den Affen aus Gruppe B keine Auffälligkeiten zeigten.

Bei dem dritten Affenversuch wurden die Affenjungen
der Gruppe A
unter normalen Bedingungen in der Gruppe gehalten, es bestand also auch körperlicher Kontakt untereinander;
der Gruppe B
durch Glas getrennt, kein körperlicher Kontakt zugelassen; alle 4 Stunden durften sie für eine kurze Zeit zusammenkommen;
der Gruppe C
total isoliert.

Nach Beendigung des Versuchs wurden bei den Affen aus allen drei Gruppen Teile des Gehirns (Cerebellum) untersucht und festgestellt, daß bei Gruppe B und C Hirnschädigungen vorlagen. Ferner zeigten die Affen dieser Gruppen auffällig aggressives und autoaggressives Verhalten und waren nicht in der Lage, angemessenes Sexualverhalten zu entwickeln. Dennoch ausgetragene Affenbabys wurden von diesen Affenmüttern vernachlässigt. Bei den Affen aus Gruppe A wurden keinerlei Schäden festgestellt. Bemerkenswert war, daß auch kurzfristige Isolation wie bei der Gruppe B Schäden hervorgerufen hat[35]. Die Untersuchungen von SPITZ in Heimen und Säuglingsstationen führen zu erschreckend ähnlichen Verhaltensbeobachtungen wie die obengenannten Untersuchungen an Primaten. Die Deprivationsforschung belegt, daß auch das menschliche Gehirn strukturelle Veränderungen aufweist, die mit zunehmendem Alter krasser werden. Neben Lern- und Konzentrationsschwächen finden sich gesteigerte Aggressivität und Weglaufen von zu Hause.

Pädagogische und therapeutische Konsequenzen

In der pädagogisch – therapeutischen Arbeit sollte in diesem Alter vermehrt auf soziale Interaktionen (Gruppenarbeit) Wert gelegt werden. Den Kindern sollten in der Schule sinnstiftende Erlebnissituationen geboten werden, in denen Vertrauen, Sicherheit und Geborgenheit durch Nähe und Berührungen erfahren und erwidert werden können.

Foto 48: Der sensible Clown (E.J. Kiphard) nimmt behutsam Kontakt zu einem behinderten Kind durch eine Clownpuppe auf.

Als Angebote eignen sich alle eben genannten Inhalte sowie z.B. therapeutisches Reiten, Freizeit- sowie Körper- und Kontaktspiele. Auch die vielseitigsten Formen der vestibulären Stimulation (z.B. Trampolinturnen, Schaukeln, Outdoor-Sportarten) können hier besonders geeignet sein, um kompensatorisch zu wirken (Entwicklung im Nachvollzug). Unabhängig von den inhaltlichen Angeboten kommt dem Beziehungsaufbau, dem Sich-Angenommen-Fühlen und Geliebt-Werden eine ganz besondere Bedeutung zu. Die Kinder sollen in dieser Phase in bewußter Weise lernen, zwischen guten, merkwürdigen und schlechten Berührungen an sich und bei anderen zu unterscheiden und ein empathisches Mitgefühl zu entwickeln. Somit kann ihnen der erforderliche Raum gegeben werden, ihr natürliches Bedürfnis nach Berühren und Berührt-Werden adäquat zu stillen.

Während der Massage beispielsweise wird eine sedative Wirkung durch hormonelle Stimulierung (durch Serotonin) des Parasympathikus erreicht sie führt zu einer Reduzierung aggressiver Tendenzen und Steigerung der Selbstregulation. Aggressive Formen von Kontaktaufnahmen zu Erziehern können Ausdruck von Berührungsdefiziten sein und einen Ruf nach Hilfe, es richtig zu lernen, darstellen.

Kinder versuchen auch verstärkt Höhlen, Tunnel und dunkle sichere Nischen zu bauen, um darin zu spielen. Sie wählen in Zimmern mit Etagenbetten das oberste Bett, wo sie Sicherheit (durch Überblick) und Enge und Geborgenheit (zur Decke) empfinden (vgl. Intrauterine Phase).

6. Jugendalter

Wünschenswerte Voraussetzungen für eine gesunde Entwicklung

Loslösung und Cliquenbildung sind charakteristisch für diese Phase (Identitätsfindung), zudem sind die Jugendlichen auf der Suche nach eigenen Werten, wobei sie dennoch „anlehnungsbedürftig" bleiben.

Foto 49: Auf dem Wege der Identitätsfindung: Sich vom Elternhaus lösen und bei anderen anlehnen.

„Nichtelterliche Liebesobjekte" werden zunehmend interessant[36]. Das Ende der Schulzeit und die darnit verbundene Neuorientierung kann Verunsicherungen hervorrufen. Wenn die Jugendlichen in dieser Zeit genügend Rückhalt durch Freunde und Familie sowie Rückzugsmöglichkeiten für die Ausübung eigener Sexualität (z.B. in geschützten Räumen) erhalten, ist das Überwinden dieser kritischen Zeit relativ unproblematisch. Jugendgemäße Spiele schaffen einen legitimen (sozial erlaubten) Rahmen für zärtlichen Körperkontakt etc. (Weitere Aktivitäten in dieser Phase sind im Abschnitt „Pädagogische und therapeutische Konsequenzen" genannt.)

Risikofaktoren für eine gesunde Entwicklung

Menschen, die in ihrer (frühen) Kindheit nicht genug positive Berührungen erfahren haben, versuchen oftmals diesen Mangel durch aggressive Äußerungen zu kompensieren. D.h. sie richten ihre Aggressionen nach außen und suchen mit Hilfe dieser (wenn auch inadäquaten) Berührung nach Anerkennung und Bestätigung. In dieser Gruppe nimmt die Bereitschaft, selbst Gewalt auszuüben, zu. Durch das Erfahren von Gewalt in der (frühen) Kindheit wird der Grundstein für Gewaltausübung und Beziehungslosigkeit im Jugend- und Erwachsenenalter gelegt. Das bedeutet jedoch nicht, daß alle Kinder, die Gewalt erlebt haben, später auch selber gewalttätig werden. Aber sie begegnen ihrer Umwelt mit viel Mißtrauen, Verschlossenheit, Angst und auch Aggressionen. Mögliche Auswirkungen sind: Gewalt, Empfindungslosigkeit (im Sinne fehlender Empathie), Selbstzweifel und mangelndes Selbstbewußtsein (vor allem bei Mädchen), Rollenkonflikte, Orientierungslosigkeit.

Pädagogische und therapeutische Konsequenzen

In einigen Jugendstrafanstalten Deutschlands wird in letzter Zeit verstärkt das von WEIDNER mitentwickelte Antagonisten-Training als Therapie eingesetzt. Im Rahmen dieses Trainings wird genau das inszeniert, was die Jugendlichen zuschlagen läßt, z.B. schlechte Berührungen, Provokation etc. Dabei wird die Reizschwelle so lange gesteigert, bis an die Stelle von gewaltsamen Reaktionen wieder Worte (auch Widerworte) treten.
Die Jugendlichen sollen erleben und lernen, daß sie in provokanten Situationen angemessen und nicht mehr überschießend reagieren. *„Gewalttäter verändern heißt, ihnen sprechen beizubringen"* [37]. Sie müssen lernen, daß es auch liebevolle Berührungen gibt. Nicht jede Berührung ist ein Angriff auf die Persönlichkeit. Die Erfahrung, die ein Mensch mit Berührung gemacht hat, ist in unserem Körper tiefer gespeichert als in unserem Bewußtsein.
Auch die Schule bietet vielfältige Möglichkeiten, sich selbst und andere im Körperkontakt zu erleben. Gute Erfahrungen wurden im allgemeinen mit Reiterkämpfen, Zieh- und Schiebespielen, Transportstaffeln, Blindenführen und körperbetonten Partner- und Gruppenübungen gemacht (z.B. Gordischer Knoten, Statuenbau, Roboterspiel, Begrüßungsrituale wie Händschüt-

teln, Verbeugen, Partnerakrobatik, Entspannung). Außerdem eignen sich
Ring- und Kampfspiele am Boden und im Stand sowie judoähnliche Wurf-
und Haltekämpfe [38]. Im Rahmen des Unterrichts werden somit Raufen,
Ringen und Kämpfen in harmlosen und reglementierten Formen praktiziert. *„In spannenden, körperbetonten Begegnungen kann ein verantwor-
tungsbewußter, rücksichtsvoller Umgang der Partner miteinander eingeübt
werden. Nach dem Kampf sollte über das Erlebte gesprochen werden,
über Gefühle von Unterlegenheit, Schwäche und Angst mit dem Ziel, Be-
findlichlichkeiten der anderen wahrzunehmen und zu neuen Vereinbarun-
gen zu kommen“*[69].

*Foto 50: Da ihre Augen blind sind,
entnimmt die Schülerin ihr Vertrau-
en ihren taktilen, kinästhetischen
und vestibulären Wahrnehmungen
sowie dem tonischen Dialog.*

7. Erwachsenenalter

Wünschenswerte Voraussetzungen für eine gesunde Entwicklung

Das menschliche Bedürfnis nach Körperkontakt endet nicht mit dem Jugendalter. Trotz aller Beweise dafür, welch zentrale Bedeutung der Berührung für die Entwicklung des Menschen zukommt, scheuen viele den Körperkontakt. Ein Grund dafür könnte darin liegen, daß die Begriffe „Sinnlichkeit“ und „Sexualität“ in unserem Kulturkreis oftmals gleichgezetzt werden.
Der Körperkontakt wird „formalisiert“, da oftmals eine gedankliche Verbin-

dung zwischen Berührung und Sexualität hergestellt wird, die vielfach ungerechtfertigt ist und deswegen als peinlich erlebt wird. Unsere gesellschaftlichen Spielregeln erlauben es Erwachsenen nur unter bestimmten Umständen, einander zu berühren. D.h. Berührungen unter Erwachsenen ohne ersichtlichen Grund werden tabuisiert.

Foto 51

Die für Berührung „legalisierten" Räume sind natürlicher oder ritualisierter Art, z.B. Begrüßungsrituale, Trost-Spenden, gemeinsame Freude, Massagen, Arztbesuche, therapeutische Situationen (Heilende Berührungen), Friseurbesuche, Schönheits- und Kosmetikpflege, Sportarten wie Ringen, Boxen, Judo, Tanz etc.

Ein weiterer wichtiger Punkt ist das Leben einer harmonischen Sexualität (als besondere spezielle Beziehung zur Selbstregulation und Entspannung). „Trotz aller kulturellen

Foto 52: Thematisierung der Berührung auch im Tanz (Choreographie Philipp Sander).

185

Einflüsse haben wir Urbedürfnisse wie Neugier und Lustbefriedigung. Wir suchen nach Erotik, Zärtlichkeit und zwischenmenschlichen Kontakten" [40]. Der Leipziger Sexualwissenschaftler STARKE bestätigt, daß Sex den Menschen Spaß macht, weil dabei eine ganz spezielle Intimität zwischen zwei Menschen hergestellt wird, die es sonst nicht gibt[41]. Wird das Leben einer harmonischen Sexualität in irgendeiner Weise ver- oder behindert, kann es zu negativen Auswirkungen kommen.

Eine Kompensationsmöglichkeit bietet z.B. die Massage (auch sanfte Partnermassage), welche der Berührung wieder den ihr zukommenden positiven Bedeutungsgehalt verleiht [42]. Zudem können die Berührungsbotschaften aus Millionen von Schmerz-, Temperatur- und Druckempfängern in der Haut auch archaische Gefühle hervorrufen. *„Schon in der achten Woche im Mutterbauch sind beim Menschen die Tastzellen entwickelt, lange vor denen fürs Sehen oder Hören, und so klingen beim Massiertwerden womöglich Erinnerungen an ganz frühe Zustände des Urvertrauens und der Geborgenheit an"* [43]. Außerdem eröffnet die Berührung durch den anderen die Chance, den bei Kranken (und auch im Alter) oftmals verlorengegangenen Kontakt zum eigenen Körper wieder aufzunehmen.

Foto 53

Risikofaktoren für eine gesunde Entwicklung

Bei mangelnder Zuneigung und fehlendem, liebevollem Körperkontakt in der (frühen) Kindheit können sowohl psychische als auch physische Gewalt in der Partnerschaft oder Familie sowie Isolation als negative Konsequenzen auftreten.

Auch selbstverletzende Handlungen wie Piercing, Tätowierungen und das Ausüben besonderer Sportarten wie z.B. Wrestling können möglicherweise ein Hinweis auf erfahrenen Berührungsmangel sein.

Pädagogische und therapeutische Konsequenzen

In dem Film „A touch of sensitivity" wird darauf aufmerksam gemacht, daß Ehepaare in der sogenannten „Touch Therapy" lernen sollen, elementare Berührungen am eigenen Körper zu spüren und zu akzeptieren, um somit verschüttete Erfahrung von Berührung aufzuarbeiten. Dabei streicheln sich die Partner abwechselnd die Arme und konzentrieren sich auf diese Berührung. Nach dieser Therapie fühlten sich die befragten Paare wohler, entspannter und gesünder als zuvor.

In den USA wird immer häufiger die Kurz-Massage am Arbeitsplatz von Firmen angeboten, wodurch sowohl Angst und Streß im Beruf abgebaut, als auch die Qualität der Arbeit gesteigert werden.

Foto 54: In Gesellschaftsspielen, gruppendynamischen Sitzungen oder im therapeutischen Setting, lassen sich Erwachsene halten und tragen.

8. Seniorenalter

Wünschenswerte Voraussetzungen für eine gesunde Entwicklung

Im Laufe des Altersprozesses kommt es zu primär biologisch- organischen Veränderungen, die wiederum auch veränderte Einstellungen mit sich bringen können, d.h. es zeigen sich auch Veränderungen im emotionalen und sozialen Bereich. Die Mobilität wird (z.B. durch Bewegungsbehinderungen) immer weiter eingeschränkt, soziale Kontakte und Körperkontakte werden immer seltener. Dies führt in vielen Fällen zur Vereinsamung der Senioren. Zudem werden auch die Selbstberührungen seltener, weil der eigene Leib als wenig berührenswert erlebt wird.

Foto 55: Zwei Brüder (91 J., 85 J.), die sich sehr nahe sind.

Risikofaktoren für eine gesunde Entwicklung

Ein Risiko für die Entwicklung und Befindlichkeit ergibt sich dann, wenn Körperkontakte auf die Versorgungsebene (Pflege) reduziert werden. Durch mangelnde sensorische Reize und physiologisch neurologische Veränderungen reduziert sich häufig die Qualität der Sinneswahrnehmung, wodurch vielfach die soziale Kontaktbereitschaft in Mitleidenschaft gezogen wird. Schwindendes Zutrauen in die eigenen Fähigkeiten erschwert die psychische Bewältigung mancher Aufgabenstellungen.

Pädagogische und therapeutische Konsequenzen

Die gleichberechtigte Beziehung zwischen Pfleger und zu Pflegendem spielt in dieser Zeit eine wichtige Rolle. Zudem kommt der kutanen Stimulation in der Pflege und den einzelnen therapeutischen Angeboten eine große Bedeutung zu. Ein Beispiel hierfür bietet die Motogeragogik, in der es neben der Erhaltung, Förderung oder Wiederherstellung der körperlichen, geistigen und seelischen Beweglichkeit darum geht, daß sich die Senioren über die Beherrschung und die Verfügbarkeit des eigenen Körpers und dessen Ausdrucksformen neue Möglichkeiten der Lebensgestaltung erschließen können [44]. In den Übungen geht es z.B. um folgende Inhalte: Spüren des eigenen Körpers, Körperbild, Körperschema (Eutonie, z.B. nach Gerda ALEXANDER); Wahrnehmungsfähigkeit (sich selbst und andere wahrnehmen); Sozialerfahrung (Gruppenarbeit z.B. Tanzspiele). Tanz eignet sich besonders, sich selbst und andere zu spüren bzw. mit anderen Menschen in Kontakt zu treten. Er kann eine Möglichkeit sein, Zugang zu sich selbst, zu Mitmenschen zu finden, und ihnen helfen, einen neuen Lebenssinn zu erschließen. Zudem bietet er die Möglichkeit, den ganzen Reichtum der Gefühle zu spüren und auszudrücken (Körpersprache/Tanzimprovisation).

In Miami (USA) gibt es ein Projekt, in welchem den sogenannten „Massageomis" die Aufgabe zukommt, sich in den Kinderkliniken um die kleinen Patienten zu kümmern, ihnen durch Streicheln und sanfte Massage das zu geben, was ihnen im traditionellen, sterilen Klinikalltag sonst vorenthalten wird. Sowohl die Kinder in den Kliniken als auch die Senioren leiden häufig darunter, daß die zwischenmenschlichen Berührungen immer geringer werden und sich z.T. nur auf die Pflege und Versorgung beschränken. So entsteht auch hier eine symbiotische Beziehung, die insbesondere für die Senioren einen besonderen Sinngehalt darstellen können [45]. Durch die Massage (positive Berührung) wird im Körper die Produktion des Serotonins – einem sedativ wirkendem Hormon – angeregt. Häufiges Berühren trägt zur Gesundheit bei, weil es das Immunsystem stärkt[46]. Außerdem wirkt man auf diese Weise der – in vielen Fällen vorhandenen – multiplen sensorischen Deprivation der Senioren entgegen. Durch die vielfältige Stimulierung erfolgt eine Aktivierung der deprivierten Bereiche.

Auch Tiere spielen im Seniorenalter eine besondere Rolle. Sie vermitteln ein Gefühl von Geborgenheit, des Gebrauchtwerdens und bieten alleinlebenden Senioren angenehme Gesellschaft und eine geduldige Kommunikationsmöglichkeit. Hunde werden bevorzugt als „Co- Therapeuten" in Seniorenheimen, Heimen für geistig behinderte Menschen oder in psychiatrischen Kliniken eingesetzt. Diese Therapiehunde lernen in einer langjährigen Ausbildung bestimmte Verhaltens- oder Reaktionsweisen. Von dem Einsatz von Hunden in der Therapie verspricht man sich u.a. die Freisetzung von Emotionen. So können sich symbiotische Beziehungen zwischen Mensch und Hund entwickeln.

Foto 55a

IX. Mein Körper gehört mir[1]

Lust oder Frust bei der (Tennisball-)Massage

Der oft praktizierte Ausklang der Sportstunde einer 11. Klasse eines Gymnasiums: Nach der Aufforderung „Geht bitte zu zweit zusammen!" massieren sich die Schüler und Schülerinnen in Partnerarbeit mit Hilfe von Tennisbällen gegenseitig den Körper. Da heute ein Schüler fehlt, muß der Lehrer einspringen. Alle scheinen sich wohl zu fühlen, der Ablauf, das Ritual ist bekannt. Bei leiser Entspannungsmusik bewegen die Hände des Massierenden die Tennisbälle über den gesamten Körper des/der auf dem Bauch liegenden Partners/Partnerin.

Wie er es in einer Fortbildungsveranstaltung gelernt hat, hat der Lehrer die Schüler dazu angehalten, „unten" anzufangen, „oben" aufzuhören und kein Körperteil auszulassen. Nur in den beiden ersten Stunden gab es Gekicher. Jetzt läuft die Übung so, wie sie laufen sollte. Mit mehr und mal mit weniger Druck fahren die Tennisbälle über jeden erreichbaren Muskel... Drei Schülerinnen des Kurses mögen diesen Stundenabschluß überhaupt nicht, doch fraglos massieren sie und lassen sich massieren. Sie haben nicht gelernt, „Nein" zu sagen.

Berührungen können Heilmittel sein und/oder einfach nur „gut tun"; sie können aber auch verletzen oder alte Wunden wieder aufreißen. Bei der sog. „Tennisballmassage" handelt es sich in den meisten Fällen um eine „verordnete" Berührung. Damit meinen wir, daß diese Massageübung in der Schule (v.a. im Sportunterricht) oder im Rahmen sportpraktischer bzw. bewegungsorientierter Veranstaltungen während des Studiums durch den Lehrer[2] oder die Dozentin zum wohlmeinenden Zweck der Entspannung einer Gruppe von Schülerinnen oder Studenten vorgestellt und zur sofortigen Durchführung empfohlen wird. Fraglos und klaglos massieren sich diese dann gegenseitig und lassen sich massieren. Auch die, die aus verschiedenen Gründen diese Übung ablehnen, beugen sich dem Gruppendruck, ist doch ein Ausstieg in den meisten Fällen ohne Blamage nicht möglich. Die Lehrerin und der Dozent sind jedenfalls überzeugt, daß die beabsichtigten Wirkungen der Massage (wie „Lockerung", „Entspannung", „körperliches Wohlbefinden") auch tatsächlich eintreten.

Das Interesse an dieser speziellen, exemplarisch ausgewählten Massageform steht unter einer zweifachen Perspektive: Zum einen möchten wir einen Beitrag leisten für eine stärkere Sensibilisierung im Umgang mit dem Körper – oder besser mit dem „Leib" – anderer Menschen, zumal, wenn dies unsere „Schutzbefohlenen" sind. In diesem Bereich wurden und werden unserer Meinung nach innerhalb der Erziehung in der Schule und in körper- und leibbetonten Seminaren z.B. im Sportstudium bestimmte Themen (wie „Körpergrenzen", „Berührung und Körperkontakt", „Umgang mit Schülern/Studenten mit Gewalterfahrungen) ausgeklammert oder zumindest sträflich vernachlässigt.

Zum anderen möchten wir Grundüberlegungen vorstellen, die zu einer Kompetenzerweiterung der Pädagogen mit dem Ziel führen, ihre Schüler zu befähigen, autonom und selbstverantwortlich die Grenzen zu markieren, die von anderen respektiert und eingehalten werden sollen. Allein die Tatsache, daß nachweislich fast 17% aller Kinder (davon zum überwiegenden Teil Mädchen) Opfer (sexueller) Gewalt sind und diese Erfahrung unmittelbar in die Schule oder später ins Studium tragen, unterstreicht die Diskussionswürdigkeit dieser Thematik. Die Dunkelziffer liegt zweifelsfrei noch wesentlich höher.

Beschreibung der Tennisballmassage (Partnermassage)

Bei der sog. „Tennisballmassage" massiert eine Person (M) mit Hilfe eines Tennisballs eine andere in liegender Position befindliche Person (L). Dabei wird der Tennisball mit sanftem Druck über den Körper gerollt. Dies kann auch mit zwei Bällen in einer Hand oder je einem Ball in einer Hand geschehen. Die massierend wirkenden Berührungen kommen durch langsames oder zügiges, vielleicht auch einmal kräftiges Führen des Balles/der Bälle zustande. Wirkungen wie in medizinischen oder physiotherapeutischen Praxen sind hier nicht angestrebt. Ebenso ist die Kenntnis spezieller Massagegriffe und ihrer jeweiligen Wirkungen nicht erforderlich. Der Schwerpunkt bzw. die Zielrichtung der Tennisballmassage liegt eher auf der allgemeinen Harmonisierung körperlich-seelischer Spannungszustände im Sinne eines „Spannungsausgleichs".

Foto 56

Da die Tennisballmassage als Partneraufgabe durchgeführt wird, werden im folgenden die wichtigsten Parameter dieser Beziehungs- und Begegnungsform herausgestellt: Raum, Sprache, Blick, Berührung, da ihnen eine besondere Bedeutung für die Akzeptanz und Wirkung dieser Berührungsform zukommen.

Der Raum

Während L. in frei gewählter Position auf dem Bauch oder Rücken liegt, sich in optimalem Kontakt zum Boden befindet, kniet oder hockt M. neben oder z.T. über L., sich ggf. mit einem Arm abstützend. Beide Körper schaffen einen imaginären Raum, der durch die geistige Einstellung der beiden Menschen einen besonderen Stellenwert erhält, einen Raum, der durch die individuellen Räume der beiden Personen zu Einem verschmelzen und wegen seiner Sensibilität schützenswert ist. Durch die unterschiedlichen Handlungen beider Personen werden die individuellen Räume auch unterschiedlich erlebt. Als aktiv erlebende Person ist L. weitgehend bewegungsruhig, ihr Raum ist als Erlebnisraum eher nach innen als nach außen gerichtet, während bei M. ein Handlungs- und Gestaltungsraum vorliegt, den M. neben und über L. durch seinen ganzen Körper und die Bewegungen der massierenden Hände und Arme gestalten kann. Während der Massage sind die Blicke zueinander möglich oder beide richten sich gegen den Boden. In dieser dyadischen Beziehung entwickelt sich eine Gefühlswelt, umflossen von einer Aura mit dem Anspruch auf ungestörtes Erleben.

Foto 57

Diese harmonische, Eutonie anstrebende Begegnung zweier Menschen findet in einem Raum statt, der sich mit dem Raum des sich entwickelnden Lebens im Körper der Mutter vergleichen läßt. Er grenzt sich ab vom Umgebungsraum, dessen Merkmale geprägt werden von der räumlichen Ausdehnung, der Farbgebung, der Anzahl der Gruppenmitglieder und deren Verhalten, vom Gruppenleiter und vielen anderen Faktoren mehr.

Die Sprache

Während anfangs die gegenseitige verbale Zuwendung der Orientierung dient, ja sogar gelegentlich erforderlich ist, wenn Grenzen abgesteckt und Wünsche geäußert werden, nimmt sie im Verlaufe der Massage allmählich ab. Im Gegenzug bahnt sich eine Konzentration gegenseitiger Wahrnehmung an, die zugleich den Übergang zu nonverbaler Kommunikation bildet und zu Wahrnehmung und Deutung körperlicher Signale führt, an deren Ende schließlich die partnerbezogene Re-Aktion steht. So führt z.B. die Wahrnehmung der anfangs bei L. verstärkten, unregelmäßigen Atmung und wenig später harmonischen Atmung zu dem Eindruck, daß L. sich auf die Situation der Massage einlassen kann und sich M. überläßt. Dieses körperliche Signal kann Ausdruck zunehmenden Vertrauens von L. zu M. sein. Es bedarf somit nicht zwingend einer z. B. zusätzlichen Verbalisation: „So ist es angenehm, mach weiter so!"

Der Blick

Um zu einer Harmonisierung der Tonuslage zu gelangen, ist im allgemeinen für L. eine visuelle Kontrolle der Tennisballführung durch M. eher hinderlich, zumal dies auch körperlich einschränkend ist. L. wird – bei entsprechender Gefühlssicherheit – die Augen mit dem Ziel einer Innenschau schließen. Der Blick würde zudem sehr leicht aus dem individuellen und dyadischen Raum hinausführen und der beabsichtigen Erholung im Wege stehen. Gelingt es L. nicht, die Augen zu schließen, so ist dieses ein besonderes, zu beachtendes Signal.
M. hingegen wird seine Sinne auf L. gerichtet haben. Solange M. die Signale von L. mit beiden Sinnen – Augen und Tasten – aufnehmen will, werden sich diese zu einem stimmigen Bild zusammensetzen. Die Regelmäßigkeit der Atmung beispielsweise kann mit den Augen erkannt und mit den Händen erfühlt werden. Im wiederholten Verlauf dieser Begegnungen kann sich die empathische Fähigkeit auf einen Sinnesrezeptor, z.B. Tasten, allein stützen.

Die Berührung

In dieser dyadischen Beziehung sind beide Personen aktiv; L. gibt seinen Körper an M. mit der Bereitschaft, daß dieser ihn berühren darf.

Seine Körperlage ist Geste und Ausdruck zugleich, und nur in gegenseitigem Vertrauen und vorbehaltloser Ehrlichkeit und Offenheit kann die beiderseitige Berührung zu einem entspannenden Effekt führen.

In der Regel gehen wir davon aus, zu wissen, wo jemand gerne oder gar nicht berührt werden will, glauben, mit diesem vermeintlichen Wissen auf Rückfragen verzichten und mit den über den Körper geführten Tennisbällen die Verletzung von Tabus ausschließen zu können. Wie sehr wir mit dieser Vermutung fehlliegen, belegen unsere Erfahrungen aus Entspannungsseminaren mit insgesamt mehreren hundert Studierenden. Dabei stellte sich heraus, daß neben den sexuell tabuisierten Zonen auch andere Körperbereiche benannt wurden, die im allgemeinen nicht als selbstverständlich tabuisiert erachtet werden. In der Summe der mit Berührungsverbot belegten Körperpartien ergab sich ein kompletter Mensch; wir irren also, glaubten wir, unser Körperbild, d.h. hier das Erleben unseres eigenen Körpers, könne Maßstab und Grundlage sein für den Umgang mit anderen beseelten Körpern. Im Empfinden von Berührungen spiegelt sich die emotionale Geschichte des Individuums wider, sie ist einzigartig und nicht „offen"-sichtlich; sie kann sogar vom selben Individuum zu verschiedenen Zeitpunkten unterschiedlich erlebt werden. Diese Erlebnisweise bleibt dem Partner weitgehend verborgen und es bedarf vielfältiger, sensibler Erfahrungen, diese nachvollziehen, verstehen und erkennen zu können.

So lösen Druck, Dauer, Richtung, Material und Körperstelle unterschiedliche Wahrnehmungen aus, die erst geordnet, mit früheren Erfahrungen verglichen und schließlich bewertet werden. Erst die Akzeptanz der ausgelösten Gefühle ist grundlegende Voraussetzung für die gewünschte Entspannung.

Berührungsängste erkennen – Berührungsgrenzen respektieren

„Ich kam mir ohnmächtig vor; ich stellte mir vor, wie die Tennisbälle über meine Speckfalten und dicken Pobacken gerollt würden. Und würden sie es nicht, dann wahrscheinlich deswegen, weil es M. wohl zu unangenehm wäre. Ich weiß ja nicht, was der (M.) dabei denkt..."[4].

Da sich anscheinend alle Gruppenmitglieder in der Regel bereitwillig auf die Massageübung einstellen, bleiben Fragen oder Bedenken der Minderheit oft verborgen und unausgesprochen. Hier wird implizit Gruppendruck auf ängstliche, unsichere Teilnehmerinnen und Teilnehmer mit vielfältigen, negativen Auswirkungen ausgeübt, der den angestrebten Zielen der TBM widerspricht.

„Wer Berührungsängste hat, wird damit allein gelassen, und die Wirkungen schlechten Berührens werden zwar beklagt, aber als unvermeidlich hingenommen"[4].

So lange der Sinn der TBM in der Entwicklung und Stabilisierung des sich Wohlfühlens, z.B. durch Entspannung und Geborgenheit, liegt, ist besondere Sensibilität und Empathie seitens der Pädagogen zu erwarten, die Körperarbeit in Form von Partnerübungen mit einem derart hohen Grad sozialer und emotionaler Nähe durchführen.

Fühlen sich Teilnehmer alleine gelassen, ungehört und unverstanden, so wundert es nicht, daß seelische und körperliche Gegenreaktionen auftreten, sowie es eine Teilnehmerin beschrieb: „Ich lag steif wie ein Brett da und spannte alles an; ich fühlte nichts und atmete durcheinander, und wartete, daß es bald vorbei sein würde". Dieses Empfinden ist Ausdruck mißglückter Begegnung und verdeutlicht die Notwendigkeit, die Tennisballmassage verstärkt zu reflektieren.

Als die schlimmste Grenzverletzung ist sexueller Mißbrauch anzusehen. „Die Erfahrung der sexuellen Mißhandlung im Kindesalter ist ein fataler Angriff auf die Grenzen des Körpers und damit auf das Selbst und die Identität... Kleine Kinder erleben ihren Körper und seine Bewegungsfähigkeit als enorme Sensation... Sie lernen ihre Körperfunktionen beherrschen und erlangen dadurch Autonomie. Die sexuelle Mißhandlung durchbricht in massiver Weise ihre körperlichen Grenzen."[5]. Das Opfer erlebt jedoch nicht nur die massive körperliche Grenzüberschreitung, sondern zugleich die Negierung der eigenen Person, die Nichtbeachtung von Privatheit und sexueller Selbstbestimmung, von eigenen Wünschen und Bedürfnissen. Vor allem bei sexuell mißbrauchten Mädchen ergeben sich langfristige Folgen wie Selbstzweifel, Störungen der Wahrnehmung, mangelndes Zutrauen in die Gewißheit der eigenen Gefühle. Oftmals sind oder waren sie dabei nicht in der Lage, Beweise für den Mißbrauch zu liefern, was weiter zur Verschlechterung des Selbstbildes beiträgt[6].

Vor dem Hintergrund der dramatisch hohen Fälle von sexuellem Mißbrauch an Mädchen - aber auch an Jungen -, stellen sich die Fragen, inwieweit die weiblichen und männlichen Teilnehmerinnen und Teilnehmer diese früher gemachten körperlich-seelischen Gewalterfahrungen verarbeitet und welche Beeinträchtigungen psychischer oder körperlicher Art heute einen unbefangenen Umgang mit Nähe zum Menschen des eigenen oder anderen Geschlechts erschweren oder unmöglich machen und wie hoch die Anzahl derart betroffener in der Gruppe ist.

In einer Seminargruppe von ca. 30 Teilnehmern sind ca. 24 weibliche und 6 männliche Studierende. Studien aus Amerika sowie Deutschland, in denen u.a. der prozentuale Anteil sexuell mißbrauchter Mädchen und Jungen unter 18 Jahren an der Gesamtbevölkerung ermittelt wurde, nennen übereinstimmend ca. 33 % bei Mädchen und ca. 12 % bei Jungen. Somit können - ausgehend von einer Normalverteilung gesellschaftlicher Merkmale auch in der Studierendenschaft – von der genannten Gruppe ein Drittel der Studentinnen, also acht Personen, von sexueller Gewalterfahrung und von den männlichen Studenten zwei betroffen[7] sein.

Sind sich die Lehrenden dieser sich daraus entwickelnden oder existierenden Thematik/Problematik bewußt? Was wissen sie über die seelischen Auswirkungen körperlicher und seelischer Gewalterfahrungen im allgemeinen und im konkreten Fall? Kennen sie die ohnehin schwer zu interpretierenden Signale betroffener Kinder und wissen sie, ob diese Kinder im Jugend- und Erwachsenenalter (z.B. als Studierende), diese Zeichen noch setzen und in welcher inneren oder äußeren Form (Sprache, Verbalisation, Bewegung, äußeres Erscheinungsbild, Körperlichkeit ...) dies geschähe?

Das Wissen um diese Tatsache scheint uns Bestandteil einer Grundlage für die Bereitschaft und Fähigkeit zur Entwicklung der erforderlichen Sensibilität und Empathie in der partnerbezogenen Körperarbeit zu sein, insbesondere für die hier gewählte TBM.

Fühlt sich die Dozentin, der Dozent, die Lehrerin, der Lehrer für das Erleben der einzelnen Teilnehmerinnen und Teilnehmer (mit) verantwortlich - und dieser Verantwortung hat sie bzw. er sich in jedem Fall zu stellen -, so gilt es, weitere kritische Fragen mit dem Ziel zu stellen, einen möglichst hohen Grad an mitschwingendem Empfinden zu entwickeln und mögliche Unsicherheits- oder Angstgefühle bei den TeilnehmerInnen zu vermeiden oder auszuschalten.

Der Umgang mit „gewalterfahrenen" Studentinnen/Studenten und Schülerinnen/Schülern stellt an den Pädagogen hohe Anforderungen und kann eine erhebliche Belastung bedeuten. Er muß sich deshalb nicht nur mit dem gesellschaftlichen Phänomen (sexueller) Gewalt bzw. Gewalterfahrung auseinandersetzen, sondern vor allem auch seine eigene Haltung, Einstellung und Betroffenheit genau überprüfen, ohne den eigentlichen Unterrichtsgegenstand bzw. das Seminarthema aus den Augen zu verlieren. Die Auseinandersetzung mit der eigenen Person ist eine wesentliche und unverzichtbare Bedingung für die Arbeit und für den Unterricht mit Menschen, die über Gewalterfahrungen verfügen. Darüber hinaus ist von entscheidender Bedeutung, daß sich Pädagogen ihrer Macht und Verantwortung bewußt sind. Die Angst vor Berührungen und körperlichen Berührungen kann eine schwerwiegende Folge (sexueller) Gewalterfahrungen in der Kindheit sein. So ergibt sich häufig, daß die Betroffenen jede Form körperlicher Begegnung mit Menschen potentiell als bedrohlich und ge-

fährlich ansehen. In vielen Fällen würden sie Körperkontakt gänzlich mei-
den oder ausschließlich in sexualisierter Form suchen. Im Rahmen des
Sportunterrichts sind sie jedoch in den meisten Fällen nicht im Stande,
darauf aufmerksam zu machen, daß sie Berührungen nicht oder nicht in
dieser Form wünschen. Wie oben erwähnt, läßt die Tennisballmassage in
der Gruppensituation kaum Rückzugsmöglichkeiten zu. Der Schüler/Stu-
dent ist aufgrund der Gruppensituation und durch die (Bewertungs-)Ab-
hängigkeit von Lehrer/Dozent direkt bzw. indirekt gezwungen, die Massa-
ge schweigend „über sich ergehen" zu lassen.

Die Thematik bei jüngeren Schülerinnen und Schülern

Im Sportunterricht wird mit älteren Schülern Körperkontakt selten, mit jün-
geren Kindern so gut wie nicht thematisiert. Weder in der Lehrerausbil-
dung noch in der alltäglichen Praxis wird angesprochen und reflektiert,
was sich im sportlichen Umgang miteinander unfreiwillig und absichtlich in
unzähligen Situationen ergibt. Dabei bietet der Sportunterricht schon für
Kinder in niedrigen Klassen eine Fülle von Möglichkeiten, viele Aspekte
der Körperlichkeit zu erfahren, Probleme im Umgang mit dem (eigenen
und fremden) Körper zu erkennen und Hemmungen abzubauen. Dabei
kommt ihm hier „eine besondere Bedeutung zu – wie sonst nirgends in der
Schule"[8].

Foto 58: Kinder balgen gerne, spontan und unbefangen, sind jedoch zu sensiblen
Berührungen ohne pädagogisch behutsam vorgenommene Vorbereitung seltener
bereit.

Im Sinne des hier behandelten Themas geht es darum, die sich im Sportunterricht ergebenden Chancen für die Kinder, die Grenzen zu setzen nicht gelernt haben, zu nutzen. Dazu muß schon früh ein Umfeld geschaffen werden, in dem die leibliche Beziehung mit bzw. zu anderen so gestaltet wird, daß sich alle wohlfühlen bzw. keiner/keine gegen seinen/ihren Willen „behandelt" wird. „Eine didaktische Struktur für den sich vertiefenden Umgang mit solchen Gestaltungen kann gefunden werden, wenn man sich vorerst an den Eckpunkten des Beziehungsmusters (kooperativ vs. konkurrierend), der Form des Kontaktes (direkt – indirekt) und der Wirkungsrichtung (gleichgerichtet ursächlich auf den anderen bezogen) orientiert"[9].

FUNKE schlägt folgendes Vorgehen vor:

1. Übungen und Spiele mit indirekten und gleichgerichteten Kooperationen wie z.B.:
   - Paarlaufen in vermittelter Handfassung über Parteiband
   - gemeinsames Tragen oder Schieben von Gegenständen (z.B. Bälle auf Gegenständen)
   - synchrone Bewegungen (Trapez/Ringe, parallele Bodenturnbahnen)

2. Übungen und Spiele mit indirekten und kooperativen, aber ursächlich auf den anderen bezogen Aufgaben
   - Schattenlaufen
   - Spiegelbildgymnastik
   - partnerweises Ziehen auf dem Rollbrett

3. Übungen und Spiele mit indirekt konkurrierender Aufgabenstellung wie z.B.:
   - Zieh- und Schiebekämpfe mittels Seilchen oder Stäbe

4. Übungen und Spiele mit direkten Kontaktformen wie z.B.:
   - gleichgerichtet – kooperativ
   - gegengerichtet – kooperativ
   - konkurrierend

„Kontrollmechanismen" auf allen Ebenen sind von besonderer Bedeutung. Es geht zum einen darum, Rückzugsmöglichkeiten für die Schüler zu schaffen, die ohne Begründung von den Schülerinnen und Schülern genutzt werden können, und zum anderen, genügend Raum für Reflexionsphasen zu bieten, in denen das Erlebte ehrlich, offen und bewertungsfrei aufgearbeitet werden kann. Darüber hinaus ist es empfehlenswert, mit den Schülerinnen und Schülern im Vorfeld zusammen einen Regelkatalog für den Umgang miteinander zu entwickeln, der von allen akzeptiert wird.

Entwicklung einer Alternative

Im „normalen" Sportunterricht sowie in den Praxisveranstaltungen während des Sportstudiums ist Körperkontakt sowohl in absichtlicher wie ungewollter Form häufiger Bestandteil. Er wird jedoch wenig oder gar nicht thematisiert, es sei denn im Hinblick auf die im Sport vorgegebenen Faktoren „den Regeln entsprechend" - „den Regeln nicht entsprechend" (z.B. in den Ballsportarten). Selbst bei Unterrichtsinhalten wie „Entspannung" und „Massage", die ohnehin meist nur unter funktionellen Aspekten gesehen werden, werden die ethische Seite der körperlichen Berührung und die „Sinnlichkeit der Bewegung" (vgl. FUNKE 1996) nur sehr selten für die Schüler und Studierenden aufbereitet.

Es können im Sportunterricht und in sportpraktischen Veranstaltungen nicht therapeutische Verfahren zum Abbau der Folgeerscheinungen von (sexuellen) Gewalterfahrungen eingesetzt werden. Jedoch müssen Mittel und Wege gefunden werden, die diese Schüler/Studenten gerade in den Stunden, in denen es um Berührungen geht, in die Lage versetzen, sich deutlich abzugrenzen. Auf der anderen Seite muß ein „Klima" geschaffen werden, das Grenzsetzungen – von wem auch immer – als selbstverständliche und nicht mehr zu hinterfragende Maßnahme zuläßt.

Spiele und Übungen, die einen engen, intimen Körperkontakt beinhalten, müssen lange und gründlich vorbereitet werden. So kann es von der ersten Sportstunde in der Schule an selbstverständlich sein, Berührungen und Körperkontakt nicht nur als „Begleitumstände" im Sport bzw. beim Sporttreiben, sondern – angebunden an bestimmte Inhalte – als zum Unterricht zugehörig zu betrachten. Dabei sollte den Schülern, ebenso von Beginn an, das Prinzip der Freiwilligkeit vertraut sein. Für Schülerinnen und Schüler mit Vorbehalten sollten grundsätzlich Rückzugsmöglichkeiten ohne „Gesichtsverlust" geschaffen werden.

Aus dem Fundus der sog. „Körperzentrierten Therapieverfahren" sowie aus der Psychomotorik/Motopädagogik läßt sich zum einen eine große Auswahl praktischer Beispiele für jede Altersstufe ableiten, die einerseits helfen, Inhalte wie (Tennisball-)Massage und Körperberührungen sukzessive zum Gegenstand des Unterrichts zu machen. Zum anderen zeigen sie den Schülern einen Weg, verbal oder nonverbal ihre Bedürfnisse beziehungsweise ihre Befindlichkeit auszudrücken und Grenzen zu markieren.

Einige Themenbereiche können beispielsweise sein:

- Entspannungsübungen (alleine, zu zweit, in der Gruppe)
- Ringen und Raufen in Gruppensituationen (später in eins zu eins Situationen)

- Spiele, die zunächst über wenig, dann über mehr Körperkontakt Vertrauen entwickeln helfen (z.B. Führen und Folgen, Akrobatik)
- Spiele und Übungen, die helfen, Befindlichkeit in der Bewegung auszudrücken und diese bei anderen wahrzunehmen (z.B. Pantomime, szenische Darstellungen, Scharaden)
- Spiele und Übungen mit einem großen Anteil an verbalen und spielerischen „Grenzsetzungen" (z.B. im Rahmen von rhythmischen Sprach- und Bewegungsspielen)

Durchführung der Tennisballmassage

Der Pädagoge/der Dozent sollte den Schülern bzw. Studenten erklären, warum, womit und wie bzw. wozu die Tennisballmassage eingesetzt wird. Sie sollten immer gefragt werden, bevor es zu Berührungen bzw. zur Massage kommt. Dies gilt für den gesamten Stundeninhalt, nicht für jede einzelne Berührung. Jeder Schüler, jede Studentin hat immer und zu jeder Zeit das Recht, Berührungen abzulehnen. Eine Begründung ist dazu nicht erforderlich.

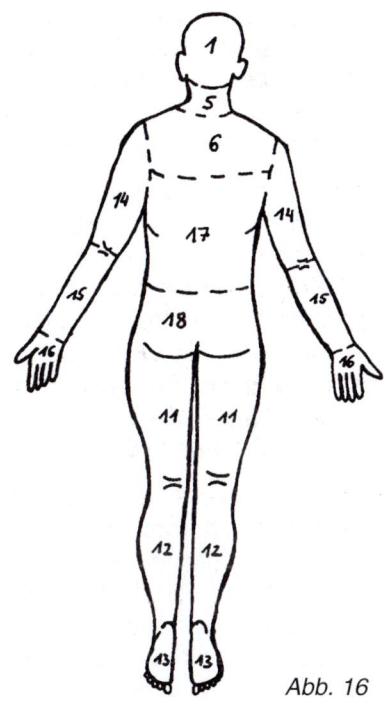

Wir schlagen die Gestaltung der Übungen mittels eines „Ja-Nein-Menschen" und „Ja"-„Nein"-Kärtchen vor. Auf ein in die verschiedenen Körperzonen eingeteiltes Körperschema (vgl. Abb. 16) werden mittels „Ja"- und „Nein-" Kärtchen die Stellen markiert, an denen man berührt bzw. nicht berührt werden möchte. Dies gilt für den Massierten ebenso wie für den Massierenden. Erst im Anschluß daran wird die eigentliche Tennisballmassage durchgeführt.

Die beiden Partner sitzen also zunächst am Körperschema zusammen, klären, wer als erster massiert bzw. wer als erster massiert werden möchte. Die „Ja-Nein-Kärtchen" liegen bereit und werden zuerst von der Person, die massiert wird auf das vor ihnen liegende Körperschema gelegt. Die

Abb. 16

Frage lautet „Wo möchtest du gerne berührt werden, wo möchtest du auf keinen Fall berührt werden?" Anschließend legt der Massierende ebenso die Kärtchen auf das Körperschema. Hier lautet die Frage „Wo möchtest du deinen Partner – deine Partnerin gerne berühren, wo möchtest du sie auf keinen Fall berühren?" Hier können durchaus unterschiedliche Wünsche der Bereitwilligkeiten auftreten, wobei es dem betreffenden Paar überlassen wird, die Gewichtung eines Wunsches (z.B. „ich möchte dich nicht am Kopf massieren") auszusprechen und ggf. neue Modalitäten zu finden. Eine Grundvoraussetzung für die Durchführung der Tennisballmassage im oben genannten Sinne ist es, daß die Paare nicht willkürlich oder zufällig zusammengestellt werden, sondern daß sie dies nach eigenem Willen tun. In einer anschließenden Reflexionsphase tauschen sich beide Partner über das Geschehene aus. Durch die mögliche Veränderung der emotionalen Befindlichkeit kann es in dieser Situation ebenso zu Einstellungsveränderungen kommen, die auch während der Übung kundgetan werden sollen, indem ein vorbereitetes Zeichen (z.B. eine verabredete Geste) oder ein klares, verbales Signal gegeben wird, möglichst ohne die Übung zu unterbrechen. Die Reflexionsphase dient dazu evtl. die Grenzen zu erweitern oder noch mal ganz klar deutlich zu machen. Wie oben erwähnt, sollte die Tennisballmassage am Ende einer langen Reihe vorbereitender und vertrauensbildender Übungen und Spiele stehen.

Ergebnisse einer Befragung

Mittels eines Fragebogens sollten unsere eingangs aufgeführten Annahmen empirisch überprüft werden. Der Fragebogen enthielt sowohl allgemeine Fragen zur Einstellung gegenüber dem eigenen Körper, zu Faktoren, die zum Wohlbefinden beitragen bzw. dies verhindern sowie konkrete Fragen zum „Berühren" und zum „Berührt-werden". Erfragt wurde auch, ob die StudentInnen in ihrer Kindheit/Jugend körperliche/seelische Gewalt erfahren haben.

Der Fragebogen wurde insgesamt von n = 101 StudentInnen beantwortet (weiblich n=90; männlich n=11). Alle waren Teilnehmer praxisorientierter Seminare zur Sonder- und/oder Sportpädagogik.
Die wichtigsten Ergebnisse der Befragung sollen im folgenden überblicksartig aufgelistet werden.
Der Gesamtanteil der Studierenden mit Gewalterfahrung lag bei 17% (n=17). Davon war der überwiegende Teil weiblich (n=14). Dieser Anteil (gesamt wie hinsichtlich der Geschlechtsverteilung) innerhalb der Stichprobe entspricht in etwa den Quoten in der Gesamtbevölkerung, wie den Ergebnissen einschlägiger Untersuchungen zur Thematik zu entnehmen ist[10].

Erwartet wurde, daß sich Studierende mit Gewalterfahrung, unabhängig vom Geschlecht, von denen ohne Gewalterfahrung v.a. im Hinblick auf Items wie „Berührungsangst" oder „Unsicherheit im Umgang mit körperlichen Grenzen" unterscheiden. Es ergaben sich jedoch sehr wenige statistisch signifikante Unterschiede zwischen beiden Gruppen.

So fühlen sich Studierende mit Gewalterfahrung ebenso wohl in ihrem eigenen Körper und stehen diesem auch gleich „kritisch" gegenüber wie diejenigen ohne Gewalterfahrung. Beide Gruppen scheinen auch gleich gut die Signale des eigenen Körpers (z.B. bei psychischem Unwohlsein oder bei Belastung) wahrzunehmen und gleiche oder ähnliche Maßnahmen zur Steigerung bzw. Wiederherstellung des Wohlbefindens zu ergreifen. Trotz Gewalterfahrung unterscheidet sich darüber hinaus der – körperliche – Umgang dieser Personen mit anderen Personen nicht von denen ohne Gewalterfahrung. Die Höhe der „Berührungsängste" mit sympathischen und/oder neutralen Personen war in beiden Gruppen gleich.

Unterschiede, die jedoch nur auf Tendenzen und nicht auf statistisch signifikante Differenzen verweisen, ergaben sich zum einen darin, daß Studentinnen und Studenten mit Gewalterfahrung größere Unsicherheit in Bezug auf das „Deutlichmachen körperlicher Grenzen" aufwiesen. So neigten diese bei „Grenzüberschreitungen" dabei eher zum Rückzug oder zögerlichem Verhalten, als daß sie in der Lage waren, deutlich auf das Überschreiten hinzuweisen.

Es scheint auch so zu sein, daß selbstinitiierte Maßnahmen zur Steigerung der körperlichen Befindlichkeit bzw. der Wunsch nach neuen Erfahrungen zur Verbesserung des Wohlbefindens bei Studierenden mit Gewalterfahrungen „stimmungsunabhäniger" sind als bei den anderen. Von denjenigen ohne Gewalterfahrungen lassen sich immerhin 37,5% von aktuellen Bedürfnissen leiten. Demgegenüber gaben Studierende mit Gewalterfahrung zu 33% an, daß v.a. positive Bestätigungen durch andere (wie z.B. „Du siehst heute sehr gut aus") stark zur Verbesserung der (körperlichen) Befindlichkeit beitragen.

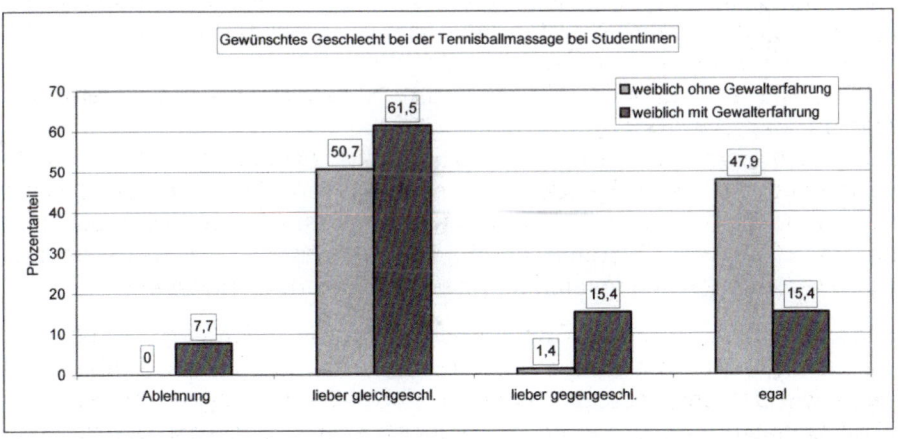

Abb. 17: Gewünschte Erfahrungen zur Steigerung des körperlichen Wohlbefindens

Statistisch signifikante Unterschiede zwischen beiden Gruppen ergaben sich dahingehend, daß Studentinnen mit Gewalterfahrung die Auswahl des Partners/der Partnerin bei der Tennisballmassage nur wenig dem Zufall überlassen, sondern eher festgelegt sind. Demgegenüber ist es Studentinnen ohne Gewalterfahrung zu einem hohen Anteil „egal", von wem sie massiert werden.

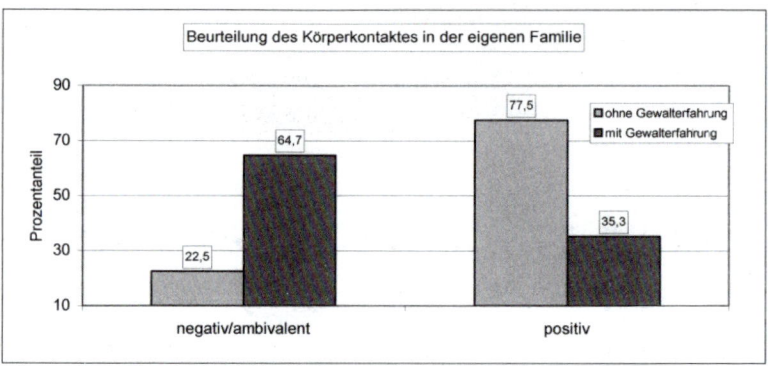

Abb. 18: Vergleich von Studentinnen mit und ohne Gewalterfahrung im Hinblick auf die Partnerwahl bei der Tennisballmassage

Auf die Frage, wie die Art und Weise des Körperkontakts innerhalb der eigenen Herkunftsfamilie zu beurteilen ist, antworteten die Studierenden mit Gewalterfahrung wesentlich häufiger mit „eher negativ" oder „ambivalent" als die Studierenden ohne Gewalterfahrung. Bei diesen wurde die Art und Weise des Körperkontakts in der eigenen Familie durchweg als positiv beurteilt.

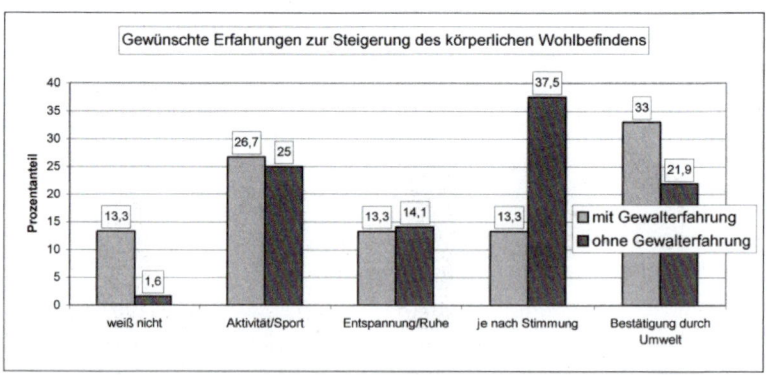

Abb. 19: Vergleich der Einschätzung der Qualität des Körperkontakts innerhalb der eigenen Familie zwischen n= 80 Studierenden ohne und n=17 Studierenden mit Gewalterfahrung

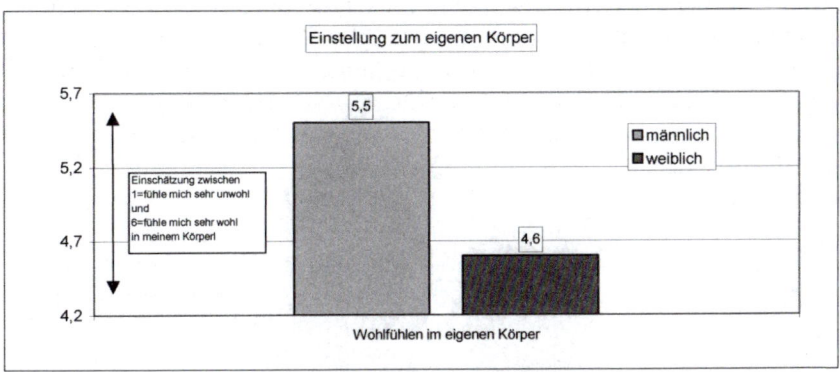

Abb. 20. Einschätzung der Einstellung zum eigenen Körper bei n=11 männlichen und n=90 weiblichen Studierenden

Unabhängig von der Frage, ob die Studierenden in ihrer Kindheit oder Jugend Gewalt erfahren hatten, konnten auch bei zwei weiteren Items des Fragebogens statistisch signifikante Unterschiede zwischen den Geschlechtern nachgewiesen werden. Zum einen fühlen sich die männlichen Studierenden im eigenen Körper eindeutig wohler als die weiblichen. Zum anderen bevorzugen die Studentinnen eine gleichgeschlechtliche Partnerin bei der Tennisballmassage, während die Studenten signifikant häufiger sich eine Partnerin bei dieser Übung wünschen.

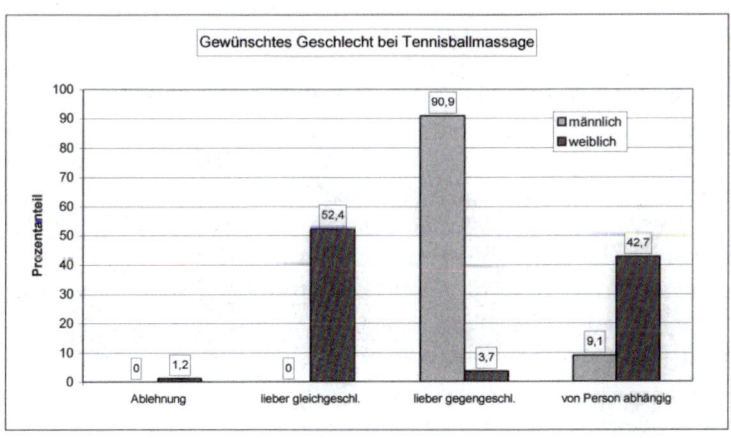

Abb. 21: Gewünschtes Geschlecht bei der Tennisballmassage bei n=11 männlichen und n=90 weiblichen Studierenden

Aufgrund des geringen Stichprobenumfangs konnten nur sehr wenige statistisch signifikante Ergebnisse ermittelt werden. Dennoch spiegeln diese insgesamt die Notwendigkeit wieder, stärker als bisher auf das Problem des Setzens von (körperlichen) Grenzen im (Sport)Unterricht und im (Sport)Studium zu achten. V.a. die Tatsache, daß sich mit sehr hoher Wahrscheinlichkeit in jeder Lerngruppe Personen befinden, die in ihrer Kindheit und Jugend körperliche und/oder sexuelle Gewalt erfahren haben, macht es notwendig, Mechanismen in den Unterricht bzw. in die Lehrveranstaltungen einzubauen, die die Betroffenen befähigen, eigene Grenzen zu setzen und die der anderen zu respektieren. Aus der Befragung ergab sich, daß gerade Studierende mit Gewalterfahrung oftmals Übungen und Spiele, die einen sehr engen und nahen Körperkontakt beinhalten, trotz deutlichen Unwohlseins passiv über sich ergehen lassen. So sollte die Fähigkeit zum Widerstand gegen ungewollte körperliche Berührungen zu einem eigenständigen Lerngegenstand werden.

Schlußbemerkung

Anhand des Beispiels „Tennisballmassage" wollten wir zeigen, wie wenig gerade im normalen „Lehrbetrieb" auf die Schüler und Studierenden Rücksicht genommen wird, die mit äußerst negativen und manifesten körperlich-psychischen Erfahrungen den Unterricht bzw. Seminare besuchen.

Bei der „öffentlichen Aufforderung", sich zu massieren, treffen so zwei ungünstige Bedingungen bzw. personale Voraussetzungen zusammen. Dem Lehrenden fehlt es häufig in dieser Hinsicht an „Körper-Wissen" und er vertritt ein einseitiges funktionales Verständnis von Körperlichkeit. Den betroffenen Lernenden und Studierenden fehlt es an Mut und Erfahrungen, Grenzen zu setzen und nicht gewünschte Berührungen abzulehnen. Ihre Ängste und Schwierigkeiten finden keine Berücksichtigung, unvorhergesehene Emotionen werden nicht und können bei diesen Voraussetzungen nicht aufgefangen oder gar bearbeitet werden. Somit kommt es – letztlich von allen ungewollt – zu negativen Berührungen und zu negativem Körperkontakt. Diese sind dadurch gekennzeichnet, daß sie keinen wechselseitigen Prozeß erzeugen. Dieser Kontakt fordert nicht zum Dialog bzw. zur Kommunikation auf, er kann auch nicht das Bedürfnis nach Nähe, Zuwendung bzw. Bestätigung durch andere erfüllen. Indem er die individuellen Grenzen nicht respektiert, bleibt er einseitig und manipulativ.

In diesem Sinne soll hier der Blick auf die „Ethik der Berührung und des Körperkontakts" im Unterricht und Studium gerichtet werden. Mit unseren Anregungen für eine (Um-)Gestaltung der Praxis und unseren Hinweisen für weiterführende Überlegungen wollen wir dazu beitragen, daß sich die persönlichkeitsfördernden und –stabilisierenden Wirkungen der Tennisball-massage (wie andere Übungen und Spiele zum Körperkontakt) zwanglos entfalten können. Das Lehren und Lernen von „Ich-Abgrenzungen" bedeutet unserer Meinung nach einen Zugewinn an „Ich-Stärke" bzw. „Ich-Kompetenz".

Betrachten Sie bitte das folgende Foto, ehe Sie weiterblättern.
Lassen Sie es auf sich wirken.

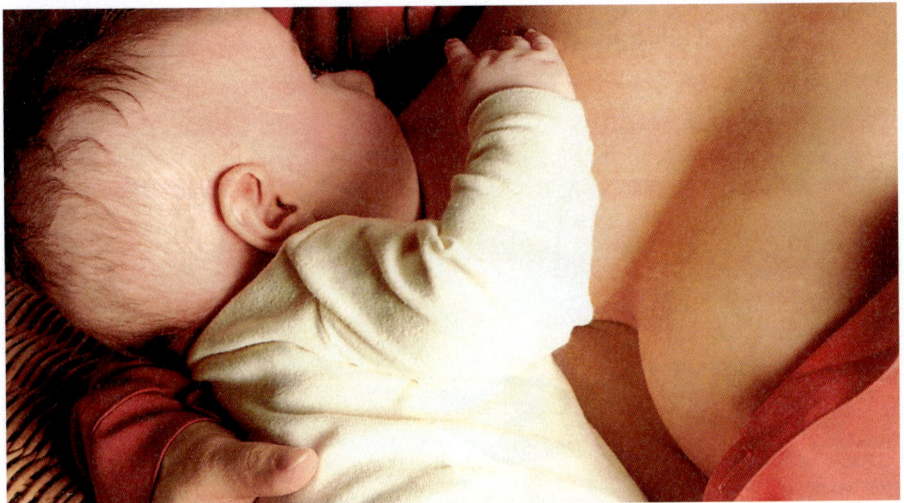

Foto 59a: (Das Bild stammt aus der Werbung.)

Überlegen Sie bitte weiter, wie Sie durch dieses Bild 'berührt' werden und für welches Produkt hiermit Werbung betrieben werden könnte.

Foto 59b

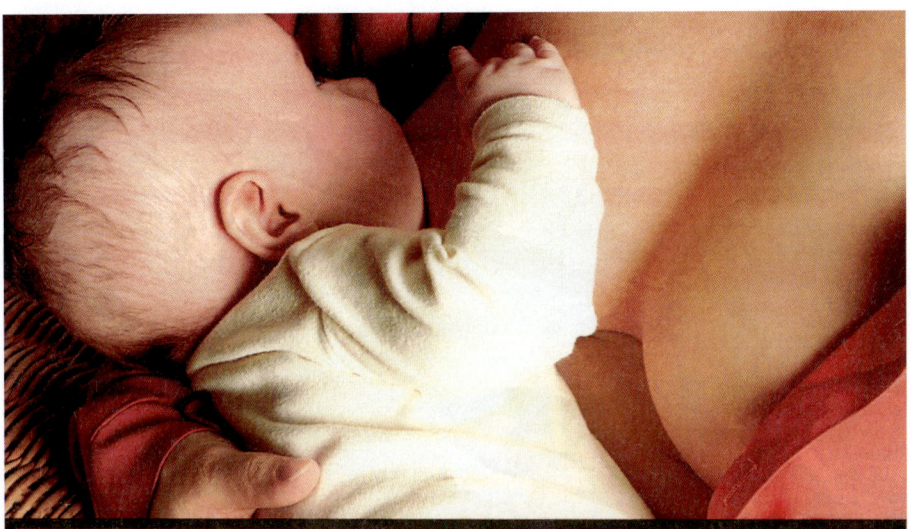

Manchmal sagt einem das Gefühl, was das Richtige ist.

Original Druckerzubehör von Canon.

Wer einen Canon Drucker hat, sollte ihn auch gut versorgen: mit Tinte, Toner und Papier. Was liegt da näher als original Canon Zubehör – sorgfältig aufeinander abgestimmt und maßgeschneidert für Ihren Drucker. Hören Sie also ruhig auf Ihre innere Stimme. Und wählen Sie das Original.

Original Canon Tinten, Toner und Papiere.

Canon Deutschland GmbH, Europark Fichtenhain A10, 47807 Krefeld. Infos und Musterausdrucke unter **0 21 51/3 49-5 66.**
tp://www.canon.de

Foto 59a-c: Stillende Mutter. Bild aus der Werbung, die den Konsumenten auffordert, nur das Originalprodukt zu kaufen (© Canon)

X. Kein Einzelfall[1] ...

Das folgende Fallbeispiel zeigt die Lebensgeschichte eines Jungen auf, bei dem die Bedeutung des Körperkontaktes für seine Entwicklung bzw. die Auswirkungen des Mangels an Körperkontakt auf seine Entwicklung besonders deutlich werden.

> Berührt, gestreichelt und massiert werden,
> das ist Nahrung für das Kind.
> Nahrung, die genauso wichtig ist,
> wie Mineralien, Vitamine und Proteine.
> Nahrung, die Liebe ist.
> Wenn ein Kind sie entbehren muß,
> will es lieber sterben.
> Und nicht selten
> stirbt es wirklich.
>
> *Frederick Leboyer*

Fallgeschichte

Florian[2] kam mit sieben Jahren in unsere teilstationäre Einrichtung für verhaltensauffällige Kinder.
Auffälligkeiten in der Schule und im häuslichen Millieu führten dazu, daß die Mutter beim Jugendamt um unterstützende Hilfen zur Erziehung bat.

Die Familienanamnese ergab zunächst folgende Informationen:
Florian kam als erstes uneheliches Kind von Frau Z. zur Welt.
Zum Zeitpunkt der Geburt war diese 21 Jahre alt.
Die Beziehung von Frau Z. zu dem leiblichen Vater von Florian endete bereits während der Schwangerschaft, da dieser ein Kind ablehnte.
Bis zu seinem 7. Lebensjahr hatte Florian keinen Kontakt zu seinem leiblichen Vater.

Frau Z. ging nach Florians Geburt weiterhin ihrer Berufstätigkeit nach. Sie kam erst spätabends nach Hause.
Florian verbrachte die meiste Zeit seiner frühen Kindheit bei den Großeltern mütterlicherseits.
Insbesondere zu seiner Großmutter hatte er eine starke emotionale Beziehung aufgebaut.

---

[1] aus dem beruflichen Erfahrungsfeld von S. Weddemar
[2] Alle in diesem Kapitel verwendeten Namen wurden von der Autorin geändert.

Mit der Geburt ihres zweiten unehelichen Kindes (Florian war zu diesem Zeitpunkt fünf Jahre alt) beendete Frau Z. ihr Arbeitsverhältnis, um sich ganz um die Kinder kümmern zu können.

Auch Florian wurde nun den ganzen Tag über von seiner Mutter versorgt.

Der Kontakt zur Großmutter wurde – auch aufgrund von Meinungsverschiedenheiten über Erziehungsangelegenheiten – stark eingeschränkt.

So warf die Mutter der Großmutter oft vor, sie würde Florian zu sehr verwöhnen.

Der zweite Sohn – Max – stammt aus einer neuen Beziehung zu einem Mann, der auch der damalige Lebensgefährte von Frau Z. war.

Der Sohn wurde nach ihm benannt, d.h. sein Vorname ist mit dem des Lebensgefährten identisch.

Vom Familienstand her ist dieser Sohn ein Halbbruder von Florian.

Der Lebensgefährte hatte eine nicht eindeutige Stellung innerhalb der Familie Z.

Als Lebenspartner von Frau Z. verweilte er häufig bei der Familie und wirkte als Vater von Max auch im Erziehungsgeschehen von Florian mit; er bewohnte aber weiterhin eine eigene Wohnung.

Nach Angaben von Frau Z. war das Verhältnis zwischen ihrem Lebensgefährten und Florian zunächst gut, verschlechterte sich dann aber ohne für sie erkennbare äußere Gründe stetig.

Florian zog sich immer mehr von ihm zurück und weigerte sich vehement, mit ihm zu sprechen oder etwas mit ihm zu unternehmen.

Hielt sich der Lebensgefährte in der Wohnung auf, ging Florian in sein Zimmer und blieb dort, bis dieser die Wohnung verließ.

Er reagierte auf keine Ansprache und Angebote seitens des Lebensgefährten, sondern blockte jeglichen Kontakt ab.

Sobald der Lebensgefährte ging, kam Florian aus seinem Zimmer und provozierte die Mutter, indem er sie mit obszönen Wörtern beschimpfte, frech war, herumtobte und auf keinerlei Interventionen ihrerseits reagierte.

Frau Z. gab an, daß Florian aufgrund seines schwierigen Verhaltens – insbesondere ihrem Lebensgefährten gegenüber – das Zusammenleben zwischen ihm und ihr verhindert.

Desweiteren gab sie an, daß Florian auch bereits in einer vorangegangenen Beziehung zu einem Mann ähnliche Verhaltensschwierigkeiten zeigte und daß auch diese Beziehung letztendlich aufgrund des schwierigen Verhaltens von Florian gescheitert ist.

Da Florians Verhalten im häuslichen und auch im schulischen Bereich (hier zeigte er aggressives Verhalten, Unkonzentriertheit, motorische Unruhe) immer auffälliger wurde, beschlossen die Mutter und ihr Lebensgefährte, Florian die Möglichkeit der Kontaktaufnahme zu seinem leiblichen Vater zu gewähren. Sie dachten, der Junge würde vielleicht darunter leiden, daß der seinen leiblichen Vater nicht kennt und erhofften sich durch diese Kontaktaufnahme eine Besserung seines Verhaltens.

Seit dieser Zeit (seit Florians 7. Lebensjahr) hatte Florian im 14-tägigen Abstand samstags Besuchskontakte bei seinem leiblichen Vater.

Auch die Kontakte zur Großmutter wurden nun verstärkt wieder wahrgenommen, da die Mutter erkannte, daß diese doch eine wichtige Bezugsperson für Florian war.

Frau Z. schilderte, daß sie selbst ein schlechtes Verhältnis zu Florian hat. Es fiele ihr schwer, ihn zu berühren und selbst der Kontakt bei pflegerischen Tätigkeiten (z.B. Haarewaschen) fände von ihrer Seite aus sehr distanziert und eher mechanisch statt.

Dies waren die Informationen, die uns vorlagen, bevor wir Florian näher kennenlernten. Zusammenfassend sahen wir die Hauptproblematik zu diesem Zeitpunkt folgendermaßen:

Florian wuchs in seinen bisherigen sieben Lebensjahren mit wechselnden Bezugspersonen und vielen in das Erziehungsgeschehen involvierten Personen auf.

Ferner erhielt er nur ein Minimum an körperlicher Zuwendung von seiner Mutter.

Weiterer Entwicklungsverlauf

Zu Beginn der Einweisung der Kinder in unsere Einrichtung verschaffen sich alle Mitarbeiter ein umfassendes, aber auch persönliches Bild über diese.

Als Heilpädagogin führte ich mit Florian Einzelförderstunden und pychomotorische Kleingruppenförderungen durch.

In der Anfangszeit erlebte ich ihn in den heilpädagogischen Einzelförderstunden als motorisch sehr unruhig, zudem impulsiv und unaufmerksam.

Er war ständig in Bewegung und zeichnete sich durch Angespanntsein und durch eine verbale Hyperaktivität aus, d.h., er redete und schrie viel und laut.

Während der anfänglichen diagnostischen Phase gelang es mir kaum, ein Gespräch mit ihm zu führen.

Er kroch oft unter den Tisch und konnte keinen Blickkontakt halten.

In Situationen, in denen ich Anforderungen an ihn stellte (z.B. ein Bild malen), verstärkte sich dieses Verhalten noch. Er war sehr selbstunsicher.

In den pychomotorischen Förderstunden zeigte er von Beginn an hingegen ein anderes Bild.
Hier war er kooperativer und konnte sich besser auf die Angebote und auch auf Anforderungen einstellen.
Bewegungsangebote gefielen ihm offenbar.

Während der diagnostischen Phase (drei Monate) beobachtete ich folgende Stärken bei Florian:

- er konnte innerhalb dieser drei Monate eine gute Beziehung zu mir aufbauen
- die anfänglichen Schwierigkeiten in Form der verbalen Hyperaktivität und der Vermeidung von Blickkontakten konnte er schnell abbauen
- er kam gerne in die Förderstunden und genoß die intensive Einzelzuwendung
- schon nach 6 - 8 Wochen war es kein Problem mehr, Gespräche mit ihm zu führen

Bestehende Auffälligkeiten waren:
- motorische Unruhe
- Impulsivität
- Unaufmerksamkeit
- Strukturlosigkeit
- Anspannung
- aggressives Fehlverhalten; insbesondere oppositionelles Trotzverhalten (auf der Gruppenebene zu erkennen).

Als Inhalte der weiteren heilpädagogischen Förderung plante ich:
- spielerisches Anbahnen prosozialer Verhaltensweisen
- Durchführung von Spielen zum Aufbau einer besseren Impulskontrolle
- kindzentrierte Gespräche über die häusliche Situation
- Angebot von kooperativen Spielen
- Angebot von körperbetonten Spielen und Spielen, die Körperkontakt beinhalten
- Bewegungsangebote zum Aufbau von Sozialkompetenzen
- Entspannungsangebote

Mit der Mutter und auch dem Lebensgefährten sollten parallel dazu Gespräche stattfinden.

Schon nach kurzer Zeit fiel mir auf, daß Florian insbesondere körperbetonte Spiele und Spiele, die Körperkontakt beinhalteten, besonders gern durchführte.
Durfte er Spiele wählen, entschied er sich immer für Spiele aus diesen Bereichen (Massagespiele, Fangspiele mit Körperkontakt, Phantasiespie-

le, in denen er Tiere spielte, die man streicheln sollte, ...).

Eine seiner weiteren Lieblingsbeschäftigungen war das Schaukeln in der Hängematte.

Manchmal verbrachte er die gesamte Stunde damit.

Hierbei machte ich die Erfahrung, daß er in der Situation des „Geschau-kelt-Werdens" von sich aus Gespräche über seine häusliche Situation initi-ierte.

Er beklagte sich oft über seine Mutter und den Lebensgefährten. Wenn er besonders problematische Situationen ansprach, zog er jedesmal den Stoff der Hängematte über seinen Kopf. So fühlte er sich anscheinend gebor-gen und in der Lage „für ihn wichtige oder schlimme Ereignisse" anzuspre-chen.

So erzählte er, daß sein leiblicher Vater der liebste Mensch der Welt für ihn sei und daß dieser ihm versprochen habe, daß er später bei ihm leben und wohnen kann.

Auf Florians Frage hin, wann dieses „später" denn sei, antwortete ihm der Vater: „ Wenn du acht oder neun Jahre alt bist". Für Florian also in näherer Zukunft.

Desweiteren erzählte er, daß ihm seine Mutter oft androhe, daß er, wenn er sich nicht besser benehmen würde, zu seinem Vater ziehen müsse.

Florian selbst wünschte sich dieses sogar, da er eine gute Beziehung zu seinem Vater hatte.

Bereits nach ca. vier Monaten konnte ich Veränderungen in Florians Ver-halten erkennen.

Er war nun ruhiger, umgänglicher, kooperativer und wirkte insgesamt aus-geglichener.

Er hatte sich gut in unserer Einrichtung eingelebt. Hier fand er offensicht-lich einen guten Ausgleich zu seiner konfliktbeladenen häuslichen Situati-on.

Zu anderen Kindern der Einrichtung und auch zu den Pädagogen baute er positive Beziehungen auf.

Seine Lehrer gaben uns zu diesem Zeitpunkt ebenfalls positive Rückmel-dungen über sein Verhalten.

Im Unterricht war er nun viel ruhiger und zeigte kaum noch aggressive Verhaltensweisen.

Selbst auf dem Schulhof hatte er nur noch selten Streit mit anderen Kin-dern.

Trotz der positiven Verhaltensveränderungen in unserer Einrichtung und auch in der Schule berichtete die Mutter weiterhin von massiven Verhal-tensauffälligkeiten im häuslichen Bereich.

Sobald Florian mit ihr alleine war, schrie und tobte er, zudem reagierte er weder auf positive Ansprache noch auf Maßregelungen und Konsequenzen.

Wenn der Lebensgefährte in der Wohnung war, sprach er nach wie vor kein Wort und verzog sich in sein Zimmer.

Die Wochenenden (Samstag und Sonntag ist unsere Einrichtung geschlossen) mit Florian beschrieb die Mutter durchweg als „schrecklich und fürchterlich". Auch berichtete sie von einer abnormen Fingerhaltung (Verkrampfung), die sie ständig bei ihm beobachten könnte.

Diese Fingerhaltung, die wir als Ausdruck psychischer Anspannung interpretierten, konnten wir in unserer Einrichtung jedoch zu keinem Zeitpunkt beobachten.

Aufgrund des unterschiedlichen Verhaltens Florians in den verschiedenen Bereichen (Einrichtung, Schule, Familie) schlossen wir, daß es sich bei ihm um eine Störung handelte, die ganz wesentlich auf die familiäre Situation bezogen war und dort auch ihren Ursprung hatte.

Bei uns und auch in der Schule hielt Florians ruhiges, ausgeglichenes Verhalten ca. sechs Monate - bis zu unseren dreiwöchigen Sommerferien - an.

Nach diesen Sommerferien kam Florian verändert in unsere Einrichtung zurück.

Er wirkte müde, ausgepowert, lustlos und schlaff.

Die Lehrer schilderten uns nach einiger Zeit ähnliche Beobachtungen.

Insbesondere sein Konzentrationsvermögen hätte stark nachgelassen. Er wirke müde und würde den Schulvormittag überwiegend träumend auf der Schulbank liegen.

Sie vermuteten, daß er den ganzen Streß / Beziehungsstreß zu Hause nicht mehr aushielt.

Nach Rücksprache mit der Mutter berichtete diese, daß die Sommerferien für sie die „reinste Katastrophe" waren.

Florian hätte sich sehr schlecht verhalten. Es hätte ständig Streit gegeben. Durch sein Verhalten würde er sie so blamieren, daß sie sich kaum noch traute, etwas mit ihm zu unternehmen.

Sie erzählte, daß Florian nun schlafwandelt. Er würde nachts aufstehen und durch die Wohnung laufen.

In den Psychomotorikstunden wollte Florian zu diesem Zeitpunkt nur noch in der Hängematte schaukeln bzw. geschaukelt werden. Er wirkte sehr kraftlos.

Er selbst erzählte, daß zu Hause nur noch geschrien würde. Seine Mama würde ihn nur noch anschreien und auch der Lebensgefährte würde schreien und das noch lauter als die Mama.
Ich hatte den Eindruck, daß es Florian emotional sehr schlecht ging.

Im Zeitraum von August bis zu den Herbstferien wurde Florians Verhalten auch in unserer Einrichtung wieder auffälliger.
Aggressivität und Angespanntheit waren neben der Müdigkeit und der Unaufmerksamkeit ständig zu beobachten.

Diese Verhaltensverschlechterung sahen wir u.a. in einem engen Zusammenhang mit der Klärung der Lebensperspektive von Florian bei seinem leiblichen Vater.
Dieser machte ihm in den Sommerferien klar, daß er ihn gar nicht zu sich nehmen kann.
Für Florian bedeutete dies die Aufgabe eines erhofften Halts bzw. einer Zuflucht. Insgeheim hatte er sich gewünscht, irgendwann zu seinem Vater ziehen zu können.

Da Gespräche mit der Mutter allein nicht ausreichend erschienen, vereinbarte ich mit ihr, daß sie in der nächsten Zeit an den heilpädagogischen Förderstunden teilnehmen sollte.
Konkrete Hilfestellungen im Umgang mit Florian (im Sinne des Modellernens) sollten ihr helfen, sich wieder besser auf ihn einzulassen und anders mit ihm umzugehen, denn auch bei ihr hatten sich bestimmte Verhaltensmuster in Bezug auf Florian festgesetzt.
Zudem sollte über körperbetonte spielerische Angebote (z.B. Massagespiele) ein vager Ansatz zu einem besseren körperlichen Zugang zu Florian angebahnt werden; denn sie berichtete weiterhin, daß ihr durch unsere Gespräche die Notwendigkeit des Körperkontaktes und dessen enorme Bedeutung für Florian zwar bewußt geworden ist, sie eine körperliche Annäherung auch versuche, ihr dies aber nach wie vor sehr schwer fiele.

Sie sicherte die Teilnahme zu, sagte aber, daß sie auch Angst vor diesen Interventionen hätte.
Die Termine sollten regelmäßig einmal wöchentlich stattfinden.
Bereits beim ersten Termin fehlte Frau Z. unentschuldigt und auch zu anderen Terminen kam sie ohne vorherige Absage nicht.
Florian, der sich sehr auf die Förderstunden mit seiner Mutter gefreut hatte, war die große Enttäuschung über das unentschuldigte Fehlen jeweils deutlich anzumerken.
Von zwölf geplanten Terminen war Frau Z. nur dreimal anwesend.

Obwohl diese gemeinsamen Stunden sehr harmonisch (d.h. ohne Streit zwischen Mutter und Kind) verliefen, war das angespannte Verhältnis und eine „Kommunikationsstörung" zwischen den beiden deutlich wahrzunehmen.

Florian suchte den Kontakt zur Mutter stärker als diese zu ihm.

Er war bemüht, sie zu loben, sich mit ihr auszutauschen und eine annehmbare Atmosphäre zu schaffen.

In Frau Z's. Kommunikation zu Florian hingegen war kein Lob zu finden.

Ihr Tonfall klang permanent barsch und sie nutzte die von Florian im Spiel gezeigten Schwächen (z.B. das falsche Zusammenzählen der Augenzahl beim Würfeln) zum Anlaß, ihm diese deutlich zu spiegeln und ihn zu kritisieren. „Du enttäuschst mich jetzt aber. Ich dachte, du könntest rechnen. Das werden wir zu Hause aber üben".

Die von Frau Z. angedeutete Angst vor den gemeinsamen Förderstunden war ihr deutlich anzumerken.

Während der Tischspiele, die wir in der ersten Stunde durchführten, zitterten ihre Hände so stark, daß sie kaum nach den Figuren greifen konnte.

Schon diese distanzierte Form des Zusammenseins (sitzen am Tisch, feste Sitzordnung, ...) bereitete ihr offenbar große Schwierigkeiten.

In der dritten gemeinsamen Stunde überredete Florian seine Mutter dazu, mit in den Bewegungsraum zu gehen. Sie willigte ein.

Hier forderte er einen körperlichen Kontakt zu ihr regelrecht heraus.

Er wählte von den zahlreichen Spielen, die wir im Laufe der Zeit im Bewegungsraum gespielt hatten, genau die heraus, die Körperkontakt beinhalteten.

Nachdem er seiner Mutter gezeigt hatte, welche Spiele man mit der Hängematte machen kann (z.B. Achterbahn fahren), lud er sie ein, sich zu ihm in die Hängematte zu legen.

Obwohl die Beziehung zwischen Florian und mir mittlerweile sehr vertraut war, bot er mir dieses nie an!!!

Dies zeigte mir, wie sehr er sich körperlichen Kontakt und körperliche Zuwendung von seiner Mutter wünschte.

Dieses, wie auch andere körperbezogene Angebote, die er mit ihr durchführen wollte, wies Frau Z. mit höflichen, klärenden Entschuldigungen ab. „Mir wird schlecht, wenn ich schaukel." „Ich gucke lieber erst mal zu".

Florian ließ die gesamte Stunde über nicht locker und lud sie immer wieder dazu ein, mitzumachen.

Frau Z. lehnte stets entschuldigend ab, bestätigte ihm aber, daß ihr die Spiele gefielen und sie das nächste Mal mitmachen würde.

Florian gab sich damit zufrieden!?

In den gemeinsam durchgeführten Förderstunden erlebte Frau Z. Florian immer als sehr ruhig und umgänglich. Sie äußerte sogar: „Sie haben recht. Hier in ihrer Einrichtung ist er wirklich unauffällig".
Die Reflexionen über die Stunden verließ Frau Z. in allen drei Fällen mit den Worten: „ ...ja, aber wenn er mich nur nicht so an seinen leiblichen Vater erinnern würde".

Aufgrund der gesammelten Eindrücke, Beobachtungen, Informationen und Testergebnisse (projektive Testverfahren) gingen wir nun davon aus, daß die massiven Verhaltensauffälligkeiten von Florian aus einer tief gestörten Mutter-Kind-Beziehung resultierten, die auf seiner Seite stark auf unzureichender körperlicher und emotionaler Zuwendung von seiner Mutter basierte und auf der Seite der Mutter auf unbewältigten negativen psychischen Erlebnissen (psychisches Trauma) mit dem leiblichen Vater.

Diese Vermutungen sollten sich dann auch bestätigen.
In einem Gespräch mit der Mutter wurden ihr die genannten Aspekte deutlich.
Sie berichtete, daß Florians leiblicher Vater ihr die Schuld an der Schwangerschaft gab.
Er wollte kein Kind und warf ihr vor, sie hätte keine angemessene Verhütung vorgenommen.
Schon während der Schwangerschaft hatte er sie mehrmals verprügelt. Sie beschrieb ihn als Choleriker, der so ausrasten konnte, daß sie um ihr Leben fürchtete.
Die Ähnlichkeit von Florian mit seinem Vater würde ihr zu schaffen machen. Insbesondere wenn Florian wütend ist, würde er sie an die extremen Wutausbrüche seines Vaters erinnern und sie hätte dann Haßgefühle dem Kind gegenüber.
Bei den Besuchskontakten würde der Vater heute aber liebevoll und behutsam mit Florian umgehen.

Wir machten ihr klar, daß sie diese negativen, traumatischen Erlebnisse mit dem Vater nicht verarbeitet hat und daß sie dies daran hindert, Florian emotional anzunehmen und ihm körperliche Zuwendung und Liebe zu geben.
Wir machten ihr deutlich, daß ihre Haltung und auch ihr Verhalten Florian gegenüber auf einer unbewußten Ebene abläuft und daß sie auf der rationalen Ebene keinen wirklichen Zugang mehr zu ihm findet und ihn emotional nicht annehmen kann.
Uns und auch ihr war nun bewußt, daß in diesem Fall ein Lernen von möglichen Verhaltensweisen im Umgang mit Florian nicht mehr ausreichte.

Wir rieten ihr dringend, sich therapeutische Hilfe zu holen.

Außerdem machten wir uns große Sorgen um Florian, von dem wir nun wußten, wie groß der erlittene Mangel an emotionaler und körperlicher Zuwendung und Liebe war.

Sein zuvor bereits schon deutlich ausgeprägtes Bedürfnis nach Körperkontakt verstärkte sich zu dieser Zeit enorm.

In den Psychomotorikstunden spielte er nun überwiegend „Kleine Katze"; er wählte die Rolle einer kleinen Katze, die ich aus einem Geschäft kaufen sollte und für die ich viel Geld bezahlen mußte. Ständig sollte ich sie streicheln, kraulen, liebkosen und füttern.

In der Gruppe war folgende Situation zu beobachten:
Aus einer spielerischen Situation heraus küßte eine unserer Mitarbeiterinnen Florian auf die Wange. Sie hatte kurz zuvor Lippenstift aufgetragen und so „zierte" Florians Wange nun ein dicker roter Kußmund.
Die anderen Kinder lachten und sagten ihm dies. Er betrachtete sich daraufhin ausdauernd im Spiegel.
Diesen Kußmund wusch er den ganzen Tag über nicht ab, sondern zeigte ihn allen anderen stolz.
In der Folgezeit entwickelte er ein sich immer wiederholendes Spiel daraus. Er neckte die Mitarbeiterin, die immer Lippenstift trug, so lange, bis diese hinter ihm herlief. Er rief immer: „küß mich doch, das schaffst du ja doch nicht!".
Zufrieden gab er sich erst, wenn er einen Kußmund auf der Wange hatte.
Dies war für ihn ein sichtbares Zeichen für eine liebevolle Zuwendung durch eine andere Person.

Wie sehr er diese Zuwendung brauchte, sprach er einige Zeit später mir gegenüber deutlich aus.
Er berichtete mir, daß seine Halbgeschwister (Kinder des Lebensgefährten der Mutter) im Moment bei ihm zu Hause übernachten.
Auf die Frage hin, wo diese denn alle schlafen (es waren drei Halbgeschwister und die Wohnung war recht klein), antwortete er: „bei der Mama im Bett, die hat doch so ein großes Bett".
Auf die Frage, ob er denn auch bei der Mama im Bett schlafen dürfte, antwortete er: „nein, die ekelt sich doch".
Auf die Frage, wovor sie sich ekeln würde, sagte er: „Das sagt die doch immer zu mir".

Der kleine achtjährige Florian, der in meinem Spielzimmer auf dem Boden sitzend in sein Spiel vertieft war, realisierte anscheinend immer bewußter und deutlicher, daß ihn seine Mutter ablehnt, daß sie sich sogar vor ihm ekelt.

Irgendwie wurde ihm langsam auch bewußt, daß er von ihr nicht das erhalten wird, was er am meisten brauchte. Der Kampf um ihre Liebe, den er bisher geführt hatte, ließ allmählich nach.

Sukzessive informierte er sich nun über Lebensmöglichkeiten von Kindern, die nicht bei ihren Eltern leben (er hatte so was im Fernsehen gesehen). Wir interpretierten, daß er die Möglichkeit, bei seinem leiblichen Vater leben zu können, nun nicht mehr sah und offensichtlich nach anderen Alternativen für sich suchte.
Seine Mutter hatte er irgendwie „aufgegeben".
Diese Suche endete schließlich in seinem Wunsch, in einer Pflegefamilie untergebracht zu werden.

In langen Gesprächen erörterten wir diesen Wunsch mit seiner Mutter.
Sie stimmte ihm jedoch nicht zu, sondern wollte nun alles versuchen und unternehmen, daß Florian bei ihr bleibt.
Sie versicherte abermals, sich therapeutische Hilfe zu holen.

Als ich mit Florian besprach, daß seine Mutter ihn bei sich behalten wollte, wirkte er wie hin- und hergerissen.
Auf der einen Seite schien er etwas erleichtert; auf der anderen Seite äußerte er aber auch: „Ich glaube nicht, daß wir uns jemals im Leben verstehen werden!".

Frau Z. veränderte ihr Verhalten gegenüber Florian nun sehr abrupt.
Sie versuchte, ihn nicht mehr anzuschreien und bemühte sich, ihm körperliche Zuwendung zu geben. So versuchte sie, ihn zu sich auf den Schoß zu holen oder ihm über den Kopf zu streicheln.
Zudem unternahm sie nun auch wieder etwas mit ihm wie z.B. Kirmesbesuche.
Sie berichtete aber, daß Florian gar nicht auf ihre Bemühungen eingine und er nach wie vor äußerst schwierig sei.

In der Schule und in unserer Einrichtung wurde Florian zu diesem Zeitpunkt immer auffälliger.
Er war motorisch äußerst unruhig, dazu impulsiv, unstrukturiert und unkontrolliert.
Er reagierte auf keine Aufforderungen mehr, konnte sich im Unterricht und bei den Hausaufgaben überhaupt nicht mehr konzentrieren und zeigte ein überdauerndes aggressives Verhalten.
Die Mutter berichtete, daß in seinem Verhalten zu Hause immer neue Aspekte und Qualitäten zum Ausdruck kämen. So hätte er nun sogar bei der Großmutter in der Wohnung randaliert und zeige auch seinem kleinen Halbbruder gegenüber aggressives Verhalten.

In der Folge geriet Florian in eine regelrechte Fremd- und Eigengefährdung.
Mitte November meldete die Schule, daß er mehrfach geäußert hätte, daß
er lieber beim lieben Gott wäre und daß er vor ein Auto laufen wolle.
Im Unterricht hat er sich mit einem Bleistift ständig fest in den Arm gesto-
chen.

Die Lehrer, die sich große Sorgen um Florian machten, informierten daraufhin das Jugendamt, dieses unsere Einrichtung und gemeinsam beschlossen wir, ihn zunächst in einer sogenannten „Kindernotgruppe" unter-
zubringen.
Die Mutter, die sich ebenfalls große Sorgen um ihren Sohn machte und
auch eine Eigengefährdung befürchtete, war mit dieser Unterbringung ein-
verstanden.

Die neuerliche extreme Verhaltensverschlechterung ihres Sohnes verstand
sie jedoch nicht, da sie ihm doch nun Zuwendung und Körperkontakt gab.
Es benötigte viele lange Gespräche und intensive therapeutische Betreuung, bis die Mutter verstehen und akzeptieren konnte, daß die emotionale
Ablehnung und der über Jahre erlittene Mangel an Zuwendung und Körperkontakt, den ihr Sohn erfahren hatte, nicht einfach dadurch zu kompensieren war, daß sie ihm nun „über den Kopf streicheln" konnte.
So tief wie die Verletzungen, die sie durch den leiblichen Vater von Florian
erlitten hatte, in ihrer Psyche verankert waren, so tief war auch die nicht
erhaltene Zuwendung und Annahme durch die Mutter in Florian verankert.
Florian wuchs jahrelang ohne die für seine gesunde Entwicklung notwendige positive körperliche Zuwendung und emotionale Annahme auf.
Als Kleinkind diesem Zustand hilflos ausgeliefert, wurde ihm dieser Mangel
an Zuwendung von seiner Mutter und auch die emotionale Ablehnung
durch die Mutter („die ekelt sich doch vor mir!") immer bewußter.
Bei dieser Bewußtwerdung spielte sicherlich auch seine Erfahrung, daß er
von anderen ihm vertrauten Personen angenommen wurde und von ihnen
auch körperliche Zuwendung erhielt, eine wichtige Rolle. Diesbezüglich
sind z.B. seine Großmutter, sein leiblicher Vater (wenn er bei ihm war,
durfte er auch in seinem Bett schlafen) und auch die Mitarbeiterinnen
unserer Einrichtung zu nennen.
Genau in diesem Prozeß der Bewußtwerdung, welcher für Florian auch
eine Aufgabe der Suche nach Wärme und Zuwendung durch seine Mutter
beinhaltete, veränderte diese nun ihr Verhalten ihm gegenüber abrupt, aus
Angst, sie müsse ihn sonst „abgeben".
Sie streichelte ihn nun, holte ihn auf ihren Schoß, strich ihm über die
Haare.

Im Hinblick auf die gesamte Vorgeschichte ist es aber unwahrscheinlich, daß es sich dabei um „echte Zuwendung" handeln konnte, was wiederum ein so sensibles Kind wie Florian spüren konnte.

Durch das plötzlich veränderte Verhalten der Mutter war Florian dann emotional gänzlich überfordert.

Der ständige Streß zu Hause, die nicht eindeutig geklärten Beziehungen in der Familie, die nur mangelhaft erhaltene Zuwendung und das plötzlich veränderte Verhalten der Mutter haben dazu geführt, daß sich Florian in seinem Lebensumfeld überhaupt nicht mehr zurechtfinden konnte.

Emotional geriet er in einen widersprüchlichen Zustand des sich Abgelehnt- und Angenommen-Fühlens – wobei ihm die Ablehnung seitens der Mutter vertrauter war als die Annahme.

Seine Orientierungslosigkeit schlug sich in seinem unkontrollierten Verhalten nieder.

Lediglich in der „Geborgenheit" der heilpädagogischen Förderstunden (Ruhe, Raum und Zeit für sich, emotionale Annahme, bedürfnisorientiertes Spiel, das seinen Wunsch nach Körperkontakt stark berücksichtigte) konnte er sein Verhalten noch einigermaßen steuern.

Dies zeigte uns, wie sehr Florian einen Schonraum benötigte, um sich normalisieren zu können.

Uns war klar, daß er für diese Normalisierung und für seine weitere gesunde Entwicklung für lange Zeit ein Kontinuum an Geborgenheit, Ruhe, Zuwendung, Annahme und Beziehungsstabilität brauchte.

Mit der Aufnahme in der Kindernotgruppe war Florians Aufenthalt in unserer Einrichtung beendet.

Ich besuchte ihn einige Male in dieser Gruppe und konnte feststellen, daß es ihm ein wenig besser ging, er wieder an 'Struktur' gewann und die Suizidgefährdung nicht mehr erkennbar war.

Nach ca. zwei Monaten kam Florian dann in eine sogenannte Erziehungsstelle.

Dies sind Eheleute, die Kinder in ihre Familie aufnehmen, wobei mindestens ein Ehepartner eine pädagogische Ausbildung hat.

Florians „Pflegeeltern" sind Lehrer; sie haben bereits eine jüngere leibliche Tochter.

Nach ca. sechs Monaten besuchte ich Florian in seiner neuen Familie.

Ich habe ihn tatsächlich nicht wiedererkannt.

Er hat zugenommen und weichere Gesichtszüge bekommen.

In der Familie fühlt er sich sehr wohl.

Die Pflegeeltern erzählten mir, daß er sich nach anfänglichen Schwierigkeiten, gut in der Familie eingelebt hat.

Verhaltensschwierigkeiten gäbe es kaum. Zu der leiblichen Tochter hat er einen guten, geschwisterlichen Kontakt. Er spielt nun Flöte und singt in einem Chor.

In der neuen Schule kommt er ebenfalls gut zurecht. Die Pflegeeltern zeigten mir sein Schulzeugnis, aus dem hervorging, daß er positive freundschaftliche Beziehungen zu seinen Klassenkameraden aufgebaut hat.

Ich fand nicht ein Wort darin, das auf Verhaltensschwierigkeiten hindeutete.

Die Pflegemutter erzählte, daß Florian ein fast unstillbares Bedürfnis nach Körperkontakt hat.

Vom Schmusen, Kuscheln, Küssen, Toben und Balgen mit den „Eltern" könnte er nicht genug bekommen. Die Pflegemutter sagte: „33 Gute-Nacht-Küßchen müßten es täglich sein".

Noch heute würde er stolz von der Frau erzählen, die ihn immer küssen wollte und deren Lippenstift er dann auf der Wange trug.

Florian scheint es im Augenblick gut zu gehen und er scheint sich gut zu entwickeln.

Die Einschränkung „im Augenblick" wähle ich, da ich - und auch die Pflegeeltern - auch eine besorgniserregende Komponente in seiner Entwicklung sehen.

Florian hat zu einem „neuen" Leben gefunden.

Er hat selbst einen neuen Namen für sich gewählt und möchte nicht mehr mit seinem alten angesprochen werden.

An sein „früheres" Leben erinnert er sich nur ungern und er spricht auch wenig darüber.

Er scheint vieles zu verdrängen und seine Kraft dazu zu nutzen, sein jetziges Leben zu genießen.

Daß er all seine negativen Lebenserfahrungen einfach so überwindet und problemlos in ein neues Leben „stürzt", wäre wohl zu optimistisch gesehen. Zu gravierend ist sein erlittener Mangel an Zuwendung, Liebe und Annahme in der frühen Lebenszeit.

Ich hoffe aber, daß Florian durch seine jetzige Lebenssituation, durch die emotionale Annahme und das intensive Nachholen der körperlichen Zuwendung soviel Kraft sammelt, daß er Probleme, die aufgrund seiner früheren Erfahrungen an die Oberfläche drängen, bewältigen und be- und verarbeiten kann.

Seine leibliche Mutter hat heute eingesehen, daß es Florian in der Pflegefamilie besser geht als bei ihr und daß er dort etwas bekommt, was sie ihm aufgrund ihrer Lebensgeschichte nicht geben konnte.

Besuchskontakte zwischen den beiden finden zur Zeit noch unter professioneller Begleitung statt.
Die Mutter geht weiterhin zu einer Psychotherapie.
Die Pflegefamilie bekommt als „Erziehungsstelle" therapeutische Begleitung.

Die Lebensgeschichte von Florian zeigte mir „hautnah", daß körperliche Zuwendung und Körperkontakt ein für die gesunde Entwicklung des Menschen dringend notwendiger Faktor ist.

'Rührende' und 'berührende' Worte früherer und derzeitiger Mitmenschen.[1]

> Ein Blinder:
> „Was ich tasten kann,
> das ist meine Wahrheit,
> was ich nicht tasten kann,
> sind meine Träume!"
>
> „Hautkontakt stärkt den Überlebenswillen der Winzlinge,
> läßt das Gehirn schneller reifen und mildert den Schock,
> der verursacht wird von Elektroden und Schläuchen,
> Sonden und Maschinen."

> „Die Wunder der Welt werden uns genau in dem Maße enthüllt,
> wie wir im Stande sind, sie zu begreifen."
> „Die Schärfe der Wahrnehmung beruht nicht darauf,
> wieviel wir sehen können, sondern wieviel wir fühlen."
>
> *Zitiert nach Helen KELLER über das Tasten*

---

[1] Alle folgenden Zitate sind dem Film entnommen: „Menschen hautnah" (WDR 1998), Carmen ECKARDT und Felix KUBALLA

Mit siebzig Jahren hat mein Sehvermögen abgenommen und führte zur Erblindung. Ich habe von vornherein bei abnehmendem Sehen zunehmend meine Hände gleichsam zum Sehen gebraucht, bewußt weitergebildet und ebenso bewußt geschult.
Ich habe dabei immer unterschieden zwischen Sehen und Schauen. Sehen können meine Hände nur in ganz begrenztem Maße, zum Schauen bieten sie mir die Grundlage; denn ich verstehe Schauen als ein Erfassen mit den Händen bis hin zur inneren Wahrnehmung und geistigen Verarbeitung."

Anneliese LIEBE, 86 Jahre, ehemalige Musikwissenschaftlerin

„Meine Pädagogik ist hart ....
Das Schwache muß weggehämmert werden ....
Es darf nichts Schwaches und Zärtliches an ihr (der Jugend) sein!"

Adolf HITLER in einem Propagandafilm 1940 über Erziehung

Denken und Fühlen – Auswahl einer Methaphern in unserer Sprache

- Jemandem „unter die Arme greifen"
  - Nicht „aus seiner Haut können"
- Sich „schmerzlich berührt" fühlen
  - „Sich wohlfühlen in seiner Haut"
- Jemandem „den kleinen Finger reichen"
  - Jemanden „an die Hand nehmen"
- „Etwas hautnah erleben"
  - „Eine Hand wäscht die andere"
- „Es geht mir unter die Haut"
  - „Hand aufs Herz" legen
- „Die Hände sind mir gebunden"
  - „Aus der Haut fahren"
- „Um ihre Hand bitten"
  - „Jemandem Herz und Hand bieten"
- „Ich begebe mich in deine Hände"

XI. Erinnern Sie sich? Ein Quiz
Fragen und Antworten zur Bedeutung von Berührung

Fragen ab S. 231 • *Lösungen ab S. 233*

F 1   Wieviel Körpergewicht (in Prozent) nimmt die Haut beim Erwachsenen ein und wie groß ist ihre Oberfläche?

F 2   Wie heißen die drei Schichten der Haut?

F 3   Welche Funktionen hat die Haut?

F 4   Wieso nennt man die Haut auch „Spiegel der Seele"?

F 5   Berührungen werden in elektrische Impulse umgewandelt und über das Rückenmark zum Gehirn geleitet, wobei neurohormonale Prozesse in Gang gesetzt werden. Dabei werden Emotionen ausgelöst und schon unbewußt Bewertungen mit prägendem Charakter vorgenommen. Welche zwischenmenschlichen Berührungen fallen Ihnen ein?

F 6   Wann reagiert der menschliche Embryo auf Berührungsreize in der Region um den Mund?

F 7   Wann ist der Tastsinn beim Embryo vollständig entwickelt?

F 8   Wann erfährt der Mensch seinen ersten Körperkontakt?

F 9   Wann ist der Körperkontakt zwischen Mutter und Kind von höchster Intensität?

F 10   Welche Auswirkung hat Streß der Mutter auf das Kind?

F 11   Welche für die Entwicklung wichtigen Reize fehlen bei Kindern, deren Mütter einen großen Teil der Schwangerschaft im Liegen verbringen mußten?

F 12   Was bewirken bei den Tieren das Lecken nach der Geburt und bei den Menschen die Wehen vor der Geburt?

F 13   Der Geburtsvorgang kann als non – verbaler Dialog angesehen werden, durch welchen die Mutter – Kind – Beziehung geprägt wird. Warum?

F 14   Frühgeborene werden immer noch sehr oft in Inkubatoren betreut, überwacht und warm gehalten. Sie werden über eine Magensonde ernährt, d.h. sie erfahren sehr wenig freundliche Berührungs – und andere angenehme Reize. Welche Risiken können sich beim Fehlen dieser kutanen Stimulation ergeben?

F 15   Was versteht man unter der Methode des 'Känguruhen' bei „Früh-chen" (nach Dr. Marcovich)?

F 16   Durch das Stillen kommt es bei der Mutter zur Ausschüttung des Hormons OXYTOCIN. Was bewirkt dieses Hormon?

F 17   Welche Bedeutung hat das Stillen neben der Nahrungsaufnah-me?

F 18   Was hat HARLOW in seinen Untersuchungen mit Rhesusaffen über den Einfluß des Stillens auf die emotionale und soziale Entwicklung herausgestellt?

F 19   Über den frühen zärtlichen Hautkontakt zwischen Eltern und Kind werden dem Kind nicht nur angenehme taktile und emotionale Eindrücke vermittelt, sondern es assoziiert darüber hinaus auch für eine aktuelle und zukünftige Entwicklung fundamentale und lebensnotwendige Werte. Welche Werte sind das?

F 20   Welche Bedeutung haben Wiegen – und Schaukelbewegungen für Kinder und Erwachsene?

F 21   Welche besonders wichtige Bedeutung hat Wiegen und Schau-keln für das Neugeborene?

F 22   Wozu können Entbehrungen der körperlichen Nähe und Berüh-rungen führen?

F 23   Vernachlässigungen verhindern eine gesunde Persönlichkeitsent-wicklung. Welches Verhalten kann ebenfalls dazu führen?

F 24   Wozu kann es im äußersten Fall beim Verlust von Berührungen kommen?

F 25   Welche Möglichkeiten bieten sich Kindern, denen positive und warmherzige Berührungserfahrungen fehlen, diese zu erlangen?

F 26   Welche Berührungsformen bevorzugen Jungen und Mädchen?

F 27   Welche Möglichkeiten, Berührung zu Gleichaltrigen ihrer Kinder zu initiieren, haben Eltern und Erzieher?

F 28   Wozu führt die Wirkung traditioneller Massagen?

F 29   Warum scheuen Erwachsene untereinander die Berührung?

F 30   Wieso kommt es im Seniorenalter zu Vereinsamungen?

F 31   Was versteht man unter Motogeragogik?

F 32   Warum halten die meisten Mütter ihre Neugeborenen auf der linken Seite?

L 1   ca. 18 Prozent des Körpergewichts; zwischen 1,6 bis 2 Quadrat-
meter ist die Oberfläche groß.

L 2   1. Oberhaut (Epidermis) Sie schützt vor mikrobiellen
       Eindringlingen.
       2. Lederhaut (Korium) Sie gibt der Haut die Reißfestigkeit und
       Formbarkeit.
       3. Unterhaut (Subcutis) Sie stellt die Verbindung vom
       Körperinneren zur Haut dar.

L 3   1. Zusammenhalten der verschiedenen Organe
       2. Temperaturregulation
       3. Wasserhaushaltsregulation
       4. Speicherfunktion (Fett und Energie)
       5. Ausscheidungsfunktion
       6. Absonderungsfunktion
       7. Atmungsfunktion
       8. Schutzfunktion
       9. Vitamin – Bildung (über Photoelektrik)
       10. Immunfunktion
       11. Senden von Erkennungssignalen
       12. Sinnesfunktion
       13. Kommunikation

L 4   Weil die Haut die innere Befindlichkeit des Menschen widerspie-
gelt, indem sich Erregung, Scham oder Angst auf ihr abmalen.

L 5   Zum Beispiel:
       – stillen/gestillt werden
       – einen Säugling in den Armen wiegen
       – jemanden halten und umarmen
       – jemanden streicheln
       – jemanden massieren
       – jemanden küssen

L 6   Am Ende des 2. Schwangerschaftsmonats.

L 7   Nach dem 6. Schwangerschaftsmonat.

L 8   Die ersten Körperkontakte erlebt der Fötus schon im schützenden Uterus der Mutter. Durch die sanften Schaukelbewegungen
des Fruchtwassers und der Mutter berührt er immer wieder die
weiche und nachgebende Haut der Fruchtblase und später die
festen Wandungen der Gebärmutter.
„Neben seinen eigenen Aktivitäten wird das Baby wie ein Schiff

auf dem Meer auch durch die Bewegungen der Mutter beeinflußt. Mit jedem tiefen Atemzug der Mutter wird es leicht hin und her gewiegt. Wenn die Mutter hustet, lacht, umhergeht, kommt es in dem Badewasser des Babys zu Erschütterungen, so daß es hin und her geschaukelt wird. Leichte Tanzschritte der Mutter haben eine andere Wirkung als ihr fester Tritt auf dem Straßenpflaster." (Flanagan)

L 9   Der Körperkontakt zwischen Mutter und Kind erreicht bei der Geburt seine höchste Intensität.

L 10   „Streß und Anspannungen der Mutter können durch heftigere Bewegungen der Mutter, durch allgemeine Muskelanspannung ihres Körpers, durch den Tonfall und die Lautstärke ihrer Stimme, sowie durch Veränderungen ihres Herzschlags übertragen werden." (Flanagan)

L 11   Die taktilen als auch die vestibulären Stimulationen des Babys werden auf ein Minimum reduziert.

L 12   Beides bewirkt die Förderung
- der lebenswichtigen Verdauungs- und Ausscheidungsorgane,
- die Anregung von Atmung, Kreislauf und Nervensystem
- die innere Sekretion.

L 13   „Das Kind erwirbt in der engen Symbiose mit der Mutter seine emotionale Bindungsfähigkeit (Schenk-Danzinger) und sein Urvertrauen (Erikson) in die Umwelt" .
Im Augenblick der Geburt ist ein Baby mit viefältigen Empfindungen überflutet. So wird z.B. das Licht überraschend hell, es erlebt bekannte Töne, aber auch neue Geräusche und die Wirkung der Schwerkraft. Nachdem die Lungen bei der Geburt eingedrückt wurden, füllen sie sich anschließend mit Luft und der Blutkreislauf beginnt sich selbständig, d.h. kurzfristig mit und später ohne Nabelschnur, seinen Weg zu bahnen. Zudem erfährt das Kind einen deutlichen Temperaturunterschied. Nach einer Temperatur von fast 38 Grad Celsius im Mutterleib weht ihm nun eine ziemlich kühle Luft um die Nase. Es ist darauf angewiesen, daß ihm zusätzliche Wärme entgegengebracht wird.

L 14   Als Folgen der reduzierten kutanen Stimulation wurden bei Frühgeburten folgende Merkmale beobachtet;
- Beeinträchtigung der Lungenfunktion
- Retardierung in sprachlicher und manueller Entwicklung, in Haltung und Fortbewegung

- Konzentrationsschwäche
- Übersteigerte Aktivität
- leichte Erregbarkeit, Nervosität, Angst und Schüchternheit
- größere Ernährungsschwierigkeiten
- Überempfindlichkeit gegenüber Geräuschen

L 15 Beim „Känguruhen" werden Frühgeborene den Eltern auf den Körper gelegt und mit Fell warmgehalten, ohne daß sie an medizinische Geräte angeschlossen werden.

L 16 Das Hormon Oxytocin bewirkt
- eine Verstärkung des Milchflusses (let down – Reflex)
- ein zügigeres Ausstoßen der Nachgeburt
- eine bessere/schnellere Rückbildung der Gebärmutter
- die Verstärkung des Fürsorgeverhaltens der Mutter und die Verantwortung ihrem Neugeborenen gegenüber
- schnellere Verheilung offener Wunden
- u. U. angenehme, sexuelle Empfindungen

L 17 Stillen bedeutet für das Baby neben der Befriedigung von Hunger und Durst: Körperkontakt, Zuwendung, Trost und Vertrauen. Zudem schützt Muttermilch kurz und langfristig vor zahlreichen Infektionen und Allergien. Außerdem entsteht Ur-Vertrauen durch „bonding" (Mutter – Kind – Bindung) attachment (Kind – Mutter – Bindung). Ferner verstärkt Stillen, daß das Baby die Mutter über den Geruchsinn intensiver wahrnehmen kann und somit die Mutter am Geruch (wieder) erkennen kann. Bei richtigem Saugverhalten des Babys („viel Brust im Mund") bewirkt das Stillen eine korrekte Kieferausbildung, welche für die spätere Sprachentwicklung (Sprechmotorik) erforderlich ist.

L 18 HARLOW zeigt mit seiner Versuchsreihe die Bedeutung des physischen Kontakts zwischen Affenmutter und Affenjungen für eine gesunde Entwicklung auf. Es gab zwei Mutterersatzgestalten, eine aus Plüsch und eine aus Draht, letztere war milchgebend. Die Affenbabys hielten sich meistens bei der Plüschmutter auf und gingen nur zur Nahrungsaufnahme zur milchgebenden Drahtmutter. Selbst in Angstsituationen flüchteten sie zur Plüschmutter, obwohl diese sie nie ernährt hatte. Hier wird die kausale Beziehung zwischen Körperkontakt, Wärme, Schutz und Sicherheit deutlich. D.h. entscheidend ist in jedem Fall die emotionale und körperliche Zuwendung, welche die Mutter dem Kind entgegenbringt.

L 19   Nähe mit: Wärme/Geborgenheit,
                Sicherheit,
                (Ur-) Vertrauen,
                Liebe.
        „Dadurch, daß das Kind gestreichelt, liebkost, in den Armen ge-
        tragen und an die Brust der Mutter gedrückt wird, daß man zärt-
        lich zu ihm spricht, es liebt, lernt es zu streicheln, zu liebkosen,
        zu „schmusen", zärtlich zu anderen zu sprechen und sie zu lie-
        ben." (MONTAGU)

L 20   Sie regen Herz – und Kreislauftätigkeiten an,
        führen zu besserem Durchatmen,
        verhindern übergroßen Blutdrang zur Lunge,
        sie senken den Muskeltonus und
        entwickeln das Gefühl mit etwas (Wiege oder Person) in Berüh-
        rung zu sein.
        Sie beruhigen (der Tröstende wiegt den Traurigen). – Oft sind
        Autostimulationen Wiegebewegungen (Hospitalismus).

L 21   Das Wiegen des Kindes in den Armen der Eltern oder in einer
        Kinderwiege soll einen nahtlosen Übergang von der vorgeburtli-
        chen zur nachgeburtlichen Erlebniswelt ermöglichen. Auch im
        Inkubator sind vestibuläre Reize durch Verwendung kleiner Hän-
        gematten möglich.

L 22   Diese Entbehrungen können zu physischen und psychischen Stö-
        rungen führen (fehlendes Lächeln, allgemeine Depressivität, ver-
        langsamte allgemeine sowie Sprachentwicklung und Intelligenz,
        geringe Spielneigung, keine Blickkontaktaufnahme).

L 23   Überbehütung

L 24   Es kann im äußersten Fall, wie im Versuch Friedrichs des II. (13.
        Jhd.) zum Marasmus, sogar möglicherweise zum vorzeitigen Tod
        kommen.

L 25   Es bieten sich spielerische Formen der basalen Stimulation (n. J.
        Ayres, Fröhlich, u. a.) an, wie sanfte Massagen. Kinder brauchen
        kuschelige Spielmaterialien, sowie Gelegenheit, mit Erwachse-
        nen und anderen Kindern zu kuscheln, schmusen und zu ran-
        geln. Auch Streicheltiere (z.B. Hunde und Katzen) helfen Kin-
        dern, über einen Berührungsdialog taktile wie emotionale Defizite
        zu reduzieren.

L 26   Mädchen bevorzugen sanfte und fürsorgliche Berührungen. Jungen orientieren sich eher an ihren älteren Geschlechtsgenossen und imitieren deren Einstellungen und Verhaltensmuster (oft ruppiger Umgang).

L 27   Es bieten sich Tummelspiele mit den Eltern und Klassenkameraden (auch im Wasser möglich) an, Ring- und Raufspiele, Tanz, Akrobatik, Reiten sowie entspannende, ruhige Übungen durch Massage.

L 28   Sie führt durch Ausschüttung des Hormons Serotonin zu einer hormonellen Stimulierung des Parasymphatikus, wirkt beruhigend (sedativ), ermöglicht eine Reduzierung aggressiver Tendenzen und steigert die Selbstregulation.

L29   Die gesellschaftlichen Spielregeln erlauben es Erwachsenen nur unter bestimmten Umständen, einander zu berühren, da eine gedankliche Verbindung zwischen Sexualität und Berührung hergestellt wird. Festgelegte gesellschaftliche Ordnungen (Rituale) stellen den „Schonraum" dar, in dem Berührungen vorurteilsfrei vorgenommen werden können z.B.:
         – Begrüßungen
         – Trost spenden
         – Freude teilen
         – gemeinsam tanzen
         – Hilfe leisten

L 30   Die sozialen Kontakte und damit auch die Körperkontakte werden eingeschränkt. Hinzu kommt, daß der alte Mensch sich kaum noch selbst berührt, weil er seinen eigenen Körper oft nicht mehr als berührenswert erlebt.

L 31   In der Motogeragogik geht es um die Erhaltung, Förderung oder Wiederherstellung der körperlichen, geistigen und seelischen Beweglichkeit. Die Senioren sollen zusätzlich über die Beherrschung und die Verfügbarkeit des eigenen Körpers und dessen Ausdrucksformen neue Möglichkeiten der Lebensgestaltung erschließen können.

L 32   Unabhängig von der Händigkeit der Mütter (und auch der Väter) legen die meisten ihre Babys auf die linke Seite. Zwei Gründe sprechen für das instinktive Verhalten:

         1. Die Babys hören weiter die Herzgeräusche und den Herzrhythmus der Mutter/des Vaters

2. Auch schon beim Säugling wird die Sprache vom Gehirn analytisch getrennt ausgewertet. Die vom linken Ohr aufgenommenen akustischen Eindrücke werden in der rechten Gehirnseite interpretiert und das ist überwiegend der Tonfall der mütterlichen Stimme, welcher in den ersten Lebenswochen des Kindes besonders wichtig ist und prägenden Charakter hat. Der Interpretation der Worte auf der linken Gehirnseite kommt in diesem Entwicklungsstadium des Kindes eine nicht so entscheidende Funktion zu.

Anhang

Anmerkungen

Ein kurzer historischer Exkurs (S. 17-20)

1)   ZIMMER 1987
2)   RERRICH 1988, 37
3)   MONTAGU 1992, 96 f.
4)   MONTAGU 1992
5)   MONTAGU 1992, 100
6)   BIERMANN / BIERMANN 1982
7)   BIERMANN / BIERMANN 1982; WIENHUES 1982
8)   FRANK zitiert in MONTAGU 1992, 170
9)   MONTAGU 1992, SCHENK-DANZINGER 1993; ZIMMER 1987
10) MONTAGU 1992, 172 f.
11) MONTAGU 1992

Kapitel I (S. 23-32)

1)   ESSER 1992, 19
2)   BROCKHAUS ENZYKLOPÄDIE (1970)
3)   PEURSEN 1959, zitiert n. ESSER 1992, 19
4)   ESSER 1992
5)   BROCKHAUS ENZYKLOPÄDIE 1970, 455 f.
6)   LEXIKON DER PSYCHOLOGIE 1995
7)   Non-verbale Kommunikation kann jedoch auch Sachinhalte übermitteln. Z.B. über die Blindenschrift (BRAILLE) oder über sogenannte „taktile-Alphabete" wie sie von „Taub-Blinden" benutzt werden.
8)   STOLL 1987; LEXIKON DER PSYCHOLOGIE 1995
9)   LEXIKON DER PSYCHOLOGIE 1995
10) z.B. MONTAGU 1974; GROSSMANN-SCHNYDER 1992; AUCOUTURIER / LAPIERRE 1995
11) ARGYLE 1976, 267
12) ANDERS / BEUDELS, 1999
13) ANDERS, 2001

Kapitel II (S. 33-44)

1)   GIELER 1986, 63
2)   ANZIEU 1991, 26
3)   MONTAGU 1974; FLANAGAN 1996
4)   Die Ausführungen hierzu erfolgen weitgehend in Anlehnung an SCHÄFF-LER et al. 1993
5)   WUNDERLI 1976; GIELER 1986; ANZIEU 1991; LEONHARDT 1991; LIP-PERT-BURMESTER et al. 1993; SCHÄFFLER et al. 1993; WARSCHBUR-GER 1996; BEVAN 1996)

6) GIELER 1986

7) SCHMIDT et al. 1977, 180 ein bestimmter Sinneseindruck, der durch ein bestimmtes Sinnessystem vermittelt wird, wird von Schmidt als Sinnesmodalität bezeichnet.

8) Insgesamt nutzen Rückenmark, Hirnstamm, Kleinhirn und die Großhirnhemisphären den sensorischen Input, der von den Rezeptoren in den einzelnen Organen ausgeht, um Bewußtsein, Wahrnehmung und Wissen zu entwickeln, aber auch, um die Körperhaltung und die Körperbewegungen aufrechtzuerhalten sowie die Planung und Koordination von Bewegungen, Gefühlen, Gedanken und auch der Erinnerung und Lernfähigkeit zu steuern (AYRES 1992, 37).

9) Empfindungen und Wahrnehmungen sind nicht identisch. In Anlehnung an SCHMIDT et al. (1977, 179) erfolgt auf einen einfachen Sinnesreiz zunächst ein Sinneseindruck, wobei Sinneseindrücke Elemente der Sinnesempfindungen sind. Und erst wenn die Sinnesempfindungen in Erfahrenes und Erlerntes eingeordnet werden, wird aus ihnen eine Wahrnehmung.

Kapitel III (S. 45-86)

1) Ayres, 1992,190; Schenk-Danzinger 1991, 38; Ladner-Merz,1996a, 25; 1996b 40-45, 1997, 23-26

1a) RAUH 1987, 134

2) Hierzu gibt es unterschiedliche Angaben (vgl. HEESE 1978; SCHENK-DANZINGER 1991)

3) VESTER 1975; RAUH 1987

4) Auch hierzu finden sich unterschiedliche Angaben, die insgesamt vom 4.-6. Lebensjahr reichen (vgl. HEESE 1978; RAUH 1987; SCHENK-DANZINGER 1991)

5) z.B. HEESE 1978,
Ladner-Merz, S. (1996a) Gedächtnistraining. In: Evangelische Impulse. Forum für Gerontologie , Geriatrie, Pflege, Altenarbeit 18, 25ff
Ladner-Merz, S. (1996b): Gedächtnistraining und Gesundheit: Ein reger Geist hält auch den Körper fit. In: Geriatrie Praxis 8, 40-45 (Sonderdruck)
Ladner-Merz, S. (1997): Gedächtnistraining gehört zur ganzheitlichen, aktivierenden Pflege In: Pflegen Ambulant 8, 23-26

6) AYRES betont stets, daß nicht die passive Einwirkung von Sinnesreizen, sondern die wechselseitige Auseinandersetzung zwischen dem Individuum und seiner Umwelt zur Verbesserung der Struktur und der Leistung des Gehirns führt (vgl. AYRES 1992, 190)

7) Neben den Faktoren des angereicherten Milieus erwies sich der soziale Faktor (Zusammenleben von 10 - 12 Tieren in einem Käfig) als ebenfalls bedeutsam, insbesondere im Hinblick auf die dadurch mögliche interkutane Stimulation der Tiere und auch im Hinblick auf die Möglichkeit der Spielbetätigung an den Einrichtungsgegenständen des Käfigs.
(vgl. PECHSTEIN 1974).

8) AYRES 1992, 190

9)   SCHENK-DANZINGER 1991, 38; AYRES 1992, 190
10)   HEESE 1978, 14
11)   SCHENK-DANZINGER 1991, 38
11a) HUNT: In: MOOG/MOOG 1972
12)   AYRES (1992) nennt in ihrem Buch zwar jeweils die Namen von Forschern und beschreibt deren Versuche, sie gibt aber keine Hinweise auf die entsprechende weiterführende Literatur oder Veröffentlichungen der Forscher.
13)   AYRES, 1992
14)   MOOG / MOOG 1972
15)   AYRES 1992, 78
16)   VESTER 1974, 40
17)   AYRES 1992, 85
18)   z.B. MOOG / MOOG 1972; AYRES 1992
19)   AYRES 1992, 76
20)   MONTAGU 1992, 143
21a) AYRES 1992, 147
21b) AYRES 1992, 20
22)   FLANAGAN 1996
23)   HAMNETT fand in seinen Versuchen auch heraus, daß die zarte, kutane Anregung auch Auswirkungen auf das Verhalten der Ratten hatte. Dies wird an anderer Stelle der Arbeit noch aufgezeigt.
24)   REYNIERS, 1946, zit. n. MONTAGU, 1974,18
25)   MONTAGU 1992, 20
26)   MONTAGU 1992, 34
27)   Bei Erstgeburten ca. 14 Stunden, bei weiteren Geburten ca. 8 Stunden (vgl. z.B. MONTAGU 1992)
28)   MONTAGU 1992, 34f
29)   MONTAGU 1992, 44
30)   MONTAGU 1992, 44ff
31)   RAUH 1987
32)   MONTAGU 1992, 46 f.
33)   DRILLIEN 1959, 721-728
34)   DRILLIEN 1959 und SHIRLEY 1939 nach MONTAGU 1992, 49
35)   MONTAGU, 1974, 50
36)   z.B. STEIDINGER 1985, 125; STEHR 1979
37)   PSCHYREMBEL 1990, 1675
38)   MONTAGU 1992, 21f, 143
39)   JORASCHKY 1983, 12
40)   MONTAGU 1992, 25 in Anlehnung an WEININGER 1954
41)   WASHBURN in: GRAM 1953 nach MONTAGU 1992, 142
42)   WEININGER et al. 1954 nach MONTAGU 197
43)   AYRES 1992, 193
44)   PATTON / GARDNER 1963 nach MONTAGU 1992, 148
45)   TEMERLIN et al. 1967, 890-893
46)   MONTAGU 1992, 27 in Anlehnung an BARRON in: SCHAFFNER 1956
47)   HERSHER et al. in: RHEINGOLD 1963 nach MONTAGU 1992, 26 f.
48)   SHIRLEY 1939 nach MONTAGU 1992, 47

49) PIEPER et al. 1964, 466-471

49a) SHIRLEY 1939 nach MONTAGU 1992, 47

49b) Mc KAY et al. In: NELSON, 1959 In: MONTAGU 1992, 48

50) PIEPER et al. 1964, 466-471
Auch hierbei gilt - wie bereits vorne erwähnt -, daß die fehlende perinatale Hautstimulation einen maßgeblichen, aber nicht alleinigen Faktor für die Entwicklung dieser Verhaltensprobleme einnimmt.

51) AYRES 1992, 193

52) Zeitlich gesehen ist dies bis ca. 1960 einzuordnen. Danach wurden dann Maßnahmen in den Heimen, Krankenhäusern, ... eingeführt, die diese Störungen verhinderten.

53) MOOG/MOOG 1972, 24; RAUH 1987, 193

54) MONTAGU 1992, 147

55) MOOG/MOOG, 1972

56) SPITZ, 1946 a, 1946 b

57) z.B. SPITZ 1945, 1967

58) MOOG/MOOG 1972, 30

59) MOOG/MOOG 1972, 30 in Anlehnung an SPITZ 1967, 293

60) MOOG/MOOG 1972; RAUH 1987

61) MOOG / MOOG 1972, 31

62) z.B. SPITZ 1945

63) RAUH 1987, 193

64) z.B. RAUH 1987, 194

65) Körperkontakt ist für den Aufbau der Mutter-Kind-Bindung wesentlich.

66) DENENBERG/KARAS 1959, 629 f.

67) MONTAGU 1992

68) MONTAGU 1992, 22 f.

69) COLLIAS 1956, 228-239

70) MC KINNEY 1954, 63-65

71) 1. Phase: Eröffnungsperiode

73) SCHENK-DANZINGER 1991, 102 in Anlehnung an KLAUS/KENNELL 1983

74) MONTAGU 1992, 20

75) MONTAGU 1992, 21

76) MONTAGU 1992, 220

77) MONTAGU 1992, 222

78) Dies ist eine grobe, tendenzielle Einteilung, die weitgehend vom Individuum selbst bestimmt wird. Kitzeln kann nämlich beispielsweise von einem als angenehm und von einem anderen als unangenehm empfunden werden. Jedoch gibt es auch Formen, die vermutlich von allen als angenehm (liebevolles Streicheln, ..)oder unangenehm (Boxen, Schlagen, Treten)empfunden werden. Desweiteren gibt es auch zahlreiche Nuancen, die eher neutral bewertet werden (Tasten, Berühren,..).

79) MONTAGU 1992

80) MONTAGU 1992, 222

Kapitel IV (S. 87-95)

1)   MARCOVICH, DE JONG 1999 , S. 93
2)   a. a. O., S. 93
3)   a. a. O., S. 97
4)   a. a. O., S. 101
5)   a. a. O., S. 111
6)   KLAUS et al 1997, S. 191f.
7)   Linderkamp, O.: Sanfte und individuelle Pflege von Frühgeborenen gestern und heute. (Vortragsmitschrift, 2. Interdisziplinäres Symposium zur „Individuellen Pflege von Frühgeborenen und ihren Eltern" 23./24. 10. 1999, Berlin, Veranstalter: Ausbildungszentrum für Laktation und Stillen in Zusammenarbeit mit der Universitätskinderklinik Leipzig)
8)   W. E. Freud, zitiert nach Porz (Augsburg) in: Das Konzept der individuellen Pflege bei Frühgeborenen. vgl. http://www.stillen.de/vortraege/fporz.htm (Vortragsmitschrift Symposium s. oben)
9)   provisorischer Terminus in Anlehnung an 'rooming-in'
10) Bauer, K.: Erfahrungen mit Känguruhen bei extrem unreifen Frühgeborenen (Vortragsmitschrift Symposium s. oben)
11) M. Radke: Wie wichtig ist die Bifidusflora für Frühgeborene? vgl. http://www.stillen.de/vortraege/radke.htm (Vortragsmitschrift Symposium s. oben)

Kapitel V (S. 97-141)

1)   KELEMANN 1982, 98
2)   ESSER 1992 in Anlehnung an AUCOUTURIER 1989a.
3)   z.B. AYRES 1992; BIELEFELD 1986
4)   JANUS 1989
5)   CHAMBERLAIN 1991
6)   SCHINDLER 1996, 215
7)   Für AUCOUTURIER ist die Körpereinheit und das Körper-Ich identisch (vgl. ESSER 1992, 34)
8)   ESSER 1992
9)   Synonym spricht AUCOUTURIER auch von der Phantasmatik oder von Phantasmen des Körpers, welche er als unbewußtes, imaginäres Produkt definiert, das die Motivation für Verhaltensweisen begründet, die dem Bewußtsein des Individuums nicht zugänglich sind (vgl. BORTEL / ESSER 1995).
10) BORTEL/ESSER 1995, 8
11) DARWIN, ZOONOMIA zitiert n. MONTAGU 1992, 155
12) Die Haptonomie (griech.: haptein = berühren, nomos = Gesetz, Regel) als sog. Gesetzmäßigkeit der Berührungswirkungen, wurde vom Niederländer Frans Veldman in den letzten Jahrzehnten entwickelt und gelehrt; sie findet ihre Anwendung überwiegend in der Schwangerschaft (ab der 23. Schwangerschaftswoche) sowie in der Zeit um die Geburt, aber auch in pflegerischen und therapeutischen Situationen.

Detaillierte Angaben zur Haptonomie werden zurückgehalten.

So zu lesen in Deutsche Hebammenzeitschrift, Juni 1994, S. 248: „Wir legen nachdrücklich Wert darauf zu betonen, dass auf der Welt einzig das ‚Internationale Zentrum für Forschung und Entwicklung der Haptonomie' (C.I.R.D.H) in direkter Zusammenarbeit mit ihrem Begründer der Haptonomie, Frans Veldman, Forscher und qualifizierte Dozenten vereinigt". In diesem Kontext ist auch die Antwort zu sehen, die von C.I.R.D.H. bei einer Nachfrage an die Autorinnen des Erfahrungsberichtes mit dem Titel „Haptonomie, ein Beschreibungsversuch" ergangen ist. „Wir richten unseren ausdrücklichen Appell an Ihre Verantwortung und wir bitten Sie, unseren ethischen Standpunkt und unsere Haltung zu verstehen; wir erlauben uns also, Sie zu bitten, im Augenblick Abstand davon zu nehmen, über dieses Thema zu schreiben oder einen Vortrag zu halten" (S. 12).

Während der Begründer der Haptonomie inzwischen in Frankreich lebt und praktiziert, praktiziert sein Sohn (Frans R. Veldmann jun) in den Niederlanden. Das von Franz Feldman verfasste Buch: Haptonomie- Science de l'Affectivite. Redecuvrir l'Humanain Presses Universitaires de France, Paris. 7. vollständig überarbeitete und ergänzte Auflage 1998, wurde von Hans v. Lüpcke rezensiert. Die Rezension erscheint im Internet. Journal of Pränatal und Perinatal Psychology Medicine (Mattes- Verlag, Heidelberg)

13a) APGAR-Index: Feststellung durch Beurteilung von Herzschlag, Atmung, Muskeltonus, Reflexen, Hautfarbe, Punktesystem zur Vitalitätsbeurteilung des Neugeborenen anhand bestimmter Befunde (entwickelt von Virginia Apgar, amerikan. Ärztin)

13b) LEBOYER 1981

13c) MONTAGU 1992

14) Mc GRAW 1943 n. MONTAGU 1992, 149 f.

15) Mc FARLANE 1978, 61 zitiert n. RAUH 1987, 140

16) LEBOYER 1981, 47

17) LEBOYER 1981, 149

18) LEBOYER 1982, 147

19) AYRES 1992, 87

20) MONTAGU 1992, 79

21) MAHLER 1972, 14

22) FLITNER in SCHENK-DANZINGER 1991

23) SPITZ 1973; STERN 1991

24) ANZIEU 1991, 56

25) MONTAGU 1992, 62

Die eigentliche Trennung zwischen Ich und Nicht-Ich, also zwischen dem Kind und anderen Personen erfolgt erst später. Ab dem 2. Monat beginnt das Kind die Mutter wahrzunehmen; es bildet mit ihr aber immer noch eine Zweieinheit (Dyade) (vgl. SCHENK-DANZINGER 1991, 216)

26) AYRES 1992, 87

27) MONTAGU 1992, 83

28) MONTAGU 1992, 62

29) STERN 1991, 51

30) ZIMMER 1987, 9

31)   RAUH 1987
32)   ARGYLE 1979, 267
33a) LEBOYER 1981
33b) MONTAGU 1992, 86
34)   AUCOUTURIER / LAPIERRE 1995
35)   Nach FREUD basiert auch die Persönlichkeitsentwicklung auf dieser Grund-
      lage, denn er sah die Sexual- und Persönlichkeitsentwicklung als weitge-
      hend identisch an (vgl. HUMBOLDT-PSYCHOLOGIE-LEXIKON 1990, 345).
36)   FREUD 1991; HETZER 1979; TRAUTNER 1978
37)   Auf die weiteren Phasen der Sexualentwicklung wird in den entsprechenden
      Lebensphasen eingegangen.
38)   MONTAGU 1992,80
39)   MAHLER 1979; MONTAGU 1992; SPITZ 1973
40)   Klusmann 1986, 29
41)   WINNICOTT 1962a n. ANZIEU 1991, 48
      Auch andere Autoren beschreiben das Körper-Ich als „Vorläufer" des Ichs
      bzw. stützen sich diese Autoren alle auf FREUD (vgl. SPITZ 1973, MAH-
      LER 1979).
42)   Bei guten Austauschbedingungen zwischen Mutter und Kind können sich
      erste vage Ansätze des Körper-Ichs (Körper-Einheit) bereits im pränatalen
      Stadium entwickeln.
43)   MONTAGU 1992, 85
44)   In der Psychoanalyse ist das Ich eine innere Instanz der Seele (neben dem
      Es und dem Über-Ich), die mit ihren bewußten Ich-Funktionen wie Wahr-
      nehmung, Erinnerung, Denken, Planen und Lernen sowie den unbewußten
      Ich-Funktionen, den Abwehrmechanismen, dazu verhilft, zwischen den ver-
      schiedenartigen Erfordernissen der Außenwelt, den Triebwünschen des Es
      und den moralischen Forderungen des Über-Ichs zu vermitteln bzw. Ein-
      klang herzustellen (vgl. HUMBOLDT-PSYCHOLOGIE-LEXIKON 1990, 159).
45a) FREUD 1923 zitiert in GIELER 1986, 62
45b) Dornes 1993 S.43
45c) Dornes 1993 S. 79f
46)   MAHLER 1985
47)   SPITZ 1973
48)   AUCOUTURIER/LAPIERRE 1995
49)   ESSER 1992
50)   Im Alter von 0 - 2 Jahren durchläuft das Kind nach PIAGET die sensomoto-
      rische Entwicklungsstufe: durch die konkrete Handhabung (u.a. betasten,
      befühlen, hantieren) von Gegenständen und Dingen gelangt das Kind zum
      abstrakten Denken.
51)   OERTER 1987, 263
52)   OERTER 1987, 264
53)   OERTER 1987, 290
54)   OERTER 1987
55)   FREUD 1991; HETZER 1979; TRAUTNER 1978
56)   MONTAGU 1992, 134
57)   RERRICH 1988

58)	entfällt
59)	KLAUS / KENNELL / KLAUS, 1997 S. 19
60)	aus dem Vorwort von T. Berry BRAZELTON
	in: KLAUS / KENNELL / KLAUS 1997
61)	a. a. O. S. 23
62)	a. a. O. S. 26
63)	a. a. O. S. 74ff
64)	a. a. O. S. 106
65)	a. a. O. S. 107
66)	a. a. O. S. 109
67-68) entfallen
69)	CLAY 1966, in: MONTAGU 1992, 145
70)	GIELER 1986, 64
71)	LEIBOLD 1986, 16

Kapitel VI (S. 143-150)

1)	ENGFER 1986,10
2)	ENGFER 1986, 14
	Die Begriffsbestimmung der körperlichen und sexuellen Mißhandlung (Miß-
	brauch) erweist sich in der Literatur als sehr vielgestaltig. Die Definitionen
	von ENGFER stellen dabei nur eine Möglichkeit der Beschreibung der Miß-
	handlungen dar.
	Zur Schwierigkeit der Begriffsbestimmung von „Gewalt", unter welche kör-
	perliche und sexuelle Mißhandlungen auch gefaßt werden, schreibt BUJOK-
	HOHENAUER:
	„Die Definitionen von Gewalt sind so zahlreich wie die Publikationen zu
	dieser Thematik. Es erscheint in diesem Zusammenhang wenig sinnvoll, die
	gesamte Palette der jeweiligen Begriffsbildungen zu diskutieren (..). Der
	Kern jeder Gewaltdefinition besteht darin, daß Gewalt als ein Mittel der
	Durchsetzung von Macht verstanden wird und zwar als ein Mittel, das physi-
	sche und psychische Schäden beim 'Opfer' hervorruft." (BUJOK-HOHE-
	NAUER 1982, 18 f).
3)	FRANK, R. in: OLBING 1991
4)	ESSAU / PETERMANN 1995, 223
5)	FRANK 1954 n. MONTAGU 1992, 210

Kapitel VII (S. 151-161)

1)	ZIMMER 1987; De JONG 1996
2)	ZIMMER 1987
3)	SPITZ's 1967, 287
4)	MOOG / MOOG 1972, 48
5)	GLASER und EISENBERG 1956
6)	MOOG / MOOG 1972, 54
7)	CONRAD 1997; ENGFER 1986; WEIDENBACH 1996

8) MONTAGU 1992, 164 f.
9) AYRES 1992, 176f.
10) WEIDENBACH 1996
11) WEIDENBACH 1996, S. 44
12) LEIBOLD 1986, 82
13) WEIDENBACH 1996
14) JUHAN 1997
15) entfällt
16) BIENSTEIN / FRÖHLICH 1995
17) LIPPERT-GRÜNER et al. 1997
18) GROSSMANN-SCHNYDER 1992
19) GROSSMANN-SCHNYDER 1992

Kapitel VIII (S. 165-190)

1) ZIMMER, K. 1985, 14f.
2) FLANAGAN 1996. 77
3) FLANAGAN 1996, 82
4) „Der Weg ins Leben" /Alete u. Bübchen (Hrsg)
5) NEES - DELAVAL, 1996, 44
6) FLANAGAN, 1996, 69
7) MONTAGU, A., 1995, 17 ff.
8) FLANAGAN 1996
9) Hemling 1974, 113
10) FLANAGAN 1996, 111 und LEBOYER 1981
11) NEES - DELAVAL 1996
12) SHIRLEY, in MONTAGU, 1992, 47
13) FLANAGAN, 1996, 99
14) NEES-DELAVAL, 1996, 134
15) ZDF, Mona Lisa, 5.Nov.1995
16) NEES - DELAVAL, 1996, 167
17) a.a.o.
18) HOEFER, HARDY, in MONTAGU, 1992. 58
19) DANZER 1977, 104
20) HARLOW et. al. in MONTAGU, 1992, 32 f.
21) a.a.o., S. 58
22) a.a.o., S. 131
23) MARCOVICH / DE JONG, 1999
24) Hemling 1974, 113
25) MONTAGU, 1992, 106
26) a.a.o., 95
27) a.a.o., 96
28) a.a.o., 66
29) a.a.o. 67
30) a.a.o. 102
31) DANZER 1977, 103

32) Hemling 1974, 113
33) DANZER 1977, 107
34) ZDF, Mona Lisa, 5.11.1995
35) BBC, Touch of sensitivity; NEGT u. KLUGE 1981
36) Erste Liebe/aktives Sexualleben, vgl. GEO-Wissen, 23/95, 68
37) WEIDNER in: Mona Lisa vom 5. Nov. 1995, ZDF
38) ABEL und RAITHEL 1997
39) SCHMERBITZ/ SEIDENSTICKER, 1997
40) METZGER, in: Focus 43/97, 224
41) a.a.o.
42) MAXWELL-HUDSON, C., 1994
43) GREFE/THOMAS, 19???, 73
44) EISENBURGER/LIEBMANN, 1996
45) Viktor E. FRANKL
46) ZDF, Mona Lisa vom 5.Nov.1995

Kapitel IX (S. 191-207)

1) überarbeitete Fassung, Erstveröffentlichung mit W. Beudels In: Bräutigam et al. 1999
2) der Übersichtlichkeit wegen und aus Gründen der besseren Lesbarkeit verwenden wir in diesem Beitrag im unsystematischen Wechsel die weibliche und die männliche Anrede.
3) Zitat einer vierzigjährigen Lehrerin
4) GROSSMANN-SCHNYDER 1992, 77
5) DAHM/JOHNS 1993, 218
6) HEYE 1995, 41ff
7) Divergierende Gründe sprechen sowohl für eine niedrigere wie höhere Quote, vorausgesetzt, das Seminarthema beinhaltet Hinweise auf Massageübungen oder körperorientierte Partnerarbeiten. Da uns hierzu aber keine Untersuchungen bekannt sind, gehen wir von einer statistischen Normalverteilung aus.
8) FUNKE 1996,108
9) FUNKE 1994,109
10) ENDERS 1990

Glossar

Abwehrstofftiter	Gehalt an Abwehrstoffen
affektiv	gefühlsbetont
Aktionspotential	von überschwelligem Reiz ausgelöster Strom-impuls
Amnesie	Erinnerungsbeinträchtigung, Gedächtnisstörung
anale Phase	auf die Afterregion orientiert
anogenitale Region	Region um den Geschlechtsbereich und After
auditorisch	das Hören betreffend
autoerotisch	sich selbst liebend, narzistisch
autonomes Nervensystem	ident.: vegetatives Nervensystem: nicht dem Willen und dem Bewußtsein des Menschen untergeordnetes Nervensystem, bestehend aus drei Systemen: Sympathikus, Parasympathikus, intraneurales System
Axon	Nervenbahn
behavioristische Entwicklung	einseitige, inzwischen fragwürdige Richtung amerikanischer Verhaltensforschung, die nur das objektiv-beobachtbare und messbare Verhalten als Forschungsobjekt zuließ, wobei andere Parameter bewußt ausgeklammert wurden
Cholesterin	Fetteiweißkörper
Cholinesterase	Enzymgruppe
Dendriten	Verzweigungen von Nervenzellen
Deprivation	Mangel an körperlicher und affektiver Zuwendung
dermatale Phase	Hautorientierte Phase
Ektoderm	äußeres der drei embryonalen Keimblätter
Embryo	Frucht in der Gebärmutter in den ersten acht Wochen
Embryonalschicht	embryonale Keimblätter
endokrine Drüsen	ins Blut absondernde Drüsen
enterozeptiv	von innen kommende Reizaufnahme
Entoderm	inneres der drei embryonalen Keimblätter
Enuresis	Einnässen
Epithelien	Zellverband, der innere oder äußere Körperflächen bedeckt
Eutonie	gute Spannung, muskulärer und seelischer Spannungsausgleich
Exterozeption	von außen kommende Reize aufnehmen

extrauterin	außerhalb der Gebärmutter
Fetus/Fötus	Ungeborenes im Mutterleib ab der 9. Schwangerschaftswoche bis zur Geburt
Frühgeburt	Geburt zwischen der 24. und vor Beendigung der 37. Schwangerschaftswoche
gastrointestinal	Magen und Darm betreffend
Generatorpotential	vgl. Aktionspotential
genitale Phase	auf die Geschlechtsorgane hin orientierte Phase
Gestation	Schwangerschaft
Gestationsalter	Schwangerschaftsdauer
gustatorisch	den Geschmack betreffend
haptonomisch	berührungsbedingt
Histamin	Neurotransmitter
Homunkulus	Schematische Darstellung der kortikalen Repräsentation von Motorik und Oberflächensensibilität
Hospitalismus	Durch Krankenhaus oder Heimaufenthalte, sowie durch fehlende Zuwendung bedingte Krankheiten (vgl. Deprivation)
Hypothalamus	Teil des Zwischenhirns, steuert die wichtigsten Regulationsvorgänge des Organismus, bildet u. a. das Hormon Oxytocin
imaginär	sich vorstellend, nicht sichtbar
Immunisierung	Herbeiführen einer Immunität des Organismus
Immunsystem	Funktionsstrukturen zur Erhaltung der Individualstruktur durch Abwehr körperhemmender Substanz
Interozeption	s. enterozeptiv
intrauterin	Innerhalb der Gebärmutter
kinästhetisch	Bewegungen wahrnehmend durch Rezeptoren in den Muskeln und Gelenken
Konzeption	Empfängnis
Kortex	Hirnrinde
kutan	Die Haut betreffend
latente	Verborgen, schlummernd
Libido	Sexualtrieb, Triebmanifestationen begleitende psychische Energie
manifest	in Erscheinung tretend, erkennbar

Marasmus	Körperlicher Verfall, Mangelsyndrome
Mechanorezeption	Sinnesrezeptoren, die auf mechanische Reize ansprechen
Membranpotential	Elektrische Spannung an Zellwänden und Zellinnerem
Mesoderm	Mittleres der drei embryonalen Keimblätter
Nebennierentetanie	Versagen der Nebennieren durch Stoffwechselstörung
neurohistochemisch	Auf die biochemischen Prozesse bei der Reizverarbeitung bezogen
neurohistologisch	Nervengewebe betreffend
Neuronen	Nervenzellen mit allen Fortsätzen (Axon, Dendrit, Telodendron)
Nocizeption	Schmerzrezeptoren
Okzipitalrinde	Hirnrinde im Hinterhauptbereich
orale Orientierung	Auf den Mund bezogene Ausrichtung (Berührung, Essen und Trinken)
Oxytocin	Hormon, Sexualhormon, bedeutend während und nach der Geburt, beim Stillen
Parameter (organisch)	Meßgrößen (zur Unterscheidung von mehreren gegenüber abhängigen Merkmalen)
perinatal	während der Geburt
peripheres Nervensystem	Hirnnerven, Rückenmarksnerven und periphere Ganglien
Phantasmatik	vgl. Anmerkung 9 zu Kap. V
Photorezeptoren	Leichtempfindliche Rezeptoren unter der Haut, die Licht zur Synthese benötigen
postnatal	nachgeburtlich
prädeterminiert	vorausbestimmt
pränatal	vorgeburtlich
Prolaktin	Hormon, fördert das Brustdrüsenwachstum und die Laktation unter Einfluß von Östrogen und Progesteron
Proliferation	Wucherung
propriozeptiv	Über Propriozeptoren (Rezeptoren für Muskellänge, Gelenkstellung) Lage und Bewegung der Gliedmaßen im Raum wahrnehmen.
Prostaglandine	Diverse hormonähnliche Substanzen, vielfältiges Vorkommen in verschiedensten Organen, mit komplexen Funktionen
respiratorisches System	Atemsystem

Serotonin	Hormon mit beruhigender Wirkung
Somatopie	Hier: Zuordnung von Körpergliedmaßen oder deren Funktionen und Fähigkeiten zu bestimmten Hirnbereichen vgl. Homunkulus
Stimulation	Erregung, Reiz
Subcortex	Unterhalb der Hirnrinde liegend
Subcutis	Unterhaut (mit Fett, Blutgefäßen und Nerven)
Sublimation	Umkehrung eines ursprünglich auf ein sexuell gerichtetes Ziel gerichteten Triebes auf ein nicht sexuelles, „höheres" z.B. soziales oder kulturell anerkanntes Ziel (Freud)
Substitution	Ersatz
Symbiose	Zusammenleben zu gegenseitigem Nutzen
Synapsen	Umschaltstelle von einem Neuron auf ein anderes oder auf das Erfolgsorgan z.B. Muskelzelle
Thalamus	Zwischenhirn, steht mit ZNS, über der Großhirnrinde, dem extra pyramidalen System, Kleinhirn und Rückenmark in Verbindung
Thermorezeption	Rezeptoren, die Temperaturänderungen wahrnehmen und für die Überwachung der Bluttemperatur mit verantwortlich sind.
Thymusdrüsen	Brustdrüse, zuständig für Immunität, Körperwachstum und Knochenstoffwechsel
Ureter	Harnleiter
Urogenital	Harn- und Geschlechtsorgane betreffend
visuell	mit den Augen wahrnehmend, sichtbar
viszeral	Eingeweide betreffend
Zentralnervensystem (ZNS)	Gehirn- und Rückenmarksnerven

Literatur

(verwendete und weiterführende Literatur)

ABEL, A.H.; RAITHEL, J. (1997): Kampfspiele – friedlich und fair In: Sportpädagogik 21 (6), 49-51

ANDERS, W. (2000): Übungsprogramm zur Förderung der Bewegungskoordination. Reha-Verlag Remagen (5. Aufl.)

ANDERS, W. (2001a): Psychomotorik in der Neonatologie? Zur Bedeutung des Körperkontaktes bei zu früh Geborenen. In: Motorik, Heft 2, 25. Jahrg. Schorndorf (i. Druck).

ANDERS, W. (2001b): Häute scho(e)n berührt? Gedanken zum Körperkontakt in der Psychomotorik. In: Zimmer, R./ Hunger, J. (Hrsg); Kindheit in Bewegung. Hofmann, Schorndorf 113-117

ANDERS, W.; BEUDELS, W. (1999): Mein Körper gehört mir! Zur Relevanz des (Ver-)Schweigens in der Bewegungs- und Sporterziehung, dargestellt am Beispiel der Tennisballmassage. In: BRÄUTIGAM, M. / STARISCHKA, S. / SWOBODA, J. (Red.). Sport-Lehrer- Studium. Bewährtes erhalten und Neues tun. Dortmunder Schriften, Sport, Erlensee: SFT-Verlag, 135 - 154

ANZIEU, D. (1991): Das Haut-Ich. Frankfurt a.M.

ARGYLE, M. (1979): Körpersprache und Kommunikation. Paderborn.

AUCOUTURIER, B.; LAPIERRE, A. (1995[2]): Bruno: Bericht über eine psychomotorische Therapie bei einem zerebral-geschädigten Kind. Ernst Reinhardt, München.

AYRES, J.A. (1992[2]): Bausteine der kindlichen Entwicklung. Die Bedeutung der Integration der Sinne für die Entwicklung des Kindes. Berlin; Heidelberg, Springer

BELL, R.W.; REISNER, G.; LINN, T. (1961): Recovery from Electro-convulsive Shock as a Function of Infantile Stimulation. In: Science 133, 1428.

BENTHIEN, C. (1999): Haut. Literaturgeschichte – Körperbilder – Grenzdiskurs. rowohlt-Enzyklopädie, Reinbek

BEUDELS, W.; ANDERS, W. (2001): Wo rohe Kräfte sinnvoll walten. Handbuch zum Ringen, Rangeln und Raufen in Pädagogik und Therapie, borgmann publishing, Dortmund

BEUDELS, W.; KLEINZ, N.; DELKER, K. (Hrsg. 1997): Außer Rand und Band. WenigKostenvielSpaßGeschichten mit Alltagsmaterialien, borgmann publishing, Dortmund

BEUDELS, W.; LENSING-CONRADI, R.; BEINS, H.-J. (Hrsg.1994): Das ist für mich ein Kinderspiel, borgmann publishing, Dortmund

BEVAN, J. (1996): Der Menschliche Körper. Anatomie und Physiologie. Berlin.

BIELEFELD, J. (Hrsg. 1986): Körpererfahrung. Grundlage menschlichen Bewegungsverhaltens. Göttingen.

BIENSTEIN, CH.; FRÖHLICH, A. (1995[7]): Basale Stimulation in der Pflege. Düsseldorf.

BIERMANN, G.; BIERMANN, R. (1982): Das kranke Kind und seine Umwelt. München; Basel.

BORTEL, D.; ESSER, M. (1995): Grundlegende Intervention im psychomotorischen Ansatz von Aucouturier. In: Praxis der Psychomotorik 20, 6-13.

BRAECKER, S.; WIRTZ-WEINRICH, W. (1992[3]): Sexueller Mißbrauch an Mädchen und Jungen. Weinheim; Basel.

BRENTANO, C. (1819): Des Knaben Wunderhorn. Alte Deutsche Lieder. Mohr und Winter, Heidelberg

BROCKHAUS, E.A. (1970[17]): BROCKHAUS ENZYKLOPÄDIE in 20 Bänden. Zehnter Band. Wiesbaden.

BROCKHAUS (1994): Enzyklopädie in 24 Bänden. Mannheim

BROWN, M. (1985): Die heilende Berührung. Die Methode des direkten Körperkontaktes in der körperorientierten Psychotherapie. Essen.

BRUNS, H. (2000): „Am Anfang war Berührung" Kontaktimprovision ISBN 3-89811-936-X

BUJOK-HOHENAUER, E. (1982): Gewalt gegen Kinder: Zum Stand von Forschung und Praxis. In: HONIG, M.S. (Hrsg.) Kindesmißhandlung. München, 13-52.

CARLBLOM, I. (1992): Tänzerische Bewegungserziehung in der Krankengymnastik. Fischer, Stuttgart

Centre International De Recherche Et De Développement De L'Haptonomie: (1994): Stellungnahme Haptonomie. In: Deutsche Hebammen Zeitschrift, Juni

CHAMBERLAIN, D. (1991): Woran Babys sich erinnern. Die Anfänge des Bewußtseins im Mutterleib. München.

COLLIAS, N.E. (1956): The Analysis of Socialization in Sheeps and Goats. In: Ecology 37, 228-239.

CONRAD, R. (1997): Die Pflege von Opfern der Folter. In: Pflege Aktuell 7-8, 458-462.

DANZER, A. : (1977) Verhalten. Metzlersche Verlagsbuchhandlung, Carl-Ernst-Poeschel-Verlag Stuttgart

Das Wörterbuch medizinischer Fachausdrücke (1992): Duden-Verlag

DE JONG, M.T. (1996): Wie ein Vögelchen, das aus dem Nest gefallen ist. In: Psychologie Heute 23, 52-54.

DENENBERG, V.H.; KARAS, G.G. (1959): Effects of Differential Handling Upon Weight Gain and Mortality in the Rat and Mouse. In: Science 130, 629 f.

DORNES, M. (1993): Der kompetente Säugling. Die präverbale Entwicklung des Menschen. Fischer, Frankfurt/M.

DREFKE, H. (1982): Körpererfahrung über Körperkontakt – oder müssen wir uns heute wieder anfassen? In: Sportunterricht, Heft 5, 31. Jahrgang Schorndorf, 185 - 190

DRILLIEN, C.M. (1956): Physical and Mental Handicap in the Prematurely Born. In: Journal of Obstetrics and Gynaecology of the British Empire 66, 721-728.

EISENBURGER, M.; LIEBMANN, B. (1996): Psychomotorik mit Senioren: Motogeragogik. In: Motorik, Schorndorf 19, 4/96, 158-168

ENDERS, U. (1990) Hrsg. Zart war ich, bitter war's. Sexueller Missbrauch an Mädchen und Jungen. Kölner Volksblattverlag, Köln

ENGFER, A. (1980): Kindesmißhandlung. Ursachen – Auswirkungen – Hilfen. Stuttgart.

ESPENAK, L. (1985): Tanztherapie. Sanduhr-Verlag, Dortmund

ESSAU, C.A.; PETERMANN, U. (1995): Angststörungen. In: PETERMANN, F. (Hrsg.): Lehrbuch der klinischen Kinderpsychologie. Göttingen, 219-240.

ESSER, M. (1992): Beweg-Gründe. München; Basel.

FISCHER, K. (1993[2]): Das Psychomotorische Paradigma in der Frühförderung. In: IRMISCHER, T.; FISCHER, K. (Hrsg.): Psychomotorik in der Entwicklung. (Reihe: Motorik Bd. 8). Schorndorf, 79-91.

FLANAGAN, G.L. (1996): Ein Kind kommt in die Welt. Die wunderbareEntwicklung von der Empfängnis bis zur Geburt. Mosaik-Verlag, München

FRANK, R. (1991): Definition und Epidemiologie. In: OLBING, R. et al. (Hrsg.): Kindesmißhandlung. Köln.

FRANKL, V.E. (1982) Der Wille zum Sinn, Ausgewählte Vorträge über Logotherapie, Hans Huber Bern/Wien

FREUD, S. (1991): Drei Abhandlungen zur Sexualtheorie. Frankfurt a.M. (Sonderdruck).

FUNKE-WIENEKE, J.: Die pädagogische Bedeutung der Körpererfahrung im Kindesalter. In: Die Grundschulzeitschrift. Ästhetische Erziehung I (Sammelband). Friedrich-Verlag, Seelze 18 - 21 o.J.

GIELER, U. (1986): Haut und Körpererleben. In: BRÄHLER, E. (Hrsg.): Körpererleben. Berlin; Heidelberg, 62-73.

GLASER, K.; EISENBERG, L. (1956): Maternal deprivation. In: Pediatrics 16, 626-642.

GLASER, V. (1990[3]): Eutonie. Das Verhaltensmuster des menschlichen Wohlbefindens. Heidelberg.

GRIMM, J.; GRIMM, W. (1960): Deutsches Wörterbuch. Hirzel Verlag, Leipzig

GROSSMANN-SCHNYDER, M. (1992): Berühren. Praktischer Leitfaden zur Psychotonik in Pflege und Therapie. Stuttgart.

HEMLING, H. (1974): Taschenbuch der Psychologie. Humboldt, München.

HEESE, G. (Hrsg. 1978): Frühförderung behinderter und von Behinderung bedrohter Kinder. Berlin 1978.

HEINL, T. (1983): Das Baby Massage Buch. Wachsen durch Berührung. Paderborn.

HELLBRÜGGE, T.; VON WIMPFFEN, J.H. (Hrsg. 1974[2]): Die ersten 365 Tage im Leben eines Kindes. Die Entwicklung des Säuglings. München.

HESSISCHER VEREINIGUNG FÜR VOLKSKUNDE (Hrsg. MATTER, M. 1996): Körper - Verständnis - Erfahrung. Jonas-Verlag Marburg

HETZER, H. et al. (Hrsg. 1979): Angewandte Entwicklungspsychologie des Kindes- und Jugendalters. Wiesbaden.

HEYE, S. (1995): Sexuelle Gewalt an Mädchen in der Familie. Auswirkung leiblicher Traumatisierung auf Selbst- und Körperbild. Unveröffentl. Diplomarbeit. Sporthochschule Köln

HODGSON, B. (1998): Tierkinder. Könemann Verlag, Köln (Originaltitel: The world of baby animals).

HUIZINGA, O. (1987): Haptische Fähigkeit und Vernachlässigungstrauma (Vortragsskript), Enschede, Dezember

HULSEGGE, J. (1991): Snoezelen, eine andere Welt. Marburg / Lahn

HÜNNEKENS, H.; KIPHARD, E.J. (1985[7]): Bewegung heilt. Flöttmann, Gütersloh 1960.

HUMBOLDT-PSYCHOLOGIE-LEXIKON (Hrsg: Redaktion Naturwissenschaft und Medizin des Bibliographischen Instituts): München 1990.

JANUS, L. (1989): Die Psychoanalyse der vorgeburtlichen Lebenszeit und der Geburt. Pfaffenweiler.

JAROSCH, B.; GÖBEL, H.; PANTEN, D. (1993[2]): Von der Psychomotorischen Übungsbehandlung zur klinisch psychomotorischen Therapie. In: IRMISCHER, T.; FISCHER, K. (Hrsg.): Psychomotorik in der Entwicklung (Reihe: Motorik Bd. 8). Schorndorf, 147-162.

JEGGLE, U. (1980): Im Schatten des Körpers. In: Zeitschrift für Volkskunde, 76 (1980) 169 - 188

JORASCHKY, P. (1983): Das Körperschema und das Körper-Selbst als Regulationsprinzipien der Organismus-Umwelt-Interaktion. München.

JUHAN, D. (1997): Körperarbeit. Die Soma-Psyche-Verbindung. München.

KELEMANN, S. (1982): Leibhaftes Leben. Wie wir uns über den Körper wahrnehmen und gestalten können. München.

KESPER, G.; HOTTINGER, C. (1994³): Mototherapie bei sensorischen Integrationsstörungen. München; Basel.

KELLER, B.; ANDERS, W. (1997): Das Prinzip Hoffnung in der Psychomotorik im Rahmen einer ganzheitlichen Erziehung zur Verantwortung. in: Logotherapie und Existenzanalyse 5 / 1, 157-165.

KIPHARD, E.J. (1998⁸): Motopädagogik. Psychomotorische Entwicklungsförderung, Bd. 1. verlag modernes lernen, Dortmund.

KIPHARD, E.J.; LEGER, A. (1986): Psychomotorische Elementarerziehung. Ein Bildbericht. Gütersloh: Flöttmann

KIPHARD, E.J. (1990): Mototherapie, Teil 2. verlag modernes lernen, Dortmund.

KIPHARD, E.J. (1994): Psychomotorik in Praxis und Theorie. Gütersloh, Flöttmann und Dortmund, verlag modernes lernen.

KIPHARD, E.J.; PADE, H. J. (1986): Der Clown in dir. Hannover: Fackelträger und Dortmund, verlag modernes lernen.

KITZINGER, S. (1989): Borst Voeding (Brestfeeding your baby). Zirkoon, Amsterdam.

KLAUS, M.H.; KENNELL, J.H.; KLAUS, P.H. (1997): Der erste Bund fürs Leben – Bonding. Die gelungene Eltern-Kind-Bindung und was Mütter und Väter dazu beitragen können. Rowohlt, Reinbek

KLEIN, P. (1993): Tanztherapie. Ein Weg zum Ganzheitlichen Sein. Pfeiffer, München.

KLUSSMANN, R. (1986): Psychosomatische Medizin. Berlin; Heidelberg.

KRÜLL, M. (1980): Die Geburt ist nicht der Anfang. Stuttgart.

LADNER-MERZ, S. (1996a): Gedächtnistraining. In: Evangelische Impulse. Forum für Gerontologie, Geriatrie, Pflege, Altenarbeit 18, 25ff.

LADNER-MERZ, S. (1996b): Gedächtnistraining und Gesundheit: Ein reger Geist hält auch den Körper fit. In: Geriatrie Praxis 8. 40-45 (Sonderdruck).

LADNER-MERZ, S. (1997): Gedächtnistraining gehört zur ganzheitlichen, aktivierenden Pflege. In: Pflegen Ambulant 8, 23-26.

LEBOYER, F. (1981): Geburt ohne Gewalt. Kösel, München.

LEBOYER, F. (1996⁵): Sanfte Hände, die traditionelle Kunst der indischen Baby-Massage. Kösel, München

LEIBOLD, G. (1986): Körpertherapie. Einklang von Körper, Geist und Psyche. Düsseldorf.

LEONHARDT, H. (1991[6]): Taschenatlas der Anatomie (in 3 Bänden). Bd. 2: Innere Organe. Stuttgart.

LEXIKON DER BÜCHERGILDE (1979) Frankfurt a.M.; Wien; Zürich.

LEXIKON (1979) der Kinder- und Jugendliteratur. Beltz Verlag, Weinheim, Basel

LEXIKON DER PSYCHOLOGIE (1995): Bertelsmann Lexikon Verlag GmbH. Gütersloh.

LIPPERT-BURMESTER, R.W.; LIPPERT; H. (1993): Operationen. Nutzen und Risiken ärztlicher Eingriffe. Köln.

LOTHROP, H. (1995): Das Stillbuch. Kösel, München

LIPPERT-GRÜNER, M.; QUESTER, R.; TEERHAAG, D. (1997): Frühstimulation, ein Bestandteil des frührehabilitativen Behandlungskonzeptes auf der neurochirurgischen Intensivstation. In: Die Rehabilitation 36, 111-115.

LUCKERT, H.: Hyperaktivität als Zivilisationsstörung. In: PASSOLT, M. (Hrsg. 1993)): Hyperaktive Kinder. Psychomotorische Therapie. München, 24-33.

MAHLER, M.S. (1972): Symbiose und Individuation. Bd. 1: Psychosen im frühen Kindesalter. Stuttgart.

MAHLER, M.S. (1985): Studien über die ersten drei Lebensjahre. Stuttgart.

MARCOVICH, M. / de JONG, Th.-M. (1999): Frühgeborene – zu klein zum Leben? Die Methode Marina MARCOVICH. Fischer Verlag, Frankfurt

MAXWELL-HUDSON (1994): Das große Handbuch der Massage. Augsburg: Weltbild-Verlag

Mc CANCE, R.A.; OTLEY, M. (1951): Course of the Blood Urea in Newborn Rats, Pigs and Kittens. In: Journal of Physiology 113, 18-22.

Mc KINNEY, B.M. (1954): The Effects Upon the Mother of Removal of the Infant Immediately After Birth. In: Child-Family Digest 10, 63-65.

MILAKOVIC, I. (1982): Ist die Psychodynamik des Kindes für die Geburt vorbereitet? In: SCHINDLER, S.: Geburt. Eintritt in eine neue Welt. Göttingen; Toronto; Zürich, 58-63.

MONTAGU, A. (1974): Körperkontakt. Die Bedeutung der Haut für die Entwicklung des Menschen. Stuttgart (7. Aufl. 1992, 8. Aufl. 1995).

MOOG, W.; MOOG, S. (1972): Die entwicklungspsychologische Bedeutung von Umweltbedingungen im Säuglings- und Kleinkindalter. Berlin-Charlottenburg.

MORRIS, D. (1996): Körpersignale. Vom Scheitel bis zum Kinn. Heyne, München

MORRIS, D. (1996): Körpersignale. Vom Dekolleté zum Zeh. Heyne, München

NITSCH, C. (1998): Das Schmerz- und Tröstebuch. Rowohlt, Reinbek

NEES-DELAVAL, B. (1996): Wir werden Eltern: Schwangerschaft und Geburt, Pflege und Erziehung des Kleinkindes, Niedernhausen/Ts. Falkenverlag

NEGT, O.; KLUGE, A. (1981): Geschichten und Eigensinn. Frankfurt: Zweitausendeins, 287 – 293

OERTER, R. (1987[2]): Kindheit. In: OERTER, R.; MONTADA, L: Entwicklungs psychologie. Weinheim, 204-264.

PECHSTEIN, J. (1974): Umweltabhängigkeit der frühkindlichen zentralnervösen Entwicklung. Stuttgart.

PIEPER, W.S.; LESSING, E.E.; GREENBERG, H.A. (1964): Personality Traits in Caesarean – Normally Delivered Children. In: Archiv of General Psychiatry 2, 446-471.

PORZ, F.; ERHARDT, H. (1999): Das Augsburger Nachsorgemodell.Neue Wege in der Nachsorge. Case Management in der Sozialpädiatrie. (Hrsg. betapharm Arzneimittel gmbH, Augsburg)

POTTHOFF, H.S. (1987): Haptonomie (Informationsfaltblatt), Düsseldorf, o.J.

PSCHYREMBEL (1990[256]): Klinisches Wörterbuch. Berlin.

RAUH, H. (1987[2]): Frühe Kindheit. In: OERTER, R.; MONTADA, L. : Entwicklungspsychologie. Weinheim, 131-203.

RERRICH, M.S. (1988): Balanceakt Familie. Zwischen alten Leitbildern und neuen Lebensformen. Freiburg im Breisgau.

SASIMSKI, K. (o.J.): Frühgeborene nach der Entlassung. (Hrsg. Bundesverband „Das frühgeborene Kind" e.V., Heidelberg)

SASIMSKI, K. (o.J.): Entwicklungsprognose frühgeborener Kinder. (Hrsg. Bundesverband „Das frühgeborene Kind" e.V., Heidelberg)

SCHÄFER, I. (1993[2]): Grundbausteine der Psychomotorischen Übungsbehandlung. Entwicklungsabschnitt 1955-1975. In: IRMISCHER, T.; FISCHER, K. (Hrsg.): Psychomotorik in der Entwicklung. (Reihe: Motorik Bd. 8). Schorndorf, 19-31.

SCHÄFFLER, A.; SCHMIDT, S. (1993): Mensch, Körper, Krankheit. Anatomie, Physiologie, Krankheitsbilder. Lehrbuch und Atlas für die Berufe im Gesundheitswesen. Neckarsulm.

SCHENDA, R. (1998): Gut bei Leibe. Hundert wahre Geschichten vom menschlichen Körper. C.H. Beck, München

SCHENK-DANZINGER, L.(1991[21], 1993[22]): Entwicklungspsychologie. Österr. Bundesverlag, Wien.

SCHINDLER, S. (1996): Orientierung und Motorik im ersten Lebensraum. Neue Konzepte als Ergebnis einer Psychologie der pränatalen Zeit. In: Praxis der Psychomotorik 21, 212-219.

SCHMERBITZ, H.; SEIDENSTICKER, W. (1997): Sportunterricht und Jugendarbeit. In: Sportpädagogik 6 / 1997, 25-37

SCHMIDT, R.F.; THEWS, G. (Hrsg. 1977[19]): Physiologie des Menschen. Berlin; Heidelberg.

SCHÖNBACH, K.; KLOE, M. (1999): Haptonomie – Ein Beschreibungsversuch. Universität Dortmund, Sondererziehung und Rehabilitation, Bewegungserziehung und Bewegungstherapie, (Schriftliche Hausarbeit)

SCHULZ, K.-H. (Hrsg.) (1997): Psychoneuroimmunologie. Ein interdisziplinäres Feld. Huber-Verlag, Göttingen.

SEYFFERT, S. (1997): Viele kleine Streichelhände – Kinder massieren Kinder. Menschenkinder-Verlag, Münster

SKEELS, H.M.; HARMS, I.: Children with inferior social histories: their mental development in adaptive home. In: Journal of genetic Psychology. Provincetown, Mass. 72 (1948), 283-294.

SPECHT-TOMANN, M.; TROPPER, D. (2000): Hilfreiche Gespräche und heilsame Berührungen im Pflegealltag. Springer, Berlin.

SPITZ, R.A.: Hospitalism. Psychoanalytic Study of the Child, I. New York 1945.

SPITZ, R.A. (1946 a): Hospitalism. A follow-up report. Psychoanalytic Study of the Child. New York.

SPITZ, R.A. (1946 b): Anaclitic Depression. Psychoanalytic Study of the Child, II. New York.

SPITZ, R.A. (1967): Festschrift. Einfühlen, Erinnern, Verstehen: Eine Festschrift für René A. Spitz zu seinem 80. Geburtstag. Stuttgart.

SPITZ, R.A. (1973[3]): Die Entstehung der ersten Objektbeziehungen. Stuttgart.

STACHERL, S. (1997): Nähe und Geborgenheit. Durch Körperkontakt Säuglinge fördern. Walter-Verlag, Zürich, Düsseldorf

STEHR, K. (1979[2]): Schwangerschaft, Geburt und Säuglingspflege. München.

STEIDINGER, J.; UTHICKE, K.J. (1985): Frühgeborene. Babys, die nicht warten können. München.

STERN, D.N. (1991[2]): Tagebuch eines Babys. Was ein Kind spürt, fühlt und denkt. München.

STOLL, K. (1989): Körperkontakt als Element der Mototherapie. Eine Erkundungsstudie bei alkoholkranken Männern. Unveröffentlichte Diplomarbeit. Marburg.

TEMERLIN, M.K. et al. (1967): Effects of Increased Mothering and Skin Contact on Retarded Boys. In: American Journal of Mental Deficiency 71, 890-893.

TRAUTNER, H.M. (1978): Lehrbuch der Entwicklungspsychologie, Bd. 1. Frankfurt.

VERNY, T.; KELLY, J. (1983): Das Seelenleben des Ungeborenen. Frankfurt a. M..

VESTER, F. (1975): Denken, Lernen, Vergessen. Stuttgart.

VIERHELLER, B. (1998): Ihre Hände wirken Wunder. In: Eltern, 12, 20-28 Dezember. Gruner + Jahr AG, München

WAGNER, L. (1997): Massagen für Leib und Seele. In: Stern 50, 56-62.

WALKER, P. (1996): Baby Massage – A practical guide to massage and Movement for babie and Infants. St. Martins Griffin, New York

WARSCHBURGER, P. (1996): Psychologie der atopischen Dermatitis im Kindes- und Jugendalter. München.

WATZLAWICK, P.; BEAVIN, J.H.; JACKSON, D.D. (1990[8]): Menschliche Kommunikation. Formen, Störungen, Paradoxien. Bern.

WEHLING, A. (1994): Haptonomische Eltern-Kind-Begleitung: In: Deutsche Hebammen Zeitschrift, April

WEIDENBACH, J. (1996): Gesunde Berührung. In: Psychologie Heute 23, 44-45.

WEYH, F.-F. (1999): Die ferne Haut. Wider die Berührungsangst. Aufbau-Verlag, Berlin

WIENHUES, J. (1982): Das Kind im Krankenhaus. Bonn.

WUNDERLI, J. (1976[6]): Die Biologie des Menschen. Basel.

ZIMMER, K. (1987): Das wichtigste Jahr. Die seelische und körperliche Entwicklung im 1. Lebensjahr. München.

ZIMMER, K. (1985): Das Leben vor der Geburt. Die seelische und körperliche Entwicklung des Kindes im Mutterleib., Bundesministerium für Jugend, Familie und Gesundheit: Heitzer

VON LÜPKE, H.; VOß, R. (Hrsg.) (2000): Entwicklung im Netzwerk. Systemisches Denken und professionsübergreifendes Handeln in der Entwicklungsförderung. Luchterland, Neuwied.

Zu den Autoren

Wolfgang Anders (1947), ist Diplomsport- und Sonderschullehrer, hat zwei Jahrzehnte überwiegend Sport und Bewegungserziehung an Schulen für Erziehungshilfe unterrichtet, war Sport-Fachleiter und wirkte in Arbeitsgruppen und Curriculumkommissionen des Kultusministeriums mit. Neben zahlreichen Veröffentlichungen entwickelte er schwerpunktmäßig musisch-kreative Projekte in Schule und Hochschule, befaßte sich mit den Bewegungs- und Erlebnisfeldern: Spiele, Erlebnissport, Schwimmen sowie der Gesundheitserziehung, dem Körpererleben, insbesondere mit der methodischen Umsetzung von Entspannungsübungen und der Bedeutung zwischenmenschlicher Berührungen.

Seit 1993 unterrichtet er an der Universität Dortmund, im Fach Bewegungserziehung und Bewegungstherapie in Sondererziehung und Rehabilitation (heute: Fakultät Rehabilitationswissenschaften). Aufgrund seiner Erfahrung mit Schülern, Studierenden, auszubildenden Lehrkräften und auf Lehrerfortbildungen festigte sich die Überzeugung, daß der zwischenmenschlichen Berührung in pädagogischen aber auch in Alltagssituationen verstärkt Aufmerksamkeit geschenkt werden soll und ihre Bedeutung hinsichtlich einer ganzheitlichen Erziehung, d.h. körperlich, seelisch-geistig sowie psychomotorisch eine besondere Bedeutung zukommt. Die aus dieser Motivation entstandenen Arbeiten schlugen sich in einer umfangreichenden Dokumentationsausstellung (1998) zum gleichnamigen Buchthema, Beiträgen in Fachzeitschriften sowie in Vorträgen auf Kongressen und nicht zuletzt in der Erstellung dieses Buches nieder.

Sabine Weddemar (1965) studierte nach Abitur und Ausbildung zur Staatlich anerkannten Erzieherin und mehrjähriger Berufserfahrung im Regelkindergarten Diplom-Pädagogik an der Universität Dortmund mit dem Studienschwerpunkt Bewegungserziehung und -therapie in Sondererziehung und Rehabilitation.

Ihre im Fach Bewegungserziehung angefertigte Diplomarbeit befaßte sich teilweise mit Themenausschnitten des vorliegenden Buches.
Nach Abschluß des Studiums (1998) wurde diese Arbeit mit dem Universitätspreis (1. Preis) der Universität Dortmund ausgezeichnet.

Heute arbeitet Sabine Weddemar als Diplom Sonderpädagogin und Motopädagogin in einer teilstationären heilpädagogischen Einrichtung im Bereich der Kinder- und Jugendhilfe am Niederrhein.

Ihre Arbeitsschwerpunkte umfassen psychomotorische Interventionen sowie Durchführungen sonderpädagogisch-therapeutischer Maßnahmen und Kriseninterventionen bei verhaltensauffälligen, lern- und leistungsbeeinträchtigen Kindern und Kindern, die körperliche und / oder sexuelle Gewalt erfahren haben.

Danksagung

Wir danken all denen, die uns bei der Erstellung dieses Buches unterstützt haben, insbesondere Herrn Prof. Dr. G. Hölter, Herrn Prof. Dr. E. J. Kiphard und Herrn Dr. H. v. Lüpke, die uns mit fachkundigen Hinweisen geholfen haben; Herrn Prof. Dr. F. Wolff, der uns bereitwillig und mehrfach den Besuch in seinem Perinatalzentrum ermöglichte und die Durchsicht des Manuskripts unter medizinischem Blickwinkel vornahm; ferner Herrn K. Becker für die Durchsicht des Manuskripts und Herrn B. Keller für die Ausdauer und Geduld bei unzähligen Stunden am Computer. Auch den vielen Studierenden des Faches Bewegungserziehung an der Universität Dortmund sei herzlicher Dank ausgesprochen für die positive Annahme des Themas und die vielen Gespräche, aber auch besonders für die Bereitstellung persönlicher Photos.

Korrespondenzadresse:

Wolfgang Anders
Fakultät Rehabilitationswissenschaften,
Bewegungserziehung und Bewegungstherapie
Universität Dortmund
Emil-Figge-Str. 50
44221 Dortmund

Privat:
Pestalozzistr. 15
50171 Kerpen